Mit eigenen Worten 5

Realschule Bayern

Erarbeitet von:

Dr. Yvonne Hörmann, *Nördlingen*
Karola Kaindl, *Memmelsdorf*
Adelheid Kaufmann, *Neusäß*
Stephanie Lüthgens, *Hetzles*
Babett Schauer, *Engelthal*
Stefanie Schnabl, *Hilpoltstein*
Jörg Striepke, *Wiesenttal*

Unter Beratung von:

Adelheid Kaufmann, *Neusäß*
Jörg Striepke, *Wiesenttal*

westermann

Einbandillustration:
Janssen Kahlert Design & Kommunikation GmbH, Hannover

Illustrationen:
Jörg Hartmann, Münster

Druck A[1] / Jahr 2016
Alle Drucke der Serie A sind inhaltlich unverändert.

Verlagslektorat: Dr. Nicola Birkner
Layout: Janssen Kahlert Design & Kommunikation GmbH, Hannover
Satz: thom bahr GRAFIK, Mainz
Druck und Bindung: westermann druck GmbH, Braunschweig

ISBN 978-3-14-**122902**-8

Sprechen und Zuhören

Lesen

Schreiben

Sprache untersuchen

Richtig schreiben

Auf dem Weg zum Lesekönig

Arbeitstechniken

Diesen Text kannst du dir (auch) anhören.

Dazu kannst du einen Film anschauen.

Du findest diese Angebote unter folgender Adresse: *www.westermann.de/webcode*. Gib dazu den Code, der bei der Aufgabe oder dem Text steht, in das Suchfenster ein, z. B. |WES-122902-001|.

Die Angebote stellen weitere Unterrichtsmaterialien dar, die der Verlag in eigener Verantwortung zur Verfügung stellt.

Hörspiel oder Vorlesen?

In diesem Kapitel lernst du, wie spannend Zuhören sein kann. Du lernst auch, wie man wichtige Informationen heraushören kann und bekommst Hilfen, um gut zuzuhören.

Die ersten beiden Audiodateien sind Ausschnitte aus dem Jugendbuch „Julie von den Wölfen“.

1 Schaut euch zuerst das Bild an. Es ist das Titelbild des Jugendbuchs „Julie von den Wölfen“.

2 Stellt Vermutungen an, warum das Buch „Julie von den Wölfen“ und nicht „Julie und die Wölfe“ heißt.

3 Lest nun die Zusammenfassung.

4 Hört euch den Anfang des Ausschnitts aus dem Hörspiel zum Buch an. Sprecht kurz darüber, worum es in dem Ausschnitt geht. |WES-122902-001|

Julie, die eigentlich Miyax heißt, ist ein Inuit*mädchen, das seine Mutter schon mit vier Jahren verloren hat. Ihre Kindheit ist trotzdem glücklich, weil sich ihr Vater Kapugen trotz der vielen Arbeit im Seehundlager liebevoll um sie kümmert. Als Miyax schulpflichtig wird, muss sie ihren Vater verlassen und zu den „Blassgesichtern“ ziehen. Sie wohnt bei ihrer strengen Tante Martha in Barrow und heißt jetzt Julie. Es gefällt ihr in der Schule. Als aber ihr Vater nicht mehr von der Jagd zurückkehrt, geht es Julie immer schlechter. Sie erinnert sich, dass ihr Vater ihr gesagt hatte, es wäre abgemacht, dass sie mit 13 Jahren ihren Cousin Daniel heiraten könnte. Dann wäre sie selbstständig. Als Daniel aber, aufgehetzt von seinen Freunden, über sie herfällt, beschließt Julie, sich auf den Weg zu ihrer Brieffreundin nach San Francisco zu machen. Allerdings schätzt sie sowohl die Entfernung als auch ihre Fähigkeit, sich in der Grastundra im nördlichen Alaska zu orientieren, völlig falsch ein und irrt tagelang umher. Doch dann begegnet sie einem Wolfsrudel. Sie beobachtet es sehr genau, erinnert sich dabei an vieles, was ihr Vater ihr gesagt hatte, und gibt den Tieren auch Namen.

* Wird inzwischen häufig statt „Eskimo“ verwendet.

5 Konzentiert euch auf einen zweiten Ausschnitt, der vorgelesen wird. |WES-122902-002|

6 Diskutiert nach dem Anhören, was euch besser gefällt: Hörspiel oder Vorlesen. Begründet eure Meinung.

Hören und Verstehen von literarischen Texten

1 Wenn euch zu Audiodateien Aufgaben gegeben werden, solltet ihr immer so vorgehen, wie es in der Info erklärt wird.

a) Lest die Info.

b) Besprecht sie mit eurem Partner und fragt nach, wenn ihr etwas nicht versteht.

2 Hört nun den Auszug aus dem Hörspiel vollständig an und geht vor wie in der Info erklärt. |WES-122902-003|

Aufgaben zum vollständigen Hörspielauszug: Julie von den Wölfen

1. Erklärt, warum es Miyax schlecht geht.
2. Überlegt, welche Stimme im Hörspiel eingeblendet wird.
3. Findet heraus, an welchen Stellen diese Stimme eingeblendet wird.
4. Beschreibt, wie die Stimme klingt.
5. Was meint Miyax, wenn sie sagt: „Ich kann wolfisch"?
6. Wie hat Miyax das geschafft?
7. Notiert die Namen, die Miyax den Wölfen gibt.

Leitwolf	…
Wölfin	…
Stärkster Jungwolf	…
Außenseiter	…

Info

Hörverstehen

Vor dem ersten Anhören:
- Lies die Aufgaben konzentriert durch.
- Überlege, was du schon weißt.
- Lege dir zu den Aufgaben einen Notizzettel an.

Beim ersten Anhören:
- Versuche, dem Hörtext zu folgen und denke nicht darüber nach, was du nicht sofort verstehst.
- Achte auf den Inhalt **und** den Ausdruck.
- Achte bei einem Hörspiel auch auf die Stimmung.

Nach dem ersten Anhören:
- Mache dir Notizen zu den Aufgaben.
- Markiere/notiere, worauf du beim zweiten Anhören besonders achten musst.

Beim zweiten Anhören:
- Achte besonders auf deine Notizen zu den Aufgaben.
- Wenn möglich, ergänze sie während des Hörens.

Nach dem zweiten Anhören:
- Ergänze und/oder verbessere deine Antworten.
- Besprich sie dann mit deinem Partner.

Wichtig:
Im Test (s. S. 13-15) hört ihr den genauen Ablauf zu Beginn der Audiodatei.

3 Geht beim Anhören des vollständigen zweiten Ausschnitts (der vorgelesene Text) ebenfalls vor, wie es in der Info auf Seite 9 erklärt wird. |WES-122902-004|

a) Dieses Mal sollt ihr nicht einzelne Fragen beantworten, sondern einen zusammenhängenden Text über die Situation von Miyax schreiben. Die Wörterbox kann euch dabei helfen.

b) Schaut sie euch an und ergänzt beim zweiten Zuhören eure Notizen.

c) Vervollständigt nun den angefangenen Text. Achtet darauf, dass ihr vollständige Sätze formuliert.

- Graswurzeln
- Hunger
- Schilf
- Lieder
- Wolfsmilch
- Nebel
- Wolfsrudel

Miyax gerät in große Gefahr: …

Die Tundra

Hören und Verstehen von pragmatischen Texten

Als Beispiel für pragmatische Texte beschäftigt ihr euch im Folgenden mit einem Ausschnitt aus einer Kinderfunksendung.

1 Die folgenden Aufgaben beziehen sich auf eine Sendung von NDR Info, einem Informationsprogramm.
   a) Schaut euch zuerst die Bilder auf Seite 11 und 12 an.
   b) Sprecht darüber, welche Nachrichtensendungen für Kinder ihr kennt und wo ihr sie anhört.

2 Mit der Audiodatei hört ihr zuerst nur den Anfang der Nachrichtensendung. Einen solchen immer gleich bleibenden Anfang nennt man auch Vorspann. |WES-122902-005|
   a) Hört den Vorspann konzentriert an.
   b) Beschreibt den Aufbau des Vorspanns, indem ihr die einzelnen Teile benennt. Achtet dabei auf unterschiedliche Sprecher und die Musik.

3 Besprecht gemeinsam, was euch zu dem Begriff „Fair Trade“ einfällt.

4 Geht beim Anhören der vollständigen Sendung wieder nach der Info von Seite 9 vor. |WES-122902-006|

Kakadu
Deutschlandradio Kultur

WDR 5
Lilipuz
Radio für Kinder

FAIRTRADE

5 Ergänzt und verbessert nach dem zweiten Anhören eure Antworten zu den Aufgaben auf Seite 12 in Partnerarbeit.

6 Vergleicht eure Antworten.

Aufgaben zur Audiodatei:

1. Fair Trade ist
   - ❑ billiger Verkauf.
   - ❑ Handel mit zusätzlichen Hilfen für die Erzeuger.
   - ❑ Handel mit gerechten Preisen.

2. Welches Fair-Trade-Produkt wird in der Sendung vor allem genannt?

3. Was ist eine Fair-Trade-Schule?
   - ❑ eine Schule, in der Fair-Trade-Schokolade verteilt wird.
   - ❑ eine Schule in Südamerika.
   - ❑ eine Schule, die immer wieder Aktionen zu Fair Trade macht.

4. Wo befindet sich die Fair-Trade-Schule, die in der Sendung vorgestellt wird?

5. Wer ist Frau Pellowski?

6. Warum ist es wichtig, dass Fair-Trade-Produkte gekauft werden?
   - ❑ Die Bauern bekommen mehr Geld.
   - ❑ Es wird mehr Schokolade verkauft.
   - ❑ Die Kinder der Bauern, die Fair-Trade-Produkte liefern, können in eine Schule gehen.

Achtung: Es gibt nicht immer nur eine richtige Antwort.

Hörverstehen – bist du fit?

Auf den folgenden Seiten bekommt ihr die Möglichkeit zu testen, wie gut ihr schon im Zuhören seid. Es gibt Aufgaben zu einem literarischen Text und zu einem pragmatischen Text. Beim Test müsst ihr die Aufgaben natürlich alleine bearbeiten.

1 a) Sprecht zuerst über eure bisherigen Erfahrungen beim Zuhören und Bearbeiten der Aufgaben. Lasst euch von den Schüleräußerungen anregen.

Ich kann mir Einzelheiten so schlecht merken.

Wenn ich auf die Geräusche höre, kann ich mir nicht so gut merken, was gesagt wird.

Ich finde ein Hörspiel gut, das ist weniger langweilig als ein vorgelesener Text.

b) Schaut euch die Übersicht unten an. Wenn ihr ein Problem findet, das euch betrifft, wählt mindestens eine der Übungsmöglichkeiten aus.

Problem	Tipp/Übungsmöglichkeit
Geräusche lenken mich ab.	**Übung:** 🔈 Höre dir zur Übung noch einmal den Vorspann (NDR Info) an und notiere genau, was gesprochen wird. 🔈 Höre die Übungsdatei an und fasse zusammen, worum es in dem Abschnitt geht. |WES-122902-034| **Tipp:** Du kannst auch zu Hause üben, z. B. mit einer Kinderradiosendung.
Ich komme beim Schreiben des Notizzettels nicht mit.	**Tipp:** • Warte nicht zu lange mit dem Aufschreiben der Notizen. • Überlege dir Abkürzungen oder Zeichen statt ausgeschriebener Wörter. • Übe mit deinem Partner, indem ihr euch wechselweise vorlest. Sucht dazu einen Text aus dem Sprachbuch. • Wenn mehrere Personen sprechen, kann dir eine Skizze helfen.

Beim Test hörst du am Anfang der Audiodatei genaue Anweisungen.

2 a) Entscheide dich, ob du zuerst den Test zum literarischen Text oder den Test zum pragmatischen Text wählen willst.
b) Bearbeite nach dem zweiten Anhören die Aufgaben. Halte möglichst die vorgegebene Reihenfolge ein.
c) Überprüfe deine Antworten noch einmal.

3 Lost aus, mit wem ihr eure Lösungen vergleicht.

Test 1: Literarischer Text

Achte genau auf die Anweisungen am Anfang der Audiodatei. | WES-122902-007 |
Markiere die Kästchen eindeutig.

1. Um welche Tageszeit erscheint das Flugzeug?
2. Überlege, ob sich Julie freut oder ob sie erschrickt.
3. Begründe deine Meinung.
4. Was geschieht nach dem Erscheinen des Flugzeugs?
   - ☐ Miyax wird entdeckt.
   - ☐ Amaroq stirbt.
   - ☐ Das Wolfsrudel läuft davon.
   - ☐ Miyax trennt sich vom Wolfsrudel.
5. Was erklärt die Stimme Kapugens?
   - ☐ Es gibt zu viele Wölfe.
   - ☐ Wolfsfelle sind wertvoll.
   - ☐ Es gibt Abschussprämien.
6. Nenne drei Geräusche, die in dem Abschnitt vorkommen.
   a)
   b)
   c)
7. Eines der drei Geräusche wurde besonders lang eingespielt.
   a) Um welches Geräusch handelt es sich?
   b) Warum wird es so lange eingesetzt?
8. Was bedeutet es, dass der Pilot mit seinem Flugzeug nicht landet?
9. Wie **hört** man, dass sich Miyax sehr aufregt?
10. Was meint Miyax mit „Die Nordlichter tanzten"?

Achtung: Es gibt nicht immer nur eine richtige Lösung.

Test 2: Pragmatischer Text

Achte genau auf die Anweisungen am Anfang der Audiodatei. |WES-122902-008|
Markiere die Kästchen eindeutig.

1. Wie heißt der Wildpark, in dem Hannah arbeitet?

2. Warum ist Hannah Tierpflegerin geworden?
   Achtung: Es sind mehrere Antworten möglich.
   - ☐ Sie will für Tiere verantwortlich sein.
   - ☐ Sie will gut verdienen.
   - ☐ Sie will praktisch arbeiten.
   - ☐ Sie liebt abwechslungsreiche Arbeit.

3. Warum ist Hannah lieber in dem Wildpark als in einem großen Zoo?
   Nenne zwei Gründe.
   a)
   b)

4. Worüber freut sich Hannah besonders?

5. Nenne fünf Tierarten, um die sich Hannah kümmert.
   a)
   b)
   c)
   d)
   e)

6. Nenne drei Eigenschaften, die ein Tierpfleger unbedingt haben sollte, und erkläre sie kurz.
   a)
   b)
   c)

7. Was meint Hannah mit „Auch Tiere haben ihre Tagesform."?

Julie von den Wölfen: Wie es weitergeht ...

Im folgenden Ausschnitt erfahrt ihr, wie das Leben von Miyax nach dem Tod von Amaroq weitergeht und wie das Wolfsrudel überlebt.

1 Lest den Textausschnitt und klärt unbekannte Begriffe.

2 Unterbrecht das Lesen beim zweiten Mal an den Stellen mit den eingeschobenen Sätzen.
a) Wählt einen Satz aus und sprecht zuerst mit eurem Nachbarn oder in der Gruppe darüber, was mit der jeweiligen Feststellung gemeint ist.
b) Teilt eure Überlegungen anschließend den anderen mit.

Lange hielt sie (= Miyax) den geschnitzten Amaroq über den Körper des toten Wolfs. Mit einem Mal zerschmolz der Klumpen Schmerz in ihrer Brust und sie wusste, dass Amaroq nun bei ihr war.
Die Sterne am Himmel waren versunken, als sie sich endlich erhob und eilig zu Kapu zurücklief. So lang die Nacht währte, saß Miyax neben ihm und lauschte dem Gesang von Silberpelz, Klaue und den Wolfsjungen.
„Ow ow ow owwwwwwwwwwwwwwww“, heulten sie in einem Klageton, den Miyax noch nie zuvor gehört hatte, und sie wusste, die Wölfe trauerten um Amaroq.
Am zehnten November sank die Sonne für sechsundsechzig Tage unter den Horizont. In der Dunkelheit erhob sich Kapu, um seine Beine in einem Lauf durch die Tundra zu trainieren. [...]
Miyax (selbst) fand die sternklaren Nächte ganz nützlich. Sie konnte bei Mond- und Sternenlicht Karibumist sammeln, sie konnte außerhalb des Zeltes kochen und sogar nähen. War der Himmel bewölkt, färbte die Tundra sich schwarz und Miyax blieb dann im Zelt, entzündete ihr Licht und unterhielt sich mit Kapu und Tornait.
In diesen Tagen begann sie, ihre Geweihstangen-Waffe mit Schnitzwerk zu versehen. Als sie daran arbeitete, erkannte sie fünf Wölflein, die aus dem Geweih herauswollten. Sorgfältig half sie nach, kerbte Ohren und Pfoten ein, bis die kleinen Wölfe in einer Reihe hintereinander trabten, Kapu an der Spitze. Dann wurde sie müde, holte Amaroqs Totem* hervor und dachte über sein Leben nach, seine Tapferkeit und seine Güte. [...]
„Ich kann nicht mehr nach San Francisco zu den Blassgesichtern gehen. Aber wohin sonst? Nach Barrow, zurück zu Daniel? Oder nach Nunivak zu Martha ... und du, Amaroq, du kannst mich ja auch nicht mehr schützen.“ Schneestürme zogen auf und vergingen wieder; Wind wehte immerzu.

Das Totem tröstet Miyax – Kapu braucht die Hilfe von Miyax – Das Rudel trauert*

***Totem**
Der geschnitzte Amaroq stellt eine geheimnisvolle Verbindung zum „echten“ Amaroq her.

Miyax hat jetzt schon ihren zweiten Helfer verloren – Sie weiß nicht, wie es weitergehen soll – Sie möchte auf keinen Fall zu ihrer Tante nach San Francisco

In einer sternflimmernden Nacht hörte Miyax ein Winseln und öffnete die Zeltklappe: Silberpelz war gekommen. Sie trug einen riesigen Hasen im Maul, und obwohl Miyax froh war, dass die Wölfin Fleisch daherschleppte, machte es sie traurig, dass ihr Rudel sich mehr schlecht als recht von solchem Kleinzeug ernähren musste. Führerlos war das Wolfsrudel ohne Amaroq in Unordnung geraten und gezwungen, Hasen und anderes Kleinwild zu jagen. Aber das reichte nicht als Nahrung für Wölfe. Miyax streckte die Hand aus dem Zelt, tätschelte Silberpelz an der Schulter und fühlte, dass die Wölfin stark abgemagert war. Ohne Leitwolf würde das Rudel den Winter nicht überstehen.

Silberpelz stieß mit dem Kopf gegen ihre Hand und Miyax öffnete die Zeltklappe weiter. Die silbern schimmernde Wölfin kam zögernd herein, ließ den Hasen niederfallen und schritt zu Kapu hinüber. Der junge Wolf erhob sich, bog den Hals und legte seinen Kopf über den ihren. Sie begrüßte ihn mit einem nervösen Wedeln und versuchte dann, seine Nase zwischen ihre Zähne zu nehmen, um ihm mitzuteilen, dass sie nunmehr Leitwolf des Rudels war. Da reckte Kapu sich zu seiner vollen Größe. Sehr sanft nahm er die Nase der Wölfin in sein Maul. Sie begriff und liebkoste ihn unter dem Kinn. Sie unterwarf sich dem neuen Oberhaupt.
Kapu stieß sie zur Seite und schlüpfte aus dem Zelt. Silberpelz folgte dem Kronprinzen der Wölfe auf dem Fuß. Miyax konnte hören, wie er draußen in der Dunkelheit das Lied seiner jungen Königswürde sang, dann kehrte er, noch zu schwach, um weit zu laufen, erschöpft ins Zelt zurück. Als er eintrat, erkannte sie, dass eine Veränderung mit ihm vorgegangen war. Alles an ihm, jede Bewegung, schien geadelt. Miyax streichelte diesen neuen Kapu unter dem Kinn. Er legte sich nieder und beobachtete sie, wie sie den Hasen häutete. Sie gab ihm das Fleisch und ging hinaus, um für sich selber Lemminge zu fangen. Seit dem Sommerende hatte die Anzahl dieser kleinen Nagetiere sich verdoppelt, verdreifacht, ja vervierfacht. Sie ging Lemmingsfährten nach, fand sieben Nester und erwischte acht pelzflaumige Junge. Sie zog sie ab, kochte sie und fand sie unsagbar wohlschmeckend. Am nächsten Abend brachte Silberpelz ein Riesenstück Elch. Sie konnte es nicht gerissen haben, denn es war alt und gefroren. Miyax erkannte daraus, dass die Wölfin am Flussufer gewesen sein musste. […]
Etliche Schlafzeiten später rannte Kapu schon ohne zu straucheln über den Schnee

Die Wölfin Silberpelz besucht Miyax und Kapu – Kapu wird der neue Anführer des Wolfsrudels

und Miyax entschied, dass es nun Zeit war, aufzubrechen, und zwar in Richtung Fluss. Unter Zwergweiden und Espen an den Ufern würde es Wild im Überfluss geben. Hasen und Schneehühner sammelten sich dort, um im Windschatten Körner und Knospen zu knabbern, und die Elche überwinterten im Geflecht der Zweige. Silberpelz und Klaue konnten dort vielleicht einen schwächlichen Jährling stellen und mithilfe der Jungwölfe töten. Nahe dem Fluss würde das Leben leichter sein.

Tipp

Wenn ihr das Buch „Julie von den Wölfen" vollständig lesen wollt, findet ihr alle Informationen im Quellenverzeichnis (S. 310).

Das muss ich dir erzählen!

In diesem Kapitel lernst du,

- deine mündlichen Erzählungen folgerichtig, anschaulich und spannend zu gestalten,
- Wege nachvollziehbar zu beschreiben,
- Dialekt situationsangemessen zu nutzen,
- Texte strukturiert und angemessen vorzutragen,
- mithilfe anderer deinen Lesevortrag zu verbessern.

Es gibt immer viel zu erzählen. Das macht aber erst richtig viel Spaß, wenn die anderen auch zuhören.

1 Legt gemeinsam fest, wie ihr euch im Klassenzimmer setzen wollt, damit jeder jedem gut zuhören kann.

2 Einigt euch darauf, wie lange jeder maximal erzählen darf – schließlich möchte jeder von einem besonderen Ereignis erzählen.

3 Besprecht vor Beginn, ob man Zwischenfragen stellen darf oder erst am Ende der Erzählung nachfragen soll.

4 Entscheidet durch Los, wer wann von seinem besonderen Ereignis erzählen darf. Ihr könnt euch auch einfach einen Ball zuwerfen. Merkt euch dabei, wer bereits an der Reihe war.

5 Du kannst frei erzählen, beginne je nach Thema beispielsweise so:

Immer, wenn ich an meine beste Freundin denke, fällt mir ein, dass wir einmal so sehr lachen mussten, dass uns schon die Tränen kamen. Davon möchte ich euch erzählen…

Ich möchte euch erzählen, warum ich neulich ganz mutig war. …

Gestern Abend war ich allein zu Hause. Ich lag schon in meinem Bett, als ich ein Rascheln hörte. Ich habe mir meine Bettdecke über den Kopf gezogen und hatte wirklich Angst …

6 Als nachfolgender Erzähler fasst du kurz zusammen, was dein Vorredner gerade erzählt hat: *Du warst also ganz mutig, weil du …*

Zu einem Bild erzählen

Bilder helfen oftmals dabei, einen Erzählanlass zu finden. Damit man dir auch zuhört, solltest du dir vorher überlegen, was du erzählen möchtest.

1 Suche dir eine Person auf dem Bild aus und erzähle, was sie gerade erlebt. Du kannst aus ihrer Sicht oder über sie erzählen.

2 Stina erzählt zu dem Bild diese Geschichte.

a) Hört sie euch aufmerksam an. |WES-122902-009|

Also, die Susi und ich, also wir warn da mal im Schwimmbad. Ich glaube, es war letzte Woche, oder? Ich weiß es nicht mehr so genau. Egal. Jedenfalls hat sich die Susi ein Eis gekauft. Aber vorher haben wir erst mal Eintritt bezahlt und dann haben wir uns einen Platz auf der Wiese gesucht. Oje, an dem Tag war es ganz schön voll. Ich glaub, ich weiß wieder, wann wir im Schwimmbad waren. Es war der Mittwoch vorletzte Woche. Auf jeden Fall hat sich die Susi das Eis gekauft. Sie liebt nämlich Vanilleeis. Und dann ist sie ganz langsam zu mir gelaufen und hat immer wieder an ihrem Eis geschleckt. Irgendwie hat sie dann ein Junge angerempelt und das Eis ist auf den Boden gefallen. Ähm, da war meine Freundin ganz schön sauer und wollte hinterherrennen. So! Aber dann ist sie auf dem Eis ausgerutscht und voll auf den Hintern gefallen. Und jetzt habe ich nicht gewusst, ob ich lachen sollte, weil das echt lustig ausgeschaut hat. Aber egal. Ich bin dann zu Susi gegangen, hab sie getröstet und ihr ein neues Eis spendiert. Und dann hab ich zu ihr gesagt: „Ist doch nicht schlimm." Kann auch sein, dass ich was anderes gesagt habe, das weiß ich jetzt nicht mehr so genau. Ähm, ja. Jedenfalls hatten wir dann noch einen netten Nachmittag. Wir haben uns auf die Wiese gelegt und die Leute beobachtet. Da gäbe es ganz schön viel zu erzählen.

b) Hört euch Bastis Geschichte an. |WES-122902-010|

Im Sommer bin ich mit meinen Freunden jeden Tag im Schwimmbad. Wir genießen dann immer das schöne Wetter, spielen Fußball und hüpfen vom Sprungturm ins Wasser. Dabei versucht jeder die coolsten Kunststücke. Aber letzte Woche ist uns der Schreck ganz schön in die Glieder gefahren. Denn plötzlich haben wir ein lautes Schreien gehört: „Hilfe! Hilfe!", hat jemand gerufen. Wir haben uns umgeschaut, mein Freund Jonas ist blitzschnell losgerannt, um den Bademeister zu holen. Der war aber auch schon im Eiltempo unterwegs. Mitten im tiefen Schwimmerbecken haben wir dann einen jungen Mann gesehen, der wild mit den Armen gefuchtelt hat. Er ist immer wieder untergetaucht und zwischendurch schrie er immer wieder um Hilfe. Nur mit Mühe konnte er sich noch an der Wasseroberfläche halten. In der Zwischenzeit waren auch schon andere Badegäste zum Becken gerannt und haben versucht, dem Mann zu helfen. Der Bademeister hat dann zum Glück einen Rettungsring ins Wasser geworfen und der junge Mann hat sich daran festkrallen können. Mit vereinten Kräften wurde er aus dem Wasser gezogen und alle waren heilfroh, dass nichts Schlimmeres passiert ist.

c) Vergleiche gemeinsam mit deinem Banknachbarn beide Erzählungen. Schreibt euch stichpunktartig auf, was euch gut bzw. noch nicht so gut gefallen hat.
d) Vergleicht eure Ergebnisse in der Klasse und leitet Tipps ab, was man beim Erzählen beachten sollte.
e) Schreibe die Tipps auf Karteikarten, damit du sie jederzeit griffbereit hast.

3 Wähle dir aus deinen Tipps aus Aufgabe 2 drei aus, die du in deiner Erzählung ausprobieren möchtest, zum Beispiel so:

Darauf möchte ich beim mündlichen Erzählen achten:
- *nicht so oft „Ähm“ sagen*
- *wörtliche Rede betonen*
- *…*

4 Trage deine Erzählung deinem Banknachbarn vor. Dieser kann die Formulierungshilfen nutzen und dir Rückmeldung geben, wie sie ihm gefallen hat.

Ich konnte mir das gut vorstellen, weil …

Beim nächsten Mal könntest du … verbessern.

Der Handlung konnte ich gut folgen, weil …

Ich fand gut, dass du …

Ich habe dir gern zugehört, weil …

Ich habe die Szene auf dem Bild erkannt.

Die Erzählung war lustig, weil …

Füllwörter wie „Ähm“ hast du vermieden.

Ich wollte wissen, wie es weitergeht, weil …

5 Suche dir auf dem Bild eine neue Situation. Plane mithilfe der Rückmeldung deines Banknachbarn eine neue Erzählung und präsentiere diese vor deiner Klasse.

Auf Schatzsuche – Wege richtig beschreiben

Eine Schatzsuche ist immer etwas ganz Besonderes, weil man gemeinsam mit Freunden Hinweisen nachgehen muss, um ans gewünschte Ziel zu kommen.

1 Lies die folgende Begebenheit.

Johanna und ihre Freunde finden beim Spielen eine Flaschenpost, die im Garten in der Regentonne schwimmt. Neugierig angeln die Freunde die Flasche aus dem Wasser und entdecken diesen Brief:

Lieber Finder dieser Flaschenpost,

auf dich wartet eine Überraschung.
Im Stadtpark liegt ein Schatz vergraben, den du aber nur finden kannst, wenn du dich genau an meine Wegbeschreibungen hältst.
Der erste Hinweis wartet auf dich am Ostufer des kleinen Sees.

Viel Spaß.

2 Begleite die Freunde bei der Suche.

|WES-122902-011|

1.2 Andere schlüssig, nachvollziehbar und adressatenorientiert über einfache Sachverhalte aus dem Alltag informieren

3 Überlegt gemeinsam, auf welche Probleme die Schatzsucher an den einzelnen Stopps gestoßen sein könnten.

4 Diskutiert, welche Hinweise weniger hilfreich waren. Begründet eure Meinung mithilfe der Schatzkarte.

5 Formuliert gemeinsam Tipps, die man beim Beschreiben von Wegen beachten sollte.

6 Geht in Kleingruppen zusammen.
a) Entwerft eure eigene Schatzkarte. Denkt an Orientierungspunkte.
b) Schreibt einen Brief, der jemanden zu eurem Schatz führt.
c) Gebt Brief und Karte einer anderen Gruppe, die ein rotes Kreuz an die Stelle auf der Karte setzt, an der sie den Schatz vermuten.
d) Überprüft, ob die andere Gruppe mithilfe eurer Wegbeschreibung euren Schatz gefunden hätte.

Des kennz macha, wias woiz – Dialekt situationsangemessen verwenden

Der Dialekt ist eine Sprachvariante – wer ihn spricht, zeigt, wohin er gehört.

1 a) Betrachte das Bild und versuche zu beschreiben, worüber sich die beiden Damen unterhalten. |WES-122902-012|

b) Hilf der älteren Dame dabei, bei der Verkäuferin das zu bestellen, was sie gerne hätte.

c) Überlegt gemeinsam, warum sich die beiden Damen nicht richtig verstehen.

2 Übersetzt das Gespräch in Standardsprache. Lest es euch gegenseitig vor und versucht anschließend zu beschreiben, wie es auf euch wirkt.

3 Sammelt Begriffe oder Redewendungen aus verschiedenen Dialekten. Tragt sie eurer Klasse vor und lasst erraten, was sie bedeuten.

4 Lies das folgende Gespräch zwischen einem Touristen aus Hannover und einem bayerischen Hotelier. |WES-122902-013|

Tourist: Guten Tag, wir haben über das Internet ein Doppelzimmer für zwei Wochen bei Ihnen reserviert.

Hotelier: Grias God! An Momend, i schau glei noch. Gwis, mia ham Zimma Numma hundadzwoarafuchzge fia Eane voagseng.

Tourist: Vielen Dank, wir sind schon ziemlich müde von unserer langen Reise.
Zimmer Hundert … ?
Ich habe es nicht genau verstanden.

Hotelier: Numma hundadzwoarafuchzge.

Tourist: Gut. Wir würden später gerne noch einen Ausflug unternehmen.
Was können Sie uns denn da empfehlen?

Hotelier: Bei dem schena weda dad i song, gez hoid nacha in näxdn Biagadn.

Tourist: Sie meinen Biergarten? Ja?
Wie kommt man denn da am besten hin?

Hotelier: Des kennz macha, wias woiz.
Mid da Dramban, am Daxi, am Radl oda wenn's sei muas a z'Fuas. S'Daxi moan i is z'daia und z'Fuas mechad i jez a ned geh. I glab, zfan mim Radl.

Tourist: Ähm, Fahrrad?

Hotelier: Is ma rechd. Glai do lings um d'Eggn fuchzg Medda weida is da Radlmo. Guaz waidakumma.

5 a) Beschreibe, wie der Tourist auf die Antworten des Hoteliers reagiert.
b) Ihr hört zufällig das Gespräch. Mischt euch ein und helft dem Touristen.
c) Denkt euch zu zweit aus, wie das Gespräch weitergehen könnte. Tragt es eurer Klasse vor.

6 Erzähle deinen Mitschülern ein Erlebnis in deinem Dialekt.

7 Überlegt gemeinsam, in welchen Situationen es angemessen ist, Dialekt zu sprechen und in welchen Situationen es eher unangebracht ist.

Vorlesekönig(in) werden

1 „Der satanarchäolügenialkohöllische Wunschpunsch“ ist der Titel eines Buches von Michael Ende.

a) Lies die Inhaltsangabe und dann den Buchtitel mehrmals hintereinander – erst ganz langsam, dann immer schneller.

b) Krönt eure Klassen-Zungenbrecher-Königin bzw. euren König.

Info

... zum Inhalt:

Beelzebub Irrwitzer ist ein talentierter und erfolgreicher Zauberer. Trotzdem ist es ihm in diesem Jahr nicht gelungen, sein Soll an bösen Taten zu erfüllen. Auch seine Tante Tyrannja Vamperl hat dieses Problem, deshalb hat beiden der Hohe Rat der Tiere einen Spion ins Haus geschickt. Irrwitzer und Tyrannja sitzen ganz schön in der Klemme. Wie sollen sie in nur einer Nacht all ihre Rückstände aufholen? Ein Wettlauf mit der Zeit beginnt.

2 Höre dir den untenstehenden Textausschnitt an. Notiere dabei, was dir gut bzw. weniger gut gefallen hat. Du kannst den Text auch mitlesen. |WES-122902-014|

3 Gib dem Vorleser erste Tipps, wie er seinen Lesevortrag verbessern könnte.

An diesem letzten Nachmittag des Jahres war es schon ungewöhnlich früh stockdunkel geworden. Schwarze Wolken hatten den Himmel verfinstert, und ein Schneesturm fegte seit Stunden durch den Toten Park.
Im Inneren der Villa Alptraum regte sich nichts – außer dem flackernden Widerschein des Feuers, das mit grünen Flammen im offenen Kamin brannte und das Zauberlabor in gespenstisches Licht tauchte.
Die Pendeluhr über dem Kaminsims setzte rasselnd ihr Räderwerk in Gang. Es handelte sich um eine Art Kuckucksuhr, nur dass ihr kunstvolles Spielwerk einen wehen Daumen darstellte, auf den ein Hammer schlug. „Aua!“, sagte sie. „Aua! – Aua! – Aua - Aua!“
Es war also fünf Uhr. Für gewöhnlich machte es den Geheimen Zauberrat Beelzebub Irrwitzer immer ausgesprochen guter Laune, sie schlagen zu hören, aber an diesem Silvesterabend warf er ihr einen eher gramerfüllten Blick zu. Er winkte ihr mit einer lustlosen Handbewegung ab und hüllte sich in den Rauch seiner Pfeife. Mit umwölkter Stirn brütete er vor sich hin. Er wusste, dass ihm größere Unannehmlichkeiten bevorstanden, und zwar sehr bald, spätestens um Mitternacht – bei Jahreswechsel.

4 Der Schauspieler Rufus Beck ist auch einer der bekanntesten deutschsprachigen Hörbuchsprecher.

a) Lies seine Vorschläge zum Vorlesen aufmerksam durch.

Gutes Vorlesen ist eben, wenn sich keiner langweilt.

Tipps zum Vorlesen von Rufus Beck

Ich werde oft gefragt, ob ich schon immer gerne und gut vorgelesen habe. Eigentlich ist das nicht der Fall. Als ich selbst noch ein Kind war, hat mich das aktive Vorlesen wenig interessiert. Lieber habe ich für mich gelesen. Vor allem die Bücher von Karl May, da saß ich oft die ganzen Sommerferien an einem Buch. Das Vorlesen hat sich erst später ergeben, als ich mich entschlossen habe, Schauspieler zu werden. Als ich in diesem Beruf anfing, habe ich nebenbei auch beim Rundfunk gearbeitet und dort Gedichte und Buchpassagen vorgelesen oder Hörspielrollen gesprochen. Ich bin also über das Radio zum professionellen Vorlesen gekommen. Bestimmte Tricks beim Vorlesen gibt es für mich eigentlich nicht. Ich glaube nicht, dass man besser vorliest, wenn man alle paar Seiten einen Schluck Wasser trinkt oder die Zunge in eine bestimmte Position dreht. Solche Regeln sind Quatsch. Gutes Vorlesen ist Kopfarbeit. Am besten funktioniert es, wenn sich der Vorleser dem Buch und den Charakteren öffnet. Man kann nicht distanziert lesen. Wenn man als Vorleser überzeugen will, muss man sich auf die Geschichte einlassen. Insofern hat gutes Vorlesen nur zum Teil mit Talent oder einer guten Stimme zu tun. Das Wichtigste sind das Denken und die Fantasie. Die Zuhörer merken, wenn man etwas unbedacht oder fantasielos vorliest. Dann wird es langweilig. Gutes Vorlesen ist eben, wenn sich keiner langweilt.
Gegen die Aufregung beim Vorlesen habe ich ein einfaches Mittel. Ich teile den Text, den ich vorlesen muss, gedanklich immer in kleine Portionen ein. Denn wenn man einen langen Text vorzulesen hat, ist man ja meistens deshalb aufgeregt, weil man so einen Berg vor sich sieht, den man bewältigen muss. Dann wird man leicht nervös und kurzatmig. Deshalb ist es ganz wichtig, dass man den Text in verschiedene Abschnitte unterteilt und sich beim Lesen Zeit lässt. Man liest etwas, macht gedanklich und beim Lesen eine Pause, wenn zum Beispiel ein Punkt kommt oder ein Absatz zu Ende ist, und fängt danach in Ruhe mit dem nächsten Abschnitt an. Denn als Vorleser muss ich dem Zuhörer ja auch die Zeit lassen, das Gehörte zu verstehen. Die Pausen sind wie Trommelwirbel. Die machen die Geschichte spannend. Und rhythmisch, wie Musik.
Wenn man sich mal verspricht, macht das auch nichts – um solche kleinen Pannen kümmere ich mich gar nicht. Man darf sich als Vorleser nicht aus der Ruhe bringen lassen. Wenn man sich von einem kleinen Patzer irritieren lässt, wird man aufgeregt, verspricht sich womöglich wieder, wird noch aufgeregter – das ist ein Teufelskreis. Dabei ist es überhaupt nicht schlimm, wenn man sich mal verhaspelt. […]

b) Schreibe dir wichtige Tricks zum Vorlesen aus dem Text heraus.

Tipps vom Vorlese-Profi:

- *sich auf die Geschichte einlassen*
- *den Text in verschiedene Abschnitte unterteilen*
- *...*
- *...*

c) Vergleiche die Vorschläge des Profis mit den Tipps, die du dem Vorleser in Aufgabe 3 auf Seite 28 gegeben hast und ergänze diese gegebenenfalls.

d) Wähle dir mindestens drei Tricks aus, die du selbst umsetzen möchtest.

5 Lies den nebenstehenden Tipp aufmerksam durch.

a) Versuche mithilfe des Tipps die vorgenommenen Markierungen im Textauszug unten nachzuvollziehen.

b) Überlege, ob für dich zusätzliche Markierungen hilfreich wären.

Tipp

Zur Unterstützung deines Lesevortrags kannst du **Lesehilfen** in Form von Markierungen in den Text einbauen.
Hier sind einige Beispiele:

- **hervorzuhebende Wörter und Silben** unterstreichen,
  z. B. *„Aua! – Aua! – Aua - Aua!“*
- **Lesepausen** markieren (kleine Pause: /, größere Pause: //),
  z. B. „ ... *guter Laune, sie schlagen zu hören,// aber an diesem Sylvesterabend“*
- **zusammengehörende Wörter** mit einem Bogen verbinden,
  z. B. *Villa Alptraum*
- Hinweise auf die **Lautstärke** geben
  > für leiser werden
  < für lauter werden

Weitere Tricks:

- längere, besonders schwierige Wörter mehrmals lesen,
  z. B. *Bergkristallstab*
- bestimmte Textstellen „mitspielen“,
  z. B. „ ... *und kratzte sich nachdenklich auf der Glatze...“* – mit einem Finger am Kopf kratzen

Der Zauberer saß in einem geräumigen Ohrenbackensessel, den vor vierhundert Jahren ein handwerklich begabter Vampir eigenhändig aus Sargbrettern geschreinert hatte.// Die Polster bestanden aus Werwolfsfellen, die freilich inzwischen schon ein bisschen schäbig geworden waren. Dieses Möbel war ein Familienerbstück / und Irrwitzer hielt es in Ehren, obwohl er sonst eher fortschrittlich eingestellt war und mit der Zeit ging / – > jedenfalls, was seine berufliche Tätigkeit betraf. Die Pfeife, aus der er rauchte, stellte einen kleinen Totenkopf dar, dessen Augen aus grünem Glas bei jedem Zug aufglühten. [...]

6 a) Bereite einen Teil des folgenden Ausschnitts des Buches mithilfe der Tipps von Seite 30 für einen Lesevortrag vor. Lass dir dazu diese Seite von deinem Lehrer kopieren.

b) Lies deinen vorbereiteten Textausschnitt deinem Banknachbarn vor. Lass dir von ihm gegebenenfalls Verbesserungstipps geben.

Die Rauchwölkchen bildeten in der Luft allerlei seltsame Figuren: Zahlen und Formeln, sich ringelnde Schlangen, Fledermäuse, kleine Gespenster, aber hauptsächlich Fragezeichen. Beelzebub Irrwitzer seufzte tief, erhob sich und begann in seinem Labor auf und ab zu gehen. Man würde ihn zur Rechenschaft ziehen, dessen war er sicher. Aber mit wem würde er es zu tun bekommen? Und was konnte er zu seiner Verteidigung vorbringen? Und vor allem: Würde man ihm seine Gründe abnehmen? Seine lange, knochendürre Gestalt steckte in einem faltenreichen Schlafrock aus giftgrüner Seide. (Giftgrün war die Lieblingsfarbe des Geheimen Zauberrates.) Sein Kopf war klein und kahl und sah irgendwie verschrumpelt aus, wie ein vertrockneter Apfel. Auf seiner Hakennase saß eine mächtige, schwarzrandige Brille mit blitzenden Gläsern, die so dick waren wie Lupen und seine Augen unnatürlich vergrößerten. Seine Ohren standen vom Kopf ab wie Henkel von einem Topf und sein Mund war so schmal, als wäre er ihm mit einem Rasiermesser ins Gesicht geschnitten worden. Alles in allem war er nicht gerade der Typ, zu dem man auf den ersten Blick Vertrauen fassen würde. Aber das störte Irrwitzer nicht im Geringsten; er war noch nie ein geselliger Zeitgenosse gewesen. Er zog es vor, möglichst für sich zu bleiben und im Verborgenen zu wirken.
Einmal hielt er in seiner Wanderung inne und kratzte sich nachdenklich auf der Glatze. „Wenigstens das Elixier Nummer 92 müsste heute unbedingt noch fertig werden“, murmelte er, „wenigstens das. Wenn mir nur nicht der verdammte Kater wieder dazwischenkommt.“ Er trat zum Kamin. In den grünen Flammen stand auf einem eisernen Dreifuß ein gläserner Kessel, in dem ein gewisses Süppchen vor sich hin köchelte, das ziemlich ekelerregend aussah: schwarz wie Teer und glibberig wie Schneckenschleim. Während er prüfend mit einem Bergkristallstab in dem Zeugs herumrührte, lauschte er gedankenverloren auf das Brausen und Winseln des Schneesturms, der an den Fensterläden rüttelte.

Den eigenen Lesevortrag verbessern

Lesevorträge werden in der Schule häufig bewertet, entweder vom Lehrer oder von den Mitschülern. Solche Rückmeldungen (Feedbacks) können hilfreich dabei sein, das, was noch nicht so gut geklappt hat, in Zukunft zu verbessern.

1 Arbeitet zu zweit.
a) Ergänzt den Feedbackbogen rechts mit den Lesetricks, die dir wichtig sind.
b) Bereitet den Buchauszug auf Seite 33 zum Vorlesen vor.
c) Lest euch den Textauszug gegenseitig vor.
d) Der Zuhörer notiert mithilfe des Feedbackbogens, was ihm besonders gut bzw. noch nicht so gut gefallen hat.
e) Gebt euch anschließend eine Rückmeldung zum Vorlesen und formuliert Tipps, was noch zu verbessern ist.
f) Trainiere mithilfe des Feedbacks deinen Lesevortrag und lass ihn gegebenenfalls von einem anderen Mitschüler erneut bewerten.

Feedbackbogen: Lesevortrag von
....

	gut	geht besser
1 in die Geschichte eingefühlt		
2 lebendig vorgetragen		
3 beim Lesen Zeit gelassen		
4 sinnvolle Pausen eingelegt		
5 nicht von Patzern irritieren lassen		
6 …		
7 …		
8 …		
9 …		

1.2 Anderen aktiv zuhören und Gründe für Nichtverstehen benennen; Rückmeldungen gezielt zur Verbesserung nutzen

***transmutieren**
sich verwandeln

Das Süppchen würde leider noch eine ganze Weile vor sich hin blubbern müssen, ehe es ausgekocht war und gehörig transmutierte*). Sobald das Elixier erst einmal fertig war, würde es ein völlig geschmackloses Mittelchen ergeben, das man in jede Speise und jedes Getränk mixen konnte. Alle Leute, die es zu sich nahmen, würden fortan fest daran glauben, dass alles, was aus Irrwitzers Produktion stammte, dem Fortschritt der Menschheit diente. Der Zauberer hatte vor, es schon bald nach Neujahr an alle Supermärkte der Stadt zu liefern. Dort sollte es unter dem Namen „Muntermanns Diät" verkauft werden. Aber noch war es nicht so weit. Die Sache brauchte Zeit – und das war eben der wunde Punkt. Der Geheime Zauberrat legte die Pfeife weg und ließ seinen Blick durch das Halbdunkel des Labors schweifen. Der Widerschein des grünen Feuers zuckte über die Berge von alten und neuen Büchern, in denen all die Formeln und Rezepte standen, die Irrwitzer für seine Experimente brauchte. Aus den dunklen Ecken des Saales blinkten geheimnisvoll Retorten, Gläser, Flaschen und spiralige Röhren, in denen Flüssigkeiten aller Farben stiegen und fielen, tropften und dampften. Außerdem gab es Computer und elektrische Geräte, an denen fortwährend winzige Lämpchen flimmerten oder die leise Summ- und Piepstönchen von sich gaben. In einer finsteren Nische schwebten geräuschlos und beständig rot und blau leuchtende Kugeln auf und nieder und in einem kristallenen Behälter wirbelte Rauch, der sich in gewissen Abständen zur Form einer glimmenden Gespensterblume zusammenzog. Irrwitzer war, wie schon gesagt, durchaus auf der Höhe der modernen Entwicklung, ja er war ihr in mancher Hinsicht ein gutes Stück voraus. Nur mit seinen Terminen war er rettungslos im Rückstand.

Ein leises Hüsteln ließ ihn aufschrecken. Er fuhr herum. In dem großen alten Ohrenbackensessel saß jemand. Aha, dachte er, es geht los. Jetzt nur nicht klein beigeben! Nun ist ein Zauberer – und ganz besonders einer von Irrwitzers Schlag – natürlich daran gewöhnt, dass allerhand absonderliche Kreaturen bei ihm erscheinen, oft auch unangemeldet und ungerufen; aber das sind dann für gewöhnlich Geister, die den Kopf unterm Arm tragen, oder Unholde mit drei Augen und sechs Händen oder Drachen, die Feuer spucken, oder sonst irgendwelche Monstrositäten. So etwas hätte den Geheimen Zauberrat absolut nicht erschreckt, er war damit vertraut, es war sein ganz alltäglicher oder allnächtlicher Umgang. Aber dieser Besucher hier war ganz anders. Er sah so normal aus wie irgendein Mann von der Straße – geradezu unheimlich normal. Und das brachte Irrwitzer aus der Fassung. […]

2 Übe auch das Vortragen von Sachtexten mit den Hilfen, die du in diesem Kapitel bekommen hast. Geeignete Texte findest du auf Seite 93-109, sowie auf Seite 275-276, Seite 278-279 und Seite 285-287.

Nachgefragt!

In diesem Kapitel lernst du,

- durch Befragung Informationen einzuholen,
- dich in Gesprächen an vereinbarte Regeln zu halten,
- Konflikte sachbezogen zu lösen,
- eigene Anliegen zu äußern,
- deine Meinung darzulegen und zu begründen.

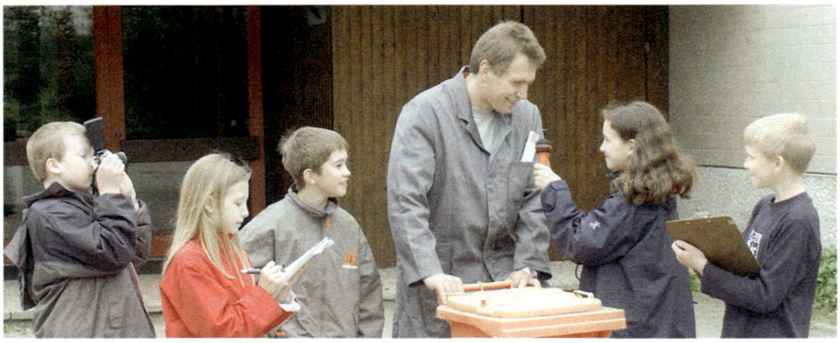

Du bist neu an der Schule, hast neue Mitschüler, neue Lehrer, neue Ansprechpartner ... Wo geht es lang? Wen kann ich fragen? Was kann ich am Nachmittag in der Schule tun?

1 Geht auf Erkundungstour in eurer Schule, um möglichst viele Informationen einzuholen.
a) Teilt euch dafür in Vierergruppen auf.
b) Jedes Team zieht sich eine Erkundungskarte und bearbeitet den Erkundungsauftrag innerhalb einer Woche.
c) Legt vor dem Start eurer Tour fest, wer welche Fragen stellt. Ihr dürft euch auch eigene Fragen ausdenken.
d) Fertigt euch bei den Befragungen Notizen an.
e) Zeigt den Befragten eure Mitschriften, damit Fehlinformationen vermieden werden können.

2 Gestaltet nach eurer Erkundungstour einen Infozettel, auf dem ihr die gesammelten Informationen übersichtlich festhaltet.

3 Tragt eure Ergebnisse euren Mitschülern vor.

4 Hängt die Infozettel in eurem Klassenzimmer auf, sodass sie jederzeit für jeden sichtbar sind. Ein Beispiel findet ihr rechts oben.

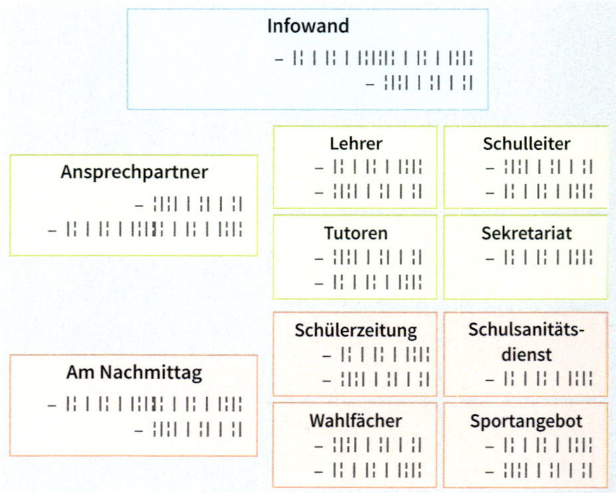

Erkundungsteam 1

Befragt eure **Tutoren,**

- wo sie in den Pausen anzutreffen sind,
- wo man in den Pausen am besten Fußball spielen kann,
- welche anderen Möglichkeiten der Pausengestaltung es gibt,
- was ihre Aufgabe als Tutor ist,
- was sie für euch in diesem Schuljahr geplant haben,
- ...

Erkundungsteam 2

Befragt das **Sekretariat,**

- mit welchen Problemen ihr kommen könnt,
- wie lange das Sekretariat geöffnet ist,
- unter welcher Telefonnummer eure Eltern das Sekretariat erreichen,
- woher ihr euren Schülerausweis bekommt,
- …

Erkundungsteam 5

Befragt die **Schulsanitäter,**

- wer alles zu den Schulsanitätern gehört,
- wo sie in den Pausen anzutreffen sind,
- wie man die Schulsanitäter alarmiert,
- welche Aufgaben der Schulsanitätsdienst hat,
- wie man Schulsanitäter werden kann,
- …

Erkundungsteam 3

Befragt die **Schulleitung**,

- wie die einzelnen Mitglieder der Schulleitung heißen,
- mit welchen Fragen / Problemen ihr euch an die Schulleitung wenden könnt,
- wer den Vertretungsplan erstellt und wo ihr ihn findet,
- …

Erkundungsteam 6

Befragt ein **Mitglied des Bücherteams** in der Schulbibliothek,

- wer alles zum Bücherteam gehört,
- wann die Bibliothek geöffnet hat,
- wie das Ausleihen der Bücher funktioniert,
- wie lange man Bücher ausleihen kann,
- …

Erkundungsteam 4

Befragt den **Hausmeister**,

- wo man ihn während des Schultages antreffen kann,
- wo man im Notfall Wischmob oder Besen findet, wenn im Klassenzimmer etwas ausgelaufen ist,
- wann der Pausenverkauf öffnet und schließt,
- …

Erkundungsteam 7

Befragt einen **Sportlehrer,**

- wo sich die Schüler zum Sportunterricht treffen,
- wie die Regeln in der Turnhalle sind,
- ob es Schwimmunterricht gibt,
- welches zusätzliche Sportangebot es an der Schule gibt und an wen man sich wenden kann,
- …

1.3 Notwendige Informationen einholen; 1.2 Über einfache Sachverhalte informieren/ wesentliche Inhalte veranschaulichen

Ich bin der Meinung, dass …

In einem Meinungsaustausch ist es wichtig, dass man die eigene Meinung verständlich formuliert und begründet. Ebenso wichtig ist es, den Gesprächspartnern genau zuzuhören, um deren Meinungen zu verstehen.

1 Lies das folgende Beispiel aufmerksam durch.

Ich finde, dass wir wirklich zu wenig Sportstunden in der Woche haben. Hätten wir nur eine zusätzliche Stunde, dann könnten wir uns richtig austoben und hätten auch endlich Zeit, neue Sportarten auszuprobieren. In der Schule meiner Schwester ist das so und alle sind begeistert.

Oh, ne! Darauf hätte ich ja gar keine Lust. Da schwitzt und müffelt man ja noch mehr als sonst. Und immer so viel bewegen! Ne! Sport ist Mord! Dazu steh ich. Und wer was andres sagt, hat einfach nicht recht! Schluss!

Vielleicht sollten wir nach einer Möglichkeit suchen, die allen hilft. Ich selbst bräuchte auch nicht unbedingt noch eine Zusatzstunde Sport. Aber ich kann dich schon verstehen. Vielleicht könntest du nachfragen, ob die Sportlehrer ein Wahlfach anbieten? Und dass Sport Mord ist, kann ich nicht bestätigen. Im Verein macht mir Fußballspielen schon Spaß.

2 Vergleiche die Aussagen miteinander. Begründe, welche du am gelungensten findest.

1.3 Anliegen adressatenbezogen äußern/ eigene Meinung darlegen und begründen; 1.2 Eigene Gedanken artikulieren

Da muss ich dir recht geben!

Übe das Begründen und Zuhören innerhalb verschiedener Trainingsrunden.

Beispielfrage:
Sollte es in der Schule mehr Sportstunden geben?

1 a) Überlege dir, wie du zu der gestellten Frage stehst.
- Bist du dafür oder dagegen?
- Findest du etwas gut oder schlecht?

b) Sammle kurze Sätze oder Stichpunkte, die deine Antwort auf die Frage begründen.

2 Fertige dir eigene Stichpunkte zur Beantwortung der Frage an.

Anna und Max haben für sich die Frage auf einem Stichpunktzettel so beantwortet:

Anna:

Meine Meinung:

Ich fände es toll, wenn es mehr Sportstunden geben würde.

Meine Begründung:

- *im Unterricht still sitzen – beim Sport austoben*
- *Ablenkung vom Lernen in Mathe oder Englisch*
- *mehr Zeit, um einmal andere Sportarten auszuprobieren*

Max:

Meine Meinung:

Mehr Sportstunden? Nein!

Meine Begründung:

- *Wir spielen doch sowieso nur Fußball.*
- *Je mehr man sich bewegt, desto mehr schwitzt man.*
- *Es führt nur zu noch mehr Streit, wenn jemand etwas nicht kann.*

In der Trainingsrunde

1 Bildet Vierergruppen. Zwei von euch sind Beobachter, die anderen sind die Gesprächspartner, die trainieren.
- Achtet darauf, dass jeder seine Meinung ohne Unterbrechung äußern darf.
- Hört aufmerksam zu.
- Wiederhole die Meinung deines Gesprächspartners. So kannst du überprüfen, ob du ihn richtig verstanden hast. Das nennt man „spiegeln".

Info

Ablauf der Trainingsrunde:

1. Meinung und Begründung äußern.

2. Spiegeln

3. Richtig gespiegelt?

oder

2 Wechselt die Rollen. Die Trainingsrunde ist beendet, wenn alle Gesprächspartner ihre Meinung begründet und die des Partners gespiegelt haben.

Die Formulierungen im Tipp können dir bei der Versprachlichung deiner Aussagen helfen.

Tipp

Nutze diese Formulierungshilfen für

… die Meinungsäußerung:
- *Meiner Meinung nach …*
- *Ich meine, dass …*
- *Ich finde, dass …*
- *Mein Standpunkt ist, dass …*
- *Ich sehe das so: …*

… das Begründen:
- *Ich sehe das so, weil …*
- *Lass mich das so begründen: …*
- *Für diese Aussage spricht, dass …*

… das Spiegeln:
- *Du meinst also, dass …, weil …*
- *Ich habe dich so verstanden: …*
- *Du sagst also, dass …*
- *Deiner Meinung nach …*

1.3 Anliegen adressatenbezogen äußern/ eigene Meinung darlegen und begründen; 1.1 Mitteilungen anderer verfolgen

Nach der Trainingsrunde

3 Im Anschluss an die Trainingsrunde werden das Begründen und das Spiegeln von allen Beteiligten bewertet.
Beispiel:
Anna und Julia haben gerade ihre Trainingsrunde beendet.

- Zuerst bewertet Anna sich auf ihrem Feedbackbogen selbst. (Das tut Julia gleichzeitig auf ihrem eigenen Bogen.)
- Dann trägt Julia auf Annas Bogen ein, wie sie Anna bewertet und umgekehrt.
- Jetzt notieren die Beobachter ihre Einschätzung auf Annas bzw. Julias Bogen.
- Zum Schluss trägt Anna ihren Gesamteindruck von dieser Trainingsrunde im grauen Kästchen unten ein.

Bewertung der Trainingsrunde am: *22.5.2016*

Meine Gesprächspartnerin (GP): *Julia*
Unsere Beobachter (B1, B2): *Johanna, Max*

1 = noch nicht gelungen; 2 = Schwächen erkennbar; 3 = überwiegend gelungen; 4 = sehr gut gelungen

	Begründen	**1**	**2**	**3**	**4**
	Ich habe meine Aussagen verständlich formuliert.		X		
GP	Du hast dich verständlich ausgedrückt.			X	
B1	Du hast deine Meinung und Begründung verständlich formuliert.		X		
B2				X	

	Spiegeln	**1**	**2**	**3**	**4**
	Das Spiegeln ist mir leicht gefallen.		X		
GP	Du hast meine Meinung und Begründungen richtig gespiegelt.		X		
B1	Du hast die Meinung und Begründungen deines GP richtig gespiegelt.				X
B2		X			

Die Trainingsrunde mit *Julia* war:

☐ ausgezeichnet ☒ gut ☐ weniger gut

Kommentar: *Ich war gut vorbereitet, muss aber lernen, genauer zuzuhören.*

Regeln für Gruppengespräche finden

1 Legt in der Klasse acht Gesprächsteilnehmer fest. Der Rest erhält Beobachtungsaufträge.

2 Lest jeweils euren Auftrag bzw. euren Beobachtungsbogen durch und startet dann ohne Vorbereitung das Gespräch.

Auftrag für die Gesprächsteilnehmer:

Einigt euch in der Gruppe auf fünf Dinge, die ihr auf eine einsame Insel mitnehmen wollt.

Beobachtungsaufträge während des Gesprächs:

- Ist die Lautstärke angemessen?
- Hören die Gesprächsteilnehmer einander zu?
- Lassen die Gesprächsteilnehmer sich gegenseitig ausreden?
- Kommt jeder zu Wort?
- Gelangen die Gesprächsteilnehmer zu einem Ergebnis?

3 Die Beobachter teilen der Klasse mit, was ihnen während des Gesprächs aufgefallen ist. Was hat euch gut gefallen, was weniger gut?

1.3 Sich in Gesprächen an gemeinsam vereinbarte Regeln halten/ Konflikte sachbezogen lösen; 1.1 Mitteilungen anderer verfolgen

4 Bildet nun Vierergruppen.
   a) Stellt innerhalb der Gruppe vier Regeln für ein Gruppengespräch auf, die euch besonders wichtig sind.
   b) Schreibt jede Regel gut leserlich auf ein farbiges Blatt.
   c) Heftet eure Regeln an die Tafel.
   d) Legt gemeinsam in der Klasse fest, welche Regeln für euch gelten sollen und haltet sie auf einem Plakat fest.

REGELN FÜR GRUPPENGESPRÄCHE

1. *Ich rede nur, wenn ich dran bin.*
2. *Ich höre gut zu.*

Darauf wollen wir bei Gruppengesprächen achten:

- *den anderen anschauen*
- *den anderen nicht beleidigen*

5 Testet eure Regeln in einem Gespräch, zum Beispiel über die Durchführung einer Lesenacht oder die Ausführung des Ordnungsdienstes. Legt fest, wer eingreift, wenn sich jemand nicht an die Regeln hält.

Tipp

Ändert für das Gespräch die **Sitzordnung**. Wenn ihr einen Kreis bildet, könnt ihr euch beim Sprechen anschauen.

Achtet darauf,
- dass ihr einander gut zuhört,
- dass ihr den anderen ausreden lasst,
- dass ihr auf andere eingeht.

Die Müller kommt!

1 Beschreibt, was auf den einzelnen Bildern passiert.

2 Vielleicht kennst du ebenfalls solche Situationen. Erzähle deiner Klasse davon.

3 Denke darüber nach, wie man sich jeweils fühlt, wenn man in einer der Situationen steckt.

Ihr sollt nun auf spielerische Weise herausfinden, welches Verhalten angemessen ist und welches nicht.

4 Bildet Sechsergruppen.
Jede Gruppe erhält eine Situationskarte.
a) Sprecht zunächst über die Situation. Überlegt, wer die Beteiligten sind und beschreibt, was wohl in ihnen vorgeht.
b) Tauscht euch darüber aus, wie die handelnden Personen reagieren könnten. Beschreibt sowohl angemessenes als auch unangemessenes Verhalten.
c) Legt fest, wer welche Rolle übernimmt.
d) Spielt eurer Klasse die Szene vor (maximal drei Minuten).
e) Diejenigen von euch, die zuschauen, beobachten genau, welches Verhalten sie als passend bzw. als unpassend empfinden.
f) Schreibt euch Stichpunkte auf ein Notizblatt:

Situation 2

Passend:	*Unpassend:*
– *klopft an*	– *grüßt nicht*
– …	– *geht einfach zum Platz*
– …	– …

Situation 1

In der Pause hörst du zwei Mitschüler tuscheln. Sie sagen gemeine Dinge über ein Kind aus deiner Klasse.

Wie sollst du reagieren?

1.3 Anliegen adressatenbezogen äußern/ Konflikte sachbezogen lösen; 1.4 Im Spiel die Rolle realer Personen übernehmen

Situation 2

Ärgerlich! Ausgerechnet heute kommst du zu spät zum Unterricht. Du schleichst zum Klassenzimmer und lauschst an der Türe. Der Unterricht ist bereits in vollem Gange. Was nun?

Situation 3

Der Unterricht ist noch nicht zu Ende, aber deine Uhr zeigt an, dass es jeden Augenblick zur Pause gongt. Obwohl deine Lehrerin noch spricht, hast du es eilig …

Situation 4

Du musst dringend ins Sekretariat, weil du deinen Schülerausweis verloren hast. Kurz bevor dein Bus fährt, rennst du so schnell du kannst quer durch die Aula zum Sekretariat. Völlig aus der Puste stehst du vor der Tür – und jetzt?

Situation 5

Du stellst im Unterricht fest, dass du dein Federmäppchen zu Hause vergessen hast. Jetzt ist guter Rat teuer.

Situation 6

Du klopfst in der Pause am Lehrerzimmer, weil du etwas abgeben möchtest. Ein Lehrer öffnet dir sichtlich genervt und unfreundlich fragend die Tür …

5 Berichtet euren Mitschülerinnen und Mitschülern, welches Verhalten euch in welcher Situation gut gefallen hat oder wie man anders hätte handeln können. Zum Beispiel:

Mir hat gut gefallen, dass der Schüler in Situation 2 erst an die Tür geklopft hat, bevor er in den Raum gegangen ist.
Noch besser hätte ich gefunden, wenn er „Guten Morgen!“ gesagt und sich für sein Zuspätkommen entschuldigt hätte.

6 a) Sprecht in der Klasse darüber, in welchen Situationen ihr euch schon einmal unhöflich behandelt gefühlt habt.
b) Formuliere drei Punkte, die für dich beim höflichen Umgang miteinander in der Schule wichtig sind.

Ein Gedicht inszenieren

In diesem Kapitel lernst du
- Möglichkeiten kennen, dich in Personen hineinzuversetzen und Handlungen spielerisch darzustellen,
- Übungen kennen, um dich warmzuspielen und auf deinen Auftritt vorzubereiten.

im park (1989)

Ernst Jandl

bitte ist hier frei
nein hier ist besetzt
danke
bitte ist hier frei
nein hier ist besetzt
danke
bitte ist hier frei
nein hier ist besetzt
danke
ist hier frei
nein hier ist besetzt
danke
ist hier frei
hier ist besetzt
danke
ist hier frei
nein besetzt
danke
bitte ist hier frei
nein
danke
hier frei
besetzt
danke
ist hier frei
nein hier ist leider besetzt
danke
ist hier frei
bitte
danke

1 Lies das Gedicht und überlege,
a) wie viele Personen nach einem freien Platz gefragt haben.
b) ob sich die Tonlage bei der Beantwortung der Frage „ist hier frei“ irgendwann verändern könnte. Begründe.

2 Verschiedene Personen fragen den auf der Bank Sitzenden, ob ein Platz frei ist:
a) Auf den Seiten 46 und 47 findest du ein Angebot an Rollenkärtchen. Ziehe ein Rollenkärtchen. Verrate nicht, wer du bist.
b) Versetze dich in diese Person. Überlege dir, wie du dich bewegst und auf welche Art und Weise du nach dem freien Platz fragen musst bzw. wie du als derjenige, der auf der Bank sitzt, antwortest.
c) Spielt jetzt das Gedicht. Die Zuschauer dürfen erraten, wer ihr wart. Teilt vorher auf, welcher Zuschauer welchen Spieler beobachtet, um ihm hinterher eine Rückmeldung geben zu können.
Nutzt den Beobachtungsbogen auf Seite 45.
d) Beurteilt außerdem die Reaktionen des Gefragten.

Feedbackbogen zum szenischen Spiel

Ich habe _______________ beobachtet.

Die gespielte Rolle war: _______________

		Bewertung
1	*Die Lautstärke war angemessen.*	
2	*Die Aussprache war gut verständlich.*	
3	*Das Gesagte wurde betont vorgetragen.*	
4	*Die Stimme wurde der Rolle angepasst.*	
5	*Die Körperhaltung und -bewegung haben zur Rolle gepasst.*	
6	*Der Gesichtsausdruck (Mimik) hat die Stimmung gut wiedergegeben.*	
7	*Die Handlung wurde durch Gesten veranschaulicht.*	
8	*Die Rolle wurde überzeugend gespielt.*	

Das könntest du beim nächsten Mal verbessern:

____

____

____

Bewertungszeichen: ☺ Zustimmung / ? nicht beobachtet / ! zu verbessern

Ich sitze im Park auf der Bank, die ich für mich alleine haben möchte. Auf die Vorbeikommenden reagiere ich je nachdem, wie ich gefragt werde. Ich werde aber immer genervter.
Ich bin ein cooler Jugendlicher, der gerne Kaugummi kaut und liebend gerne Jugendsprache nutzt. Eigentlich will ich nur in Ruhe dasitzen, um auf meinem Handy zu spielen.
Ich bin eine ältere Dame, die außer Puste ist und sich gerne setzen möchte.
Ich bin total wütend, weil meine Eltern mir verboten haben, am Wochenende bei einem Kumpel zu übernachten.
Ich bin über beide Ohren verliebt und könnte vor Glück Luftsprünge machen. Im Park warte ich auf mein Date.
Ich bin ein kleines Mädchen, das seinen Teddybären verloren hat und bitterlich weint. Mir wird am Ende der Platz auf der Parkbank gegeben. *(Beim Vorspielen die letzte Position einnehmen)*

Ich bin hundemüde, weil ich gerade aus der Nachtschicht komme. Ich kann nur noch leise sprechen, weil ich gleich einschlafe.
Ich fühle mich krank, habe Kopfschmerzen und eine verschnupfte Nase. Ich möchte mich doch nur kurz setzen.
Ich bin ein Jogger, der sich völlig verausgabt hat und fast keinen Ton mehr herausbringt.
Ich bin ein genervter Geschäftsmann. Leider lenken mich wichtige Gespräche immer wieder ab.
Ich bin ein Betrunkener, der durch den Park torkelt und einen Platz zum Ausruhen sucht.
Ich bin eine feine Dame, die gerade vom Kaffeekränzchen mit ihren Freundinnen kommt und das schöne Wetter im Park genießen möchte. Ich lege sehr viel Wert auf Höflichkeit.

Ohne Worte ... Handlungen oder Gefühle pantomimisch darstellen

Im Folgenden findet ihr zwei verschiedene Vorschläge für Pantomimen. Probiert sie aus.

1 Pantomimische Kette

a) Bildet einen großen Kreis.

b) Einer von euch beginnt. Er spielt vor, einen Ballon aufzupusten und ihn zu verknoten.

c) Jetzt gibt er den „Ballon“ an seinen Nachbarn weiter.

d) Dieser lässt den Ballon fliegen und überlegt sich etwas Neues, zum Beispiel eine kleine Katze, die gestreichelt wird.

e) Wenn alle Spieler pantomimisch etwas bekommen haben, ist die Runde zu Ende.

f) Als Letzter sagt ihr eurem Vorgänger der Runde, was ihr meint, von ihm erhalten zu haben. Er bestätigt oder verbessert euren Vorschlag.

2 Gefühle ausdrücken

a) Bestimmt einen Spielleiter.

b) Sammelt gemeinsam in der Klasse Gefühle, die ihr kennt, z. B. *ängstlich, fröhlich, traurig, aufgeregt, nachdenklich* ... und schreibt sie an die Tafel. Lasst euch von den Bildern rechts anregen.

c) Der Spielleiter wählt nun immer ein Gefühl aus und sagt an, in welcher Stimmung ihr durch den Raum laufen sollt. Drückt das Gefühl nur durch Bewegung und euren Gesichtsausdruck aus. Sprecht dabei nicht.

d) Der Spielleiter entscheidet, wer das Gefühl am besten darstellt und bittet diejenigen, es der Klasse noch einmal vorzuspielen. Die anderen nehmen die Anregung an und versuchen es selbst noch einmal.

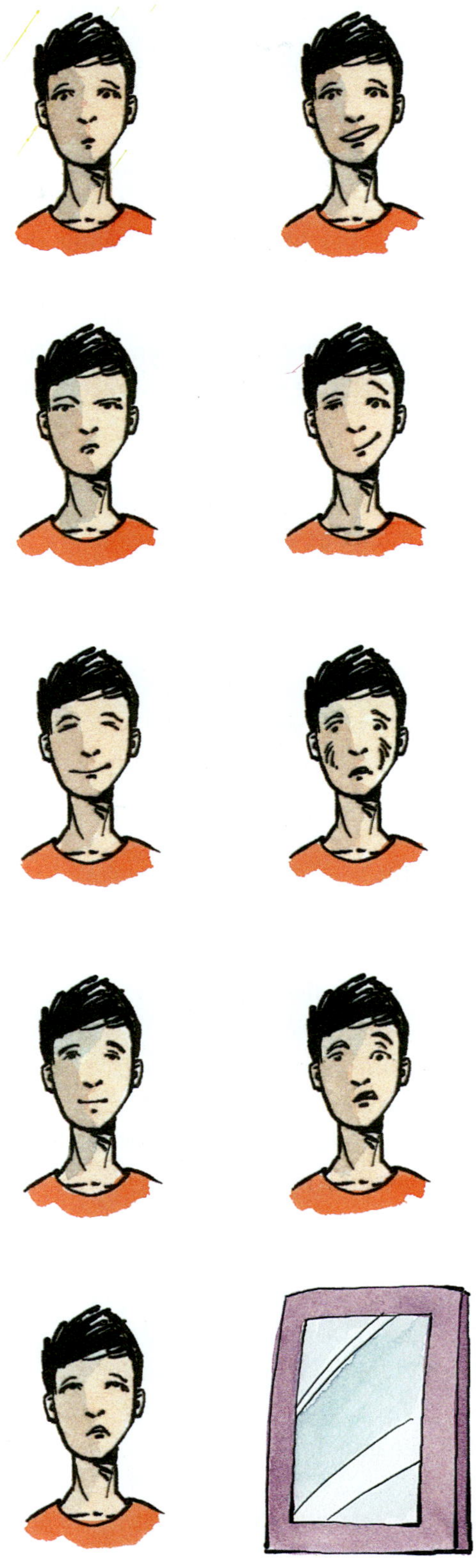

Denke dir selbst eine Situation aus, die du pantomimisch darstellen möchtest.
- Überlege dir genau, wie deine Körperhaltung und dein Gesichtsausdruck sein müssen. (Beispiel: Du tust so, als würdest du herzhaft in einen Apfel beißen. Der ist aber sauer – also verziehst du dein Gesicht.)
- Lass deine Klasse raten, welche Situation du vorspielst.

Ein Gedicht als Erzähltheater darstellen

Info

Ein **Erzähltheater** bietet die Möglichkeit, den Inhalt von Texten spielerisch umzusetzen. Dabei gibt es einen Erzähler, der den Text spricht. Legt der Erzähler eine Pause ein, werden die Spieler aktiv. Sie stellen bestimmte Textstellen mit Hilfe von wörtlicher Rede und Körpersprache szenisch dar.

1 Lasst euch das Gedicht vorlesen.

An einem Tag

Hanna Hanisch

Axel und ich auf dem Schulhof
Brüten im Schwitzkasten.
Riss in der Hose,
Dreck im Gesicht.
Axel heult.
Ich pfeife vor Wut.

Zu Hause: Wie siehst du aus?
Hast du schon wieder …
Dass du mir nie mehr mit dem da,
marsch in die Küche!
Am Telefon streiten sie:
Axels Vater und meiner.

Axel und ich auf der Mauer
Tauschen postfrisch und gestempelt
Polen gegen Uruguay,
Max und Moritz gegen Apollo acht.
Axel grinst.
Ich pfeife mir eins.

Telefonieren die immer noch?

2 Unten findest du einige Fragen, die Schülerinnen und Schüler zu diesem Gedicht geäußert haben. Versuche sie zu beantworten.

3 Klärt weitere Fragen, die beim Lesen entstanden sind.

1.4 Sch in die Lage literarischer Figuren versetzen und im Spiel deren Rollen übernehmen

4 Erarbeitet in Sechsergruppen ein Erzähltheater zum Gedicht von Seite 50. Lest dazu die Info auf Seite 50 und bearbeitet die Karten 1 – 7.

ERZÄHLTHEATER

1 Stimmungen einfangen

Lest euch das Gedicht noch einmal aufmerksam durch und versucht, euch die Situationen so genau wie möglich vorzustellen.
In jeder Strophe wird eine andere Stimmung aufgegriffen.

- Schreibt euch die Situationen und die jeweiligen Stimmungen auf, z. B.: *Strophe 1: Prügelei – wütende Gesichter, ängstliche Gesichter …*
- Schreibt euch ebenfalls auf, wie sich die Personen in den Strophen verhalten. Überlegt euch, wer was zu wem sagt.

2 Text untergliedern

Bestimmt einen Erzähler und legt fest, was er lesen soll, an welchen Stellen er Pausen einlegen muss und welche Textstellen von den anderen Gruppenmitgliedern übernommen werden.

3 Sprechtexte ausgestalten

Nun werden die Sprechtexte ausgestaltet. Markiert im Gedicht Textstellen, die als wörtliche Rede vorgetragen werden sollen, z. B.
Wie siehst du aus? *Hast du schon wieder …*
Schreibt jetzt die wörtlichen Reden auf. Formuliert Regieanweisungen, indem ihr euch notiert, wie ihr sprechen wollt, z. B.
Mutter – erschrocken, mit sehr lauter Stimme, hält ihr Kind fest: „Wie siehst du aus? Hast du schon wieder …“

4 Sprechrollen verteilen

Verteilt die Sprechrollen. Jeder übt seinen Teil und achtet auf Betonung, Stimmung und Lautstärke.

5 Handlung pantomimisch darstellen

Stellt die Handlung passend zum Vortrag des Erzählers pantomimisch dar (Strophen 1 und 3).

6 Auftritt proben

Probt euren Auftritt. Achtet darauf, dass die Darstellung der Handlung und der Vortrag des Erzählers gleichzeitig erfolgen.

7 Erzähltheater aufführen und eine Rückmeldung dazu geben

Führt euer Erzähltheater der Klasse vor.
Die Klasse beobachtet den Vortrag, um anschließend eine Rückmeldung geben zu können.

Es war einmal …

In diesem Kapitel lernst du verschiedene Märchen und typische Märchenmerkmale kennen.

Frau Langhaar Turmstraße 13 31527 Ritterbach	Frau Schubsmich Lebkuchenweg 5 91164 Hexenhausen	Herr Frosch Brunnenplatz 145 85992 Schlossheim	Herr Namenlos Königskindallee 1 69853 Rumpeldorf

1 a) Findet heraus, wer in diesen Häusern wohnt.
b) Gebt den Inhalt der Märchen mündlich wieder.

2 a) Berichtet, wann ihr Märchen zum ersten Mal begegnet seid.
b) Erzählt euch gegenseitig, welche Märchen ihr kennt.

3 a) Ergänze die magischen Märchensprüche.
b) Überlege mit deinem Banknachbarn, in welchen Märchen diese magischen Sprüche vorkommen.
c) Sammelt in der Klasse weitere Märchensprüche.

„Ach wie gut, dass niemand weiß, …“

„Die guten ins Töpfchen, …“

„Knusper, knusper, knäuschen, …“

„Spieglein, Spieglein an der Wand, …“

Märchen genauer unter die Lupe nehmen

1 Lasst euch das Märchen „Prinzessin Mäusehaut“ vorlesen oder hört es euch an. |WES-122902-015|

Prinzessin Mäusehaut

(Brüder Grimm)

Ein König hatte drei Töchter; da wollte er wissen, welche ihn am liebsten hätte, ließ sie vor sich kommen und fragte sie. Die Älteste sprach, sie habe ihn lieber als das ganze Königreich; die Zweite sprach, sie habe ihn lieber als alle Edelsteine auf der ganzen Welt; die Dritte aber sagte, sie habe ihn lieber als das Salz. Der König ward aufgebracht, dass sie ihre Liebe zu ihm mit einer so geringen Sache vergleiche, übergab sie einem Diener und befahl, er solle sie in den Wald führen und töten. Wie sie in den Wald gekommen waren, bat die Prinzessin den Diener um ihr Leben; dieser war ihr treu und ließ ihr das Leben, er sagte auch, er wolle mit ihr gehen und ganz nach ihren Befehlen tun. Die Prinzessin verlangte aber nichts als ein Kleid von Mäusehaut, und als er ihr das geholt, wickelte sie sich hinein und ging fort. Sie ging geradezu an den Hof eines benachbarten Königs, gab sich für einen Mann aus, und bat den König, dass er sie in seine Dienste nehme. Der König sagte zu und gewährte ihr den Aufenthalt. Abends musste sie ihm die Stiefel ausziehen, die warf er ihr allemal an den Kopf. Einmal fragte er, woher sie sei. – „Aus dem Lande, wo man den Leuten die Stiefel nicht um den Kopf wirft.“

Der König ward da aufmerksam, endlich brachten ihm die anderen Diener einen Ring; Mäusehaut habe ihn verloren, der sei zu kostbar, den müsse er (sie) gestohlen haben. Der König ließ sie vor sich kommen und fragte, woher der Ring sei. Da konnte sich die Prinzessin nicht länger verbergen, sie wickelte sich von der Mäusehaut los, ihre goldgelben Haare quollen hervor, und sie trat heraus so schön, dass der König gleich die Krone von seinem Kopf abnahm und sie ihr aufsetzte und sie für seine Gemahlin erklärte. Zu der Hochzeit wurde auch der Vater der Prinzessin eingeladen, der glaubte, seine Tochter sei schon längst tot, und er erkannte sie nicht wieder. Auf der Tafel aber waren alle Speisen, die ihm vorgesetzt wurden, ungesalzen, da ward er ärgerlich und sagte: „Ich will lieber nicht leben, als solche Speisen zu essen!“ Wie er ausgesprochen hatte, sprach die Königin zu ihm: „Jetzt wollt ihr nicht leben ohne Salz, und doch habt ihr mich einmal wollen töten lassen, weil ich sagte, ich hätte euch lieber als Salz.“ Da erkannte er seine Tochter und küsste sie. Er bat sie um Verzeihung und es war ihm lieber als sein Königreich und alle Edelsteine der Welt, dass er seine Tochter wiedergefunden hatte.

2 a) Notiere zwei nicht zu einfache Fragen zum Inhalt des Märchens. Schreibe auch die passende Antwort dazu auf.

b) Stellt euch nun gegenseitig die Fragen und lasst sie von euren Mitschülern beantworten.

3 a) Gliedert das Märchen in fünf Sinnabschnitte.

Abschnitt 1: Zeile 1 – xy
Abschnitt 2: Zeile xy - …

b) Ordne die drei Bilder auf Seite 53 unten dem entsprechenden Sinnabschnitt zu.

c) Zeichne zu den zwei übrigen Sinnabschnitten des Märchens selbst je ein passendes Bild.

d) Geht in Kleingruppen zusammen und notiert zu jedem Abschnitt eine passende Überschrift.

Abschnitt 1: Die Frage des Königs nach der Liebe seiner Töchter
Abschnitt 2: …

4 a) Untersuche das Märchen genauer. Überlege,
- welche Figuren im Märchen vorkommen,
- in welcher Situation sich die Figuren befinden,
- was Außergewöhnliches passiert,
- in welche (problematische) Situation die Märchenfiguren geraten,
- wie es zum glücklichen Ende kommt.

Mache dir dazu Notizen.

b) Vergleiche deine Antworten mit denen deines Banknachbarn und sprecht darüber.

5 a) Geht in Kleingruppen zusammen und recherchiert im Internet, warum Salz früher so wertvoll war.

b) Das Verhalten des Königs gegenüber seiner Tochter war nicht richtig. Wie hätte er anders reagieren können?

c) Sprecht über die überraschende Reaktion der Tochter gegenüber ihrem Vater am Märchenende.

d) Überlege, ob das Märchen auch einen anderen Titel haben könnte. Schreibe deine Vorschläge auf und stelle diese deinen Mitschülern vor.

6 a) Tragt in Kleingruppen euer Wissen über Märchenmerkmale zusammen und notiert es in Form einer Ideensammlung.

Magische Zahlen — *Märchen* — *Typischer Beginn*

b) Schreibt zu jedem Merkmal ein passendes Beispiel aus dem Text auf. Sollte das Merkmal nicht auf den Text zutreffen, streicht ihr es durch.

~~Typischer Beginn:~~
Magische Zahlen: …

c) Tauscht euch über die Märchenmerkmale des Textes aus und weist nach, dass es sich um ein Märchen handelt.

d) Vergleicht eure Ergebnisse mit der Info auf Seite 56.

Tipp

So verstehst du den Inhalt eines Märchens:

1. Lies das Märchen aufmerksam.
2. Werde dir darüber bewusst, worum es in dem Text geht. Versuche, dies in einem Satz zusammenzufassen.
3. Verschaffe dir einen Überblick über den Inhalt und die handelnden Personen der Geschichte.
4. Untersuche das Märchen genauer.
5. Denke nochmals über das Märchen nach.
6. Überprüfe, ob es sich bei dem Text wirklich um ein Märchen handelt. Nutze die Info auf Seite 56.

Einfach märchenhaft ...

1 Lies das Märchen „Der Bauer und der Teufel“.

Der Bauer und der Teufel

(Brüder Grimm)

Es war einmal ein kluges und verschmitztes Bäuerlein, von dessen Streichen viel zu erzählen wäre, die schönste Geschichte ist aber doch, wie es den Teufel einmal dran gekriegt und zum Narren gehabt hat. Das Bäuerlein hatte eines Tages seinen Acker bestellt und rüstete sich zur Heimfahrt, als die Dämmerung schon eingetreten war. Da erblickte es mitten auf seinem Acker einen Haufen feuriger Kohlen, und als er voll Verwunderung hinzuging, so saß oben auf der Glut ein kleiner schwarzer Teufel. „Du sitzest wohl auf einem Schatz“, sprach das Bäuerlein. „Jawohl“, antwortete der Teufel, „auf einem Schatz, der mehr Gold und Silber enthält, als du dein Lebtag gesehen hast.“ „Der Schatz liegt auf meinem Feld und gehört mir“, sprach das Bäuerlein. „Er ist dein“, antwortete der Teufel, „wenn du mir zwei Jahre lang die Hälfte von dem gibst, was dein Acker hervorbringt: Geld habe ich genug, aber ich trage Verlangen nach den Früchten der Erde.“ Das Bäuerlein ging auf den Handel ein. „Damit aber kein Streit bei der Teilung entsteht“, sprach es, „so soll dir gehören, was über der Erde ist und mir, was unter der Erde ist.“ Dem Teufel gefiel das wohl, aber das listige Bäuerlein hatte Rüben gesät. Als nun die Zeit der Ernte kam, so erschien der Teufel und wollte seine Frucht holen, er fand aber nichts als die gelben welken Blätter, und das Bäuerlein, ganz vergnügt, grub seine Rüben aus. „Einmal hast du den Vorteil gehabt“, sprach der Teufel, „aber für das nächste Mal soll das nicht gelten. Dein ist, was über der Erde wächst, und mein, was darunter ist.“ „Mir auch recht“, antwortete das Bäuerlein. Als aber die Zeit zur Aussaat kam, säte das Bäuerlein nicht wieder Rüben, sondern Weizen. Die Frucht ward reif, das Bäuerlein ging auf den Acker und schnitt die vollen Halme bis zur Erde ab. Als der Teufel kam, fand er nichts als die Stoppeln und fuhr wütend in eine Felsenschlucht hinab. „So muss man die Füchse prellen“, sprach das Bäuerlein, ging hin und holte sich den Schatz.

2 a) Erzähle deinem Banknachbarn eine List, die das Bäuerlein anwendet. Anschließend erzählt dein Banknachbar dir die andere List.

b) Sprecht in der Klasse darüber, was die Aussprüche „Geld habe ich genug, aber ich trage Verlangen nach den Früchten der Erde." (Z. 19-20) und „So muss man die Füchse prellen." (Z. 32) bedeuten.

c) Lest die Abschnitte des Märchens, in denen Bauer und Teufel aneinander geraten, nochmals mit verteilten Rollen.

d) Überlegt in Kleingruppen, wie das Gespräch zwischen den Hauptfiguren in der heutigen Sprache formuliert sein könnte. Schreibt den Dialog auf und stellt ihn der Klasse vor.

3 Wähle eine der folgenden Aufgaben aus. Bearbeite sie und stelle dein Ergebnis der Klasse vor.

a) Schreibe die Geschichte aus Sicht des Teufels auf, der seinen Freunden davon erzählt, was ihm geschehen ist. Setze hierzu den Text fort.

Meine lieben Freunde der Unterwelt,
ihr könnt euch gar nicht vorstellen, was mir passiert ist. Während ich auf einem Schatz, der mit heißen Kohlen überdeckt war, saß, kam ein Bäuerlein. …

b) Formuliere einen neuen Schluss für das Märchen „Der Bauer und der Teufel" ab Zeile 19.

c) Versetze dich in das Bäuerlein und erzähle die Geschichte aus seiner Sicht. Schreibe sie auf.

d) Formuliere aus Sicht des Bäuerleins einen Tagebucheintrag.

Liebes Tagebuch,
das war vielleicht ein verrückter Tag, kann ich dir sagen. Heute ist mir mein bis jetzt bester Streich gelungen. …

4 Erstelle mit deinem Banknachbarn eine Märchen-Collage. Verschiedene Märchenfiguren, zauberhafte Gegenstände, Märchensprüche und Textsortenmerkmale sollen dabei auf ein Plakat gemalt, geschrieben und geklebt werden.

Info

Märchenmerkmale

- Märchen sind **erfundene Geschichten**. Natürliches vermischt sich mit Fantastischem.
- Das Märchen beginnt häufig mit *„Es war einmal …"* und endet mit *„Und wenn sie nicht gestorben sind, dann leben sie noch heute."*
- Genaue Orts- und Zeitangaben werden nicht genannt.
- Oftmals kommen **sprechende Tiere** oder wundersame Wesen vor.
- Die **Hauptfigur** muss Aufgaben lösen oder Prüfungen bestehen.
- Die Personen haben oft **keinen Namen** und sind oft **gegensätzlich** (klug und dumm, arm und reich, …).
- In vielen Märchen sind **formelhafte Sprüche** zu finden.
- **Magische Zahlen** (z. B. 3, 6, 7, 12) und zauberhafte Gegenstände (goldene Kugel, Schlüssel, …) spielen häufig eine besondere Rolle.
- Die **Guten** (der Held / die Heldin) im Märchen werden belohnt, die **Bösen** bestraft (gutes Ende).

2.2 Epische Kleinformen unterscheiden; angeleitet auffällige Gestaltungsmittel unterscheiden

Ein Märchen als Erzähltheater gestalten

1 Lasst euch das Märchen „Die Aufgabe des Königs" vorlesen oder hört es euch an. |WES-122902-016|

Die Aufgabe des Königs

(von den Philippinen)

Ein König hatte zwei Söhne.

Als er alt wurde, da wollte er einen der beiden zu seinem Nachfolger bestellen. Er versammelte die Weisen seines Landes und rief seine beiden Söhne herbei. Er gab jedem der beiden fünf Silberstücke und sagte: „Ihr sollt für dieses Geld die Halle in unserem Schloss bis zum Abend füllen. Womit, das ist eure Sache."

Die Weisen sagten: „Das ist eine gute Aufgabe."

Der älteste Sohn ging davon und kam an einem Feld vorbei, wo die Arbeiter dabei waren, das Zuckerrohr zu ernten und in einer Mühle auszupressen. Das ausgequetschte Zuckerrohr lag nutzlos herum. Da überlegte er sich: „Das ist eine gute Gelegenheit, mit diesem nutzlosen Zeug die Halle meines Vaters zu füllen." Mit dem Aufseher der Arbeiter wurde er einig, und sie schafften bis zum späten Nachmittag das ausgedroschene Zuckerrohr in die Halle. Als sie gefüllt war, ging er zu seinem Vater und sagte: „Ich habe deine Aufgabe erfüllt. Auf meinen Bruder brauchst du nicht mehr zu warten. Mach mich zu deinem Nachfolger."

Der Vater antwortete: „Es ist noch nicht Abend. Ich werde warten."

Bald darauf kam der jüngere Sohn. Er bat darum, das ausgedroschene Zuckerrohr wieder aus der Halle zu entfernen. So geschah es. Dann stellte er mitten in die Halle eine Kerze und zündete sie an. Ihr Schein füllte die Halle bis in die letzte Ecke hinein.

Der Vater sagte: „Du sollst mein Nachfolger sein. Dein Bruder hat fünf Silberstücke ausgegeben, um die Halle mit nutzlosem Zeug zu füllen. Du hast nicht einmal ein Silberstück gebraucht und hast sie mit Licht erfüllt. Du hast sie mit dem gefüllt, was die Menschen brauchen."

2 Geht in Kleingruppen zusammen.

a) Wählt eine der folgenden Fragen aus und sprecht darüber.

b) Stellt eure Ergebnisse den Mitschülern vor.

Was will der Vater mit der Aufgabe, die er seinen Söhnen gestellt hat, erreichen?

Was beeindruckt den Vater bei der Lösung der Aufgabe des zweiten Sohnes?

Wie fühlt sich der erste Sohn, als er die Aufgabe des Vaters gelöst hat?

Was meint der Vater damit, dass die Menschen Licht bräuchten?

3 a) Informiere dich über das **Erzähltheater**. Lies dazu die Info auf Seite 50.

b) Sprecht in der Klasse darüber, was man unter einem Erzähltheater versteht.

4 Bereitet in Kleingruppen den Erzählertext vor.
  a) Bestimmt zunächst einen Erzähler.
  b) Legt fest, was der Erzähler lesen und wo er Pausen machen soll. Schreibt die Erzähltexte auf (weiße) Papierstreifen.

5 Gestaltet die Sprechtexte für eure Gruppe.
  a) Sucht im Text alle wörtlichen Reden und schreibt diese auf Papierstreifen. Verwendet für jede Figur eine andere Farbe.
  b) Lest den Text gemeinsam. Sucht dabei Textstellen, die als wörtliche Rede gestaltet werden sollen und schreibt sie in wörtlicher Rede ebenfalls auf Papierstreifen der entsprechenden Farbe.

Zum Beispiel zu Zeile 11:

Z. 11: Erster Sohn: „Männer, was macht ihr da?“

Arbeiter: „Das Zuckerrohr ist reif. Tag für Tag schneiden wir die Stängel ab und geben sie in eine Presse, um die süße Flüssigkeit zu erhalten. Mit den Pflanzenresten können wir nichts anfangen.“

6 Bringt den Sprech- und Erzähltext zusammen und notiert Regieanweisungen.
  a) Ordnet alle eure Papierstreifen in der richtigen Reihenfolge, sodass ihr einen zusammenhängenden Text erhaltet.
  b) Klebt diese anschließend auf die rechte Hälfte eines Din-A3-Blattes.
  c) Schreibt auch in Klammern Regieanweisungen auf die linke Hälfte des Din-A3-Blattes auf, sodass die Art des Sprechens (lachend, wütend, ...) und Bewegungen (winken, stolzieren, ...) nicht vergessen werden.

7 Verteilt die Rollen in eurer Gruppe.
  a) Besprecht, wer welche Rolle übernimmt.
  b) Die Sprecher markieren sich die Wörter, die sie besonders betonen möchten.
  c) Versetzt euch in die Person, die ihr spielen sollt, und überlegt, was sie denkt, fühlt und wie sie sich verhält. Übt das Lesen mit verteilten Rollen.

Tipp: Wenn ihr euch in eurer Rolle sicher fühlt, könnt ihr euren Text auch etwas freier vortragen, ohne dabei abzulesen.

König: „Ihr sollt für dieses Geld die Halle in unserem Schloss bis zum Abend füllen. Womit, das ist eure Sache.“

Weise: „...“

Söhne (betrachten die fünf Silberstücke in ihrer Hand schweigend und schulterzuckend)

König (dreht sich lachend mit nach oben ausgestreckten Armen um sich selbst, während er spricht)

Weise (nicken)

8 Stellt in der Klasse eure Gruppenergebnisse vor. Sprecht danach auch über eure Spielerfahrungen.

2.2 Texte in unterschiedliche künstlerische Formen umsetzen; 1.4 Im Spiel die Rollen literarischer Figuren übernehmen

Ein Märchen erschließen

1 Lies das Märchen aufmerksam.

Die 12 Monate

(aus Griechenland)

Es war einmal eine Mutter mit vielen Kindern. Die Mutter war arm. Die Kinder waren arm. Eines Tages ging die Mutter in den Wald, um Holz zu suchen. Auf dem Weg begegneten ihr 12 Jünglinge. Das waren die 12 Monate. Die 12 Monate grüßten die Mutter. Sie fragten: „Welcher von den 12 Monaten ist der schönste?“ Die Mutter dachte eine Weile nach. Dann sagte sie: „Jeder Monat ist schön!
Im Januar liegt der weiße Schnee.
Im Februar kommt der lustige Fasching.
Im März sprießen die ersten Veilchen.
Im April blüht der Apfelbaum.
Im Mai duftet der Flieder.
Im Juni geht‘s ins Heu.
Im Juli werden die Kirschen rot.
Im August wird der Weizen gelb.
Im September reifen die Äpfel am Baum.
Oktober macht die Trauben süß.
November webt alles in weißen Nebel ein.
Dezember bringt das liebe Weihnachtsfest.
Alle Monate sind schön!“

Als die 12 Monate das hörten, freuten sie sich. Sie sagten zur Mutter: „Gib uns dein Kopftuch!“ Die 12 Monate füllten das Kopftuch und gaben es der Mutter zurück. Die Mutter bedankte sich und ging nach Hause. Zu Hause machte sie das Kopftuch auf. Sie schüttete das Geschenk der 12 Monate auf den Tisch: Viele, viele Goldstücke waren das. Nun hatte alle Not ein Ende.

2 Entscheide, welche der folgenden Aussagen richtig sind.
- Die Mutter geht in den Wald, um Pilze zu sammeln.
- Die Mutter ist arm und hat 12 Kinder.
- Der schönste Monat ist der Mai, da zu dieser Zeit der Flieder duftet.
- Die Mutter wurde mit vielen Silberstücken belohnt.

3 Weise die Märchenmerkmale am Text mit passenden Beispielen nach. Vervollständige dazu die Tabelle.

Merkmal	*Textbeispiel*
Magische Zahlen	*12 Monate*
…	…

Das kann ich jetzt
- ✔ Den Inhalt von Märchen verstehen
- ✔ Den Aufbau von Märchen erkennen
- ✔ Märchenmerkmale nachweisen
- ✔ Märchen anschaulich darstellen

Wenn zwei sich streiten ...
Wer zuletzt lacht...

In diesem Kapitel lernst du verschiedene Fabeln kennen und untersuchst, woran du sie erkennst. Du bekommst auch die Möglichkeit, eine Fabel nachzuspielen.

1 Betrachtet die Bilderfolge genau und stellt Vermutungen an, was auf dem fehlenden Bild zu sehen sein könnte.

2 a) Sammelt in der Klasse Adjektive, die die Tiere beschreiben. Notiert diese an der Tafel.
b) Vergleicht die gefundenen Eigenschaften der Tiere.

3 Überlege zusammen mit deinem Banknachbarn, was du aus der Geschichte lernen kannst, und formuliere dazu einen Satz.

4 Geht in Kleingruppen zusammen und haltet in einer Ideensammlung fest, was ihr schon über Fabeln wisst.

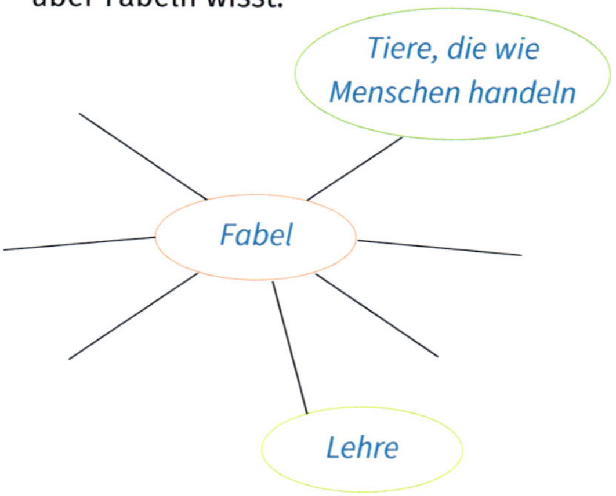

Die Rache des Gastes – eine Fabel untersuchen

Den Inhalt verstehen

1 Lies die Fabel aufmerksam.

Der Fuchs und der Storch

Äsop

Ein Fuchs hatte einen Storch zu Gaste gebeten, und setzte ihm die leckersten Speisen vor, aber nur auf ganz flachen Schüsseln, aus denen der Storch mit seinem langen Schnabel nichts fressen konnte. Gierig fraß der Fuchs alles allein, obgleich er den Storch unaufhörlich bat, es sich doch schmecken zu lassen.

Der Storch fand sich betrogen, blieb aber heiter, lobte außerordentlich die Bewirtung und bat seinen Freund auf den andern Tag zu Gaste. Der Fuchs mochte wohl ahnen, dass der Storch sich rächen wollte, und wies die Einladung ab. Der Storch ließ aber nicht nach, ihn zu bitten, und der Fuchs willigte endlich ein.

Als er nun anderen Tages zum Storche kam, fand er alle möglichen Leckerbissen aufgetischt, aber nur in langhalsigen Geschirren. „Folge meinem Beispiele“, rief ihm der Storch zu, „tue, als wenn du zu Hause wärest.“ Und er schlürfte mit seinem Schnabel ebenfalls alles allein, während der Fuchs zu seinem größten Ärger nur das Äußere der Geschirre belecken konnte und nur das Riechen hatte.

Hungrig stand er vom Tische auf und gestand zu, dass ihn der Storch für seinen Mutwillen hinlänglich gestraft habe.

Der Fuchs und der Storch,
Chorgestühl Marienkirche, Kempen, 1493

2 Fasst die Fabel mit eigenen Worten zusammen.

a) Erzählt, was beim gemeinsamen Essen von Fuchs und Storch passiert ist.

b) Sprecht in der Klasse über folgende Wendungen, die in der Fabel vorkommen. Klärt, was man darunter versteht.

- … in langhalsigen Geschirren (Z. 10)
- … und nur das Riechen hatte (Z. 14/15)
- … für seinen Mutwillen hinlänglich gestraft habe (Z. 17/18)

Den Aufbau erkennen

3 a) Ordne den Tieren die passenden Adjektive zu.

einfallsreich | *gelassen* | *hinterhältig*

b) Vergleiche dein Ergebnis mit deinem Banknachbarn und sprecht darüber. Begründet eure Zuordnung. Belegt dies mit Beispielen aus dem Text.

c) Finde mit deinem Banknachbarn weitere Beschreibungen für die Tiere. Notiert diese.

d) Vergleicht in der Klasse eure Ergebnisse. Notiert diese an der Tafel in einer Tabelle.

4 Versetze dich in die Tiere der Fabel hinein.

a) Nimm die Rolle eines der beiden Tiere (Spieler und Gegenspieler) ein. Lose dazu mit deinem Banknachbarn aus, wer welche der untenstehenden Aufgaben bearbeitet.

> Du bist der Storch. Stelle dich deinem Banknachbarn aus der Ich-Perspektive vor. Gehe dabei darauf ein, was deine Interessen, Stärken und Schwächen sind.
> Zum Beispiel: *Ich bin ein ruhiger, ausgeglichener Storch, der sich nicht gerne reinlegen lässt. …*

> Du bist der Fuchs, der etwas erreichen will. Überlege dir, was genau das ist. Stelle dich und dein Ziel deinem Banknachbarn vor. Schreibe aus der Ich-Perspektive.
> Zum Beispiel: *Ich bin so ein schlauer Fuchs. Ich hatte eine fantastische Idee, den anderen Tieren zu zeigen, wie klug ich bin …*

b) Stellt eure Ergebnisse nun in Form eines szenischen Lesens der Klasse vor.

2.2 Eigenheiten literarischer Figuren und Orte beschreiben; 1.4 Im Spiel die Rolle realer Figuren übernehmen

1 Beschreibe den Aufbau der Fabel „Der Fuchs und der Storch“.
a) Sieh dir die Bilder auf Seite 62 genau an und bringe sie in die richtige Reihenfolge.
b) Ordne die untenstehenden Begriffe, die den Aufbau von Fabeln beschreiben, dem entsprechenden Bild zu.
c) Begründet in der Klasse eure Zuordnung. Belegt dies mit Beispielen aus dem Text.

Handlung

Ergebnis

Gegenhandlung

Ausgangssituation

2 Formuliere, was man aus der Fabel lernen kann, und schreibe dies auf einem Notizzettel auf.

Die Lehre nachvollziehen

3 Betrachtet den Inhalt der Fabel nochmals etwas genauer.
a) Sprecht darüber, was Fuchs und Storch in der Fabel gelernt haben.
b) Überlegt gemeinsam, wer in der Fabel der Gewinner bzw. der Verlierer ist.

4 Formuliere eine passende Lehre zur Fabel.
a) Schreibe mit deinem Banknachbarn jeweils einen Ratschlag für den Fuchs und den Storch auf.
b) Sammelt eure Ratschläge und notiert sie an der Tafel.
c) Leitet aus euren Ratschlägen eine passende Lehre für die Fabel „Der Fuchs und der Storch“ ab. Lest dazu auch die Info.

Info

Merkmale von Fabeln

- Fabeln sind meist kurze **Erzähltexte**. Manchmal sind sie in Versen geschrieben.
- In Fabeln kommen **Tiere** und/oder **Pflanzen** vor, die wie Menschen denken, fühlen, sprechen oder handeln.
- Die Lebewesen haben häufig **gegensätzliche Eigenschaften:** der schlaue Fuchs, der dumme Esel.
- Oftmals sind die Lebewesen **ungleiche Gegner** (Wolf und Lamm). Am Ende gewinnt der Klügere durch eine List.
- Fabeln haben eine **Lehre** (Moral), die sich auf das Zusammenleben von Menschen übertragen lässt.
- Merke: Nicht immer kommen alle Merkmale in einer Fabel vor!

5 Übertrage die Lehre der Fabel „Der Fuchs und der Storch" auf dein Leben.
a) Erzählt von Situationen in eurem Leben, auf die die Lehre der Fabel zutrifft.
b) Überlegt, was die Lehre der Fabel für euren Umgang mit Menschen bedeutet.

Äsop – der erste Fabeldichter

1 a) Lies den Text aufmerksam.

Äsop lebte wahrscheinlich im 6. Jahrhundert v. Chr. im heutigen Griechenland und gilt als der erste Fabeldichter. Als Sklave hatte er keine Rechte und durfte somit auch nicht seine eigene Meinung äußern. So erzählte er seine Fabeln auf Plätzen im Freien vor allem den einfachen Leuten. Die Menschen erkannten sich in den Tieren und Pflanzen, die wie Menschen sprachen und handelten, wieder: Äsops Fabeln befassten sich nämlich damit, dass sich oftmals der Schwächere / Kleinere durch eine List gegen die Ungerechtigkeiten des Stärkeren / Größeren wehren konnte.
In der heutigen Zeit sind Fabeln immer noch aktuell: In einigen Ländern der Welt haben auch heute die Menschen noch kaum Rechte. Sie müssen sich den willkürlichen Vorgaben des Staates beugen.

b) Sprecht in der Klasse darüber, wer Äsop war und warum er Fabeln geschrieben hat.

c) Erläutert, warum Äsop anstatt der Menschen selbst Tiere und Pflanzen in seinen Fabeln handeln und sprechen ließ.

Jean de La Fontaine, 1621–1695

Äsop plaudert mit einem Fuchs, antike Vase, 450 v. Chr.

Ein weiterer bekannter Fabeldichter ist der französische Schriftsteller Jean de La Fontaine.

2 Vervollständige den lückenhaften Steckbrief zu Jean de La Fontaine. Recherchiere dazu im Internet und übertrage den Steckbrief in dein Heft.

Name	*Jean de La Fontaine*
…	*8. Juli 1621*
Geburtsort	*…*
…	*13. April 1695*
Sterbeort	*Paris*
Studium	*…*
…	*Fabeln*

Tipp

Eine Fabel von Jean de La Fontaine findest du auf Seite 69.

Eine Fabel selbstständig lesen und verstehen

Die beiden Frösche

Äsop

Zwei Frösche, deren Tümpel die heiße Sommersonne ausgetrocknet hatte, gingen auf die Wanderschaft. Gegen Abend kamen sie in die Kammer eines Bauernhofs und fanden dort eine große Schüssel Milch vor, die zum Abrahmen aufgestellt worden war. Sie hüpften sogleich hinein und ließen es sich schmecken. Als sie ihren Durst gestillt hatten und wieder ins Freie wollten, konnten sie es nicht: Die glatte Wand der Schüssel war nicht zu bezwingen, und sie rutschten immer wieder in die Milch zurück.
Viele Stunden mühten sie sich nun vergeblich ab, und ihre Schenkel wurden allmählich immer matter. Da quakte der eine Frosch: „Alles Strampeln ist umsonst, das Schicksal ist gegen uns, ich geb's auf!" Er machte keine Bewegung mehr, glitt auf den Boden des Gefäßes und ertrank. Sein Gefährte aber kämpfte verzweifelt weiter bis tief in die Nacht hinein. Da fühlte er den ersten festen Butterbrocken unter seinen Füßen, er stieß sich mit letzter Kraft ab und war im Freien.

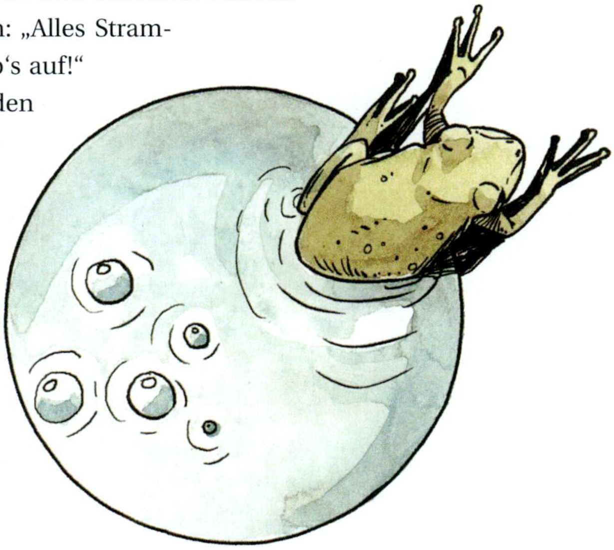

1 Lies den Text aufmerksam.

2 Fasse den Inhalt der Fabel zusammen.
a) Notiere hierzu höchstens zehn Schlüsselbegriffe.
b) Erzähle die Fabel mithilfe der Schlüsselbegriffe deinem Banknachbarn.

3 In der Fabel kommen zwei Frösche vor, die jedoch unterschiedliche Eigenschaften haben. Beschreibe die beiden Frösche mithilfe von passenden Adjektiven möglichst genau.

4 a) Formuliere zusammen mit deinem Banknachbarn eine passende Lehre zur Fabel.
b) Sammelt eure Vorschläge zur Lehre in der Klasse und sprecht darüber.

5 Überlege, wie du vorgegangen bist, um die Fabel selbstständig zu erschließen. Sprich mit deinem Banknachbarn darüber, was dir leicht gefallen ist und welche Punkte dir noch Schwierigkeiten bereitet haben.

6 Erkläre mithilfe der Fachbegriffe, die in Aufgabe 1 auf Seite 63 genannt werden, den Aufbau der Fabel.

Eine Fabel als Schattenspiel gestalten

1 Lest die Fabel in der Klasse aufmerksam.

Die Maus und der Frosch

Äsop

Eine Maus schloss zu ihrem Verderben mit einem Frosche Freundschaft und lud ihn zum Mahle ein. Der Frosch band den Fuß der Maus an seinen eigenen an, und so gingen sie zuerst zu einem Orte, wo viele Speisen vorhanden waren.
Der Frosch stillte hier seinen Hunger und beschloss, die Maus, da er ihr gutes Leben beneidete, zu verderben.
Als sie bald darauf an den Rand eines Sees kamen, zog er sie in das tiefe Wasser. Die unglückliche Maus kam im Wasser um und schwamm in demselben, an den Fuß des Frosches angebunden, umher; doch ein Taubenfalke erblickte die Maus und fasste sie mit seinen Krallen.
Da sich der Frosch nicht losmachen konnte, entführte er ihn gleichfalls in die Luft, wo er zuerst die Maus und dann jenen selbst verspeiste.

2 a) Erzählt euch den Inhalt der Fabel gegenseitig.
b) Überlegt in der Klasse, woran das menschliche Verhalten der beiden Tiere deutlich wird.
c) Überlegt auch, welche Lehren man aus dem Verhalten des Frosches und der Maus ziehen könnte.
d) Nennt Situationen im Leben von Menschen, auf die die Fabel passen könnte.

3 Einige Schüler sprechen ebenfalls über den Inhalt der Fabel.

a) Lies die Aussagen der Schüler. Überlege, ob du den Aussagen zustimmst oder nicht und begründe deine Antwort.
b) Sprecht nun in der Klasse über die Aussagen.
c) Formuliert eine oder mehrere passende Lehren für diese Fabel.

Ich bin mir nicht sicher, ob es in dieser Fabel überhaupt einen Klügeren, einen Gewinner, gibt.

Die Maus hätte vielleicht ahnen können, dass der Frosch ihr Böses will, als er ihren Fuß an seinen angebunden hat.

Das Verhalten des Frosches kann man als sehr hinterlistig bezeichnen. Zuerst lässt er sich einladen und isst sich satt. Dann bedankt er sich aber nicht bei der Maus, die nett zu ihm war, sondern möchte sie vernichten.

Ihr sollt zu der Fabel ein Schattenspiel gestalten. Um ein Schattenspiel den Zuschauern lebendig präsentieren zu können, müsst ihr euch im Vorfeld genau überlegen, was wer wann wie sagen könnte. Dafür schreibt ihr am besten ein Drehbuch. Einen Anfang findet ihr hier:

Drehbuch zur Fabel „Die Maus und der Frosch“

Sprecher	Text Mimik und Gestik	Sprechweise	Figuren (gebastelt)	Bewegung der Figuren
Erzähler	*Eine Maus schloss zu ihrem Verderben mit einem Frosche Freundschaft …*	*Normaler Erzählton*	*Maus, Frosch*	*bewegen sich aufeinander zu, Maus umarmt Frosch*
…	…	…	…	…
Maus	*Lass` es dir schmecken, mein Freund! Iss so viel du willst.*	*fröhlich, freundlich…*	…	…
Erzähler	*Dabei lächelte die Maus den Frosch an.*			

4 a) Schau dir das Drehbuch-Beispiel auf Seite 67 genau an.
b) Notiere zusammen mit deinem Banknachbarn, wie die Schüler dabei vorgegangen sind.
c) Sprecht in der Klasse darüber, was man beim Schreiben eines Drehbuchs für ein Schattenspiel beachten muss.

5 Geht in Kleingruppen zusammen und schreibt das Drehbuch weiter.
a) Lest den Tipp.

Tipp

Gestik und Mimik der Figuren sind im Schattenspiel meist nicht erkennbar. Als Erzähler musst du diese auch nennen (*verzog die Mundwinkel, stolzierte, ...*).

b) Ergänzt diese Punkte im Text des Erzählers. Überlegt auch, ob an einigen Stellen Geräusche (Schmatzen, Wasserplätschern, Vogelgeschrei, ...) eingebaut werden können. Hierzu könntet ihr eine zusätzliche Spalte im Drehbuch anlegen.

6 a) Schreibt auf, welche Materialien ihr zum Basteln der Figuren braucht. Lasst euch dabei vom Bild inspirieren.

b) Teilt auf, wer welche Figuren bastelt.
c) Besorgt die Bastelmaterialien. Fragt auch eure Kunstlehrkraft, vielleicht kann sie euch Tipps zur Gestaltung der Figuren geben.
d) Fertigt anschließend die Figuren an.

7 Übt euren Vortrag, sodass ihr euer Schattenspiel vor euren Mitschülern aufführen könnt.
a) Legt fest, wer welche Rolle liest.
b) Überprüft, ob
- die Handlung der Fabel richtig wiedergegeben wird.
- die Bewegung der Figuren und die gesprochenen Texte zusammenpassen.
- die Texte deutlich und in der richtigen Reihenfolge gesprochen werden.

2.2 Epische Kleinformen unterscheiden; 2.2 Texte in unterschiedliche literarische Formen umsetzen/ Produktive Methoden anwenden

Eine Fabel untersuchen

Der Rabe und der Fuchs

Jean de La Fontaine

Herr Rabe auf dem Baume hockt,
Im Schnabel einen Käs.
Herr Fuchs, vom Dufte angelockt,
Ruft seinem Witz gemäß:
„Ah, Herr Baron von Rabe,
Wie hübsch Ihr seid, wie stolz Ihr seid!
Entspricht auch des Gesanges Gabe
Dem schönen schwarzen Federkleid,
Seid Ihr der Phönix-Vogel* unter allen!“
Der Rabe hört‘s mit höchstem Wohlgefallen,
Lässt gleich auch seine schöne Stimme schallen.
Da rollt aus dem Rabenschnabel der Fraß
Dem Fuchs ins Maul, der unten saß.
Der lachte: „Dank für die Bescherung!
Von mir nimm dafür die Belehrung:
Ein Schmeichler lebt von dem, der auf ihn hört."

* sagenhafter Vogel, der stirbt, aber wieder neu geboren wird

1 a) Lies die Fabel und notiere Fragen, die sich beim Lesen ergeben.
b) Besprich die Fragen mit deinem Banknachbarn.

2 a) Überprüfe, ob die Aussagen von Pia und Marc zur Fabel zutreffen und beantworte ihre Fragen.

Pia: „Das ist keine Fabel, eher ein Gedicht.“
Marc: „Ja, stimmt. Es gibt aber eine Ausgangssituation: der Rabe, der auf dem Baum sitzt. Oder doch das Gespräch zwischen Rabe und Fuchs?“
Pia: „Gute Frage, weiß ich nicht. Aber haben die beiden Tiere denn gegensätzliche Eigenschaften?“
Marc: „Bestimmt. Aber welche? Eine Handlung kann ich erkennen: Der Fuchs schmeichelt dem Raben. Aber worin besteht die Gegenhandlung?“
Pia: „Vielleicht darin, dass der Rabe die Bitte des Fuchses, er solle singen, erfüllt.“
Marc: „Hm. Das Ergebnis ist dann aber der Verlust des Käsestücks, oder?“
Pia: „Ich denke schon. Der Rabe erkennt, dass die Schmeicheleien des Fuchses nicht ernst gemeint waren. Er ist auf den Schlauen hereingefallen.“
Marc: „Komisch. Soll der letzte Satz der Fabel die Lehre sein?“
Pia: „Keine Ahnung. Wie ich gesagt habe, es ist keine Fabel. Schließlich kann man nicht alle typischen Merkmale einer Fabel am Text belegen.“

b) Tragt anschließend eure Antworten in der Klasse zusammen.

Das kann ich jetzt

- ✔ Den Inhalt und Aufbau von Fabeln verstehen
- ✔ Lehren zu einer Fabel formulieren
- ✔ Fabeln spielerisch präsentieren

Was Gedichte alles können

In diesem Kapitel lernst du, was Gedichte alles können. Du findest heraus, wie man Gedichte erkennt und selbst schreiben kann, erhältst Gedichte zum Anhören und Vortragen und bekommst Anregungen, Gedichte kreativ zu gestalten.

Sommertag

Erwin Moser

Der Duft der Lindenblüten
steht in den Gassen

Das Unken der Unken*)
schwebt aus den Tümpeln

Das Pfeifen der Lokomotive
spaltet die Stille

Das Bongen der Mittagsglocken
verweilt in den Himmeln

Das Zwitschern der Spatzen
musikt in den Bäumen

Das Schnattern der Enten
hüpft über die grünen Gründe

Das Lärmen der Kinder
spritzt golden herüber

Die Giebel der Stadel
schauen sich an

*) Unken sind Kröten

Der Sommer

Christine Busta

Er trägt einen Bienenkorb als Hut
blau weht sein Mantel aus Himmelsseide,
die roten Füchse im gelben Getreide
kennen ihn gut.

Sein Bart ist voll Grillen.
Die seltsamsten Mären*)
summt er der Sonne vor, weil sie's mag,
und sie kocht ihm dafür jeden Tag
Honig und Beeren.

*) Mären = Geschichten

Sommer

Ilse Kleberger

Weißt du, wie der Sommer riecht?
Nach Birnen und nach Nelken,
nach Äpfeln und Vergissmeinnicht,
die in der Sonne welken,
nach heißem Sand und kühlem See
und nassen Badehosen,
nach Wasserball und Sonnenkrem,
nach Straßenstaub und Rosen.

Weißt du, wie der Sommer schmeckt?
Nach gelben Aprikosen
und Walderdbeeren, halb versteckt
zwischen Gras und Moosen,
nach Himbeereis, Vanilleeis
und Eis aus Schokolade,
nach Sauerklee vom Wiesenrand
und Brauselimonade.

Weißt du, wie der Sommer klingt?
Nach einer Flötenweise,
die durch die Mittagsstille dringt,
ein Vogel zwitschert leise,
dumpf fällt ein Apfel in das Gras,
der Wind rauscht in den Bäumen,
ein Kind lacht hell, dann schweigt es schnell
und möchte lieber träumen.

1 Lest die drei Gedichte zum Sommer zuerst still.

2 Schaut euch nochmal das erste Gedicht an. Sprecht über Formulierungen, die ihr nicht ganz versteht und versucht sie gemeinsam zu erklären.

> Das *?* der Lokomotiven
> Das *?* der Mittagsglocken
> *?* in den Himmeln
> Das Zwitschern der Spatzen *?*
> Das Lärmen der Kinder *?*

3 Ein Schüler liest dann das Gedicht laut vor. Die anderen schließen die Augen und versuchen sich das Vorgelesene vorzustellen.

4 Wählt eine Strophe aus und erzählt, was ihr seht oder hört, vielleicht auch fühlt.

Ich sehe den Teich, auf dem die Enten schwimmen. Ich höre ihr lautes, aufgeregtes Schnattern.

5 Lest das Gedicht von Christine Busta. Überlegt, wie ihr den Sommer zeichnen/malen könntet.

Es ist ein Mann mit Bart. Er trägt …

6 Im Gedicht von Ilse Kleberger steht, wie der Sommer riecht, schmeckt und klingt.
Wählt dazu eine der zwei Aufgaben aus:

a) Schreibt auf, wie für euch der Sommer riecht und schmeckt. Ihr könnt auch Formulierungen übernehmen:
Für mich riecht der Sommer nach Sandstrand, Wasser und Sonnencreme…

b) Die dritte Strophe des Gedichts von Ilse Kleberger erzählt eine kleine Geschichte. Übernehmt den Textanfang und schreibt weiter:
Es ist ein schöner, warmer Sommertag. Auf einer Wiese mit Apfelbäumen …

7 Schaut die Übersicht unten an.
Wählt nun eine Aussage aus und sucht ein passendes Beispiel aus einem der drei Gedichte.

Gedichte können Bilder malen: In dem Gedicht von Christine Busta wird der Sommer gemalt.

8 Überlegt, ob euch noch etwas einfällt, was Gedichte können.

Woran man Gedichte erkennen kann

Im Park

Ein ganz kleines Reh stand am ganz kleinen Baum still und verklärt wie im Traum. Das war des Nachts elf Uhr zwei. Und dann kam ich um vier morgens wieder vorbei und da träumte noch immer das Tier.
Nun schlich ich mich leise – ich atmete kaum – gegen den Wind an den Baum und gab dem Reh einen ganz kleinen Stips. Und da war es aus Gips.

1 Lest den Text. Er ist eigentlich ein Gedicht von Joachim Ringelnatz.

a) Schaut euch die markierten Wörter an. Sie spielen in dem Gedicht eine besondere Rolle.

b) Probiert erst mündlich aus, welche Wörter sich im zweiten Teil reimen.

c) Schreibt das Gedicht dann so auf, dass die Reimwörter am Ende der Verse stehen.

d) Überlegt, welche Wirkung durch die Anordnung in Verszeilen entsteht.

2 Bei dem Gedicht „Traumwald" von Christian Morgenstern fehlen Reimwörter.

Traumwald

Christian Morgenstern

Des Vogels Aug verschleiert sich;
Er sinkt in Schlaf auf seinem ?.
Der Wald verwandelt sich in Traum
Und wird so tief und feierlich.

Der Mond, der stille, steigt ?:
Die kleine Kehle zwitschert matt.
Im ganzen Walde schwingt kein ?
Fern läutet, fern, der Sterne Chor.

a) Setzt die Reimwörter richtig ein und lest das Gedicht laut vor.

empor – Baum – Blatt

b) Überlegt, warum es den Titel „Traumwald" trägt und tauscht eure Erklärungen aus.

Informationen zum Dichter Christian Morgenstern findet ihr auf Seite 74.

3 Das folgende Gedicht zeigt eine besondere äußere Form.

a) Lest das Gedicht und sprecht darüber, inwiefern die Form zu dem Inhalt des Gedichts passt.

Die Trichter

Christian Morgenstern

Zwei Trichter wandeln durch die Nacht.
Durch ihres Rumpfs verengten Schacht
fließt weißes Mondlicht
still und heiter
auf ihren
Waldweg
U. S.
W.

2.2 Verschiedene Textsorten unterscheiden; auffällige Gestaltungsmittel unterscheiden (Reim und bildhafte Mittel)

Solche Gedichte, in denen Inhalt und optische Gestaltung eng zusammengehören, nennt man Figurengedichte, Bildgedichte oder Textbilder.

b) Schaut euch dazu auch die beiden Baumbilder an.

4 a) Sprecht darüber, was euch an dem ersten Gedicht besonders gefällt.

b) Überlegt, warum der Zeichner den Text des zweiten Gedichts als Baum gestaltet hat.

Info

Gedichte erkennen

Gedichte sind immer Texte, die eine bestimmte **Form** haben.

- Die bekannteste Form ist die Einteilung in **Verse**, von denen mehrere eine **Strophe** bilden.
- Häufig **reimen** sich Gedichte:
  Am Versende stehen Wörter, die gleich oder ähnlich klingen. Man nennt sie **Reimwörter.**
- Es gibt aber auch viele Gedichte ohne Reim.
- Manchmal stehen einfach mehrere Sätze, Teile von Sätzen oder einzelne Wörter untereinander.
- Auch Formen, die aus einzelnen Wörtern gebildet wurden, kann man Gedicht nennen.

DERTROP
ISCHEREGENWALDSTIR
BTEINENATURKATASTROPHEVONGR
OSSEMAUSMASSBAHNTSICHANDENNWENNDERWAL
DNICHTMEHRISTTRAGENWINDUNDWASSERDIEERDKRUMEF
ORTDASLANDVERSTEPPTEINARTENREICHTUMVONTIERENUNDPFLAN
ZENVERSCHWINDETFÜRIMMERDIEMENSCHENKÖNNENSICHNICHTMEHRE
RNÄHRENHEFTIGESTÜRMEUNDSCHRECKLICHEÜBERSCHWEMMUNGENN
EHMENZUUNDSORGENWELTWEITFÜREINEGEFÄHRLICHEKLIMAVERÄND
ERUNGWIRKÖNNENHIERINEUROPANICHTSOTUNALSOBUNSDASNIC
HTBETRIFFTGANZIMGEGENTEILESGEHTUNSALLEANDENNNUR
WIRKÖNNENETWASDAGEGENTUNDESHALBUNSERAPPELL
ANEUCHHELFTMITTRAGTEURENANTEILDAZUBEID
ASSENDLICHSCHLUSSGEMACHTWIRDMITDEM
GNADENLOSENABHOLZEN
MITDEM
RAUBB
AUAN
DER
NAT
URW
ENN
JED
EKL
ASSE
NUR
EINEN
EUROS
PENDE
TKANNE
INBAUMGE
RETTETWERDEN!

Einfach nur zuhören

1 Die folgenden Gedichte und das vertonte Gedicht „Ich male mir den Winter“ auf Seite 75 sind zum Anhören. |WES-122902-017| Ihr könnt die Augen schließen und einfach nur zuhören oder den Gedichttext mitlesen. Das Gedicht „Der Sommer“ von Christine Busta findet ihr auf Seite 70.

Christian Morgenstern, geb. 1871 in München, gest. 1914 in Untermais, Tirol, war ein deutscher Dichter, Schriftsteller und Übersetzer. Besondere Bekanntheit erlangte er durch seine komische Lyrik.

A 1

Zauberspruch

Mirjam Pressler

Wenn schräg tagnachts der Klubu schreint
Und lasch der Lamenturo weint,
die Warzenwogen schlingen,
dann will ich wallewalle wingen.
Wenn aus dem Wald der Wodu wiebelt,
der Hodudodu sich bekriebelt,
die Sagabundas ächzkrächz singen,
dann will ich wallewalle wingen.
Und wenn der Nebuloso schleift
Und Akakazias heiß bereift,
die Wiebelkiebel klingen,
dann will ich wallewalle wingen.

Mirjam Pressler, geb. 1940 in Darmstadt, gilt als eine der erfolgreichsten deutschen Kinder- und Jugendbuchautorinnen. Mirjam Pressler las jedes Buch ihrer drei Töchter, weil sie wissen wollte, was in ihre Köpfe hineinkam. Kindern, die ein Buch schreiben wollen, empfiehlt sie, genau zu beobachten und alles aufzuschreiben.

A 2

Das große Lalula

Christian Morgenstern

Kroklokwafzi? Semememi!
Seiokrontro – prafriplo:
Bifzi, bafzi; hulalemi:
quasti basti bo …
Lalu lalu lalu lalu la!

Hontraruru miromente
zasku zes rü rü?
Entepente, leiolente
klekwapufzi lü?
Lalu lalu lalu lalu la!

Simarar kos malzipempu
silzuzankunkrei (;)!
Marjomar dos: Quempu Lempu
Siri suri Sei []!
Lalu lalu lalu lalu la!

2 a) Tauscht euch aus, was euch lieber ist: Das Nur-Zuhören oder das Mitlesen.
b) Welches Gedicht hat euch besonders angesprochen?
c) Begründet, wenn ihr es ein zweites Mal anhören möchtet.

Josef Guggenmos, geb. 1922 in Allgau, gest. 2003 ebenda, war ein deutscher Lyriker und Autor von Kinderbüchern. Weil er durch sein Schreiben berühmt geworden ist, sind mehrere Schulen nach ihm benannt worden. Sein bekanntestes Gedicht heißt „Was denkt die Maus am Donnerstag?".

Der Regenbogen

A 3

Josef Guggenmos

Ein Regenbogen,
komm und schau;
rot und orange,
gelb, grün und blau.

So herrliche Farben
kann keiner bezahlen,
sie über den halben
Himmel zu malen.

Ihn malte die Sonne
mit goldener Hand
auf eine wandernde
Regenwand.

Ich male mir den Winter

A 4

Josef Guggenmos

Ich male ein Bild,
ein schönes Bild,
ich male mir den Winter.
Weiß ist das Land,
schwarz ist der Baum,
grau ist der Himmel dahinter.

Sonst ist da nichts,
da ist nirgends was,
da ist weit und breit nichts zu sehen.
Nur auf dem Baum,
auf dem schwarzen Baum
hocken zwei schwarze Krähen.

Aber die Krähen,
was tun die zwei,
was tun die zwei auf den Zweigen?
Sie sitzen dort
und fliegen nicht fort.
Sie frieren nur und schweigen.

Wer mein Bild besieht,
wie's da Winter ist,
wird den Winter durch und durch spüren.
Der zieht einen dicken
Pullover an
vor lauter Zittern und Frieren.

Gedichte auswendig lernen und vortragen

1 Sicher habt ihr schon Gedichte auswendig gelernt. Manchen fällt das leicht und andere tun sich schwer.

Es ist hilfreich, wenn ihr schon wisst oder mit Hilfe der Tabelle unten herausfindet, wie ihr am besten lernt.

2 Versucht dazu, euren Lerntyp herauszufinden.

a) Schau dir die Übersicht und die Bilder auf Seite 77 an und überlege, welcher Lerntyp du bist.
Wenn du dir nicht sicher bist, solltest du zu Hause in Ruhe ausprobieren, welche Lernmethode bei dir am besten funktioniert.

b) Es kann auch sein, dass du mit einer Kombination mehrerer Vorschläge am besten zurechtkommst.

Sehen (visuell) 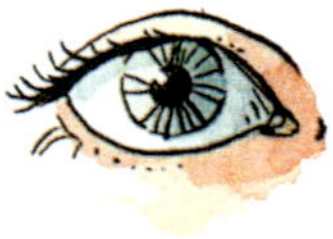	*Du kannst dir sehr schnell einprägen, wie Dinge, aber auch Wörter und Texte* ***aussehen****. Du kannst dir diese Dinge/Wörter/Texte, wenn du dich konzentrierst, vorstellen, als ob sie noch vor dir liegen würden.* *Schau das Gedicht (das Schriftbild) beim Lernen immer wieder an. Auch das Markieren einzelner Stellen und das Abdecken von einzelnen Strophen beim Lernen kann hilfreich sein.*
Hören (auditiv) 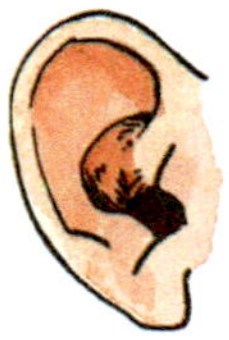	*Wenn du dir etwas merken sollst, musst du es hören. Es fällt dir leichter, wenn du oder jemand anderer Aufgaben/Texte laut vorliest. Du erinnerst dich dann an den Klang der Wörter.* *Sage dir das Gedicht immer wieder laut vor. Du kannst das Gedicht auch als Audiodatei aufnehmen und dann von Strophe zu Strophe immer weniger anhören, bis du das ganze Gedicht auswendig kannst.* *Achtung: Auditiver Lerntyp heißt nicht,* ***zu Musik*** *zu lernen.*
Bewegen (motorisch) 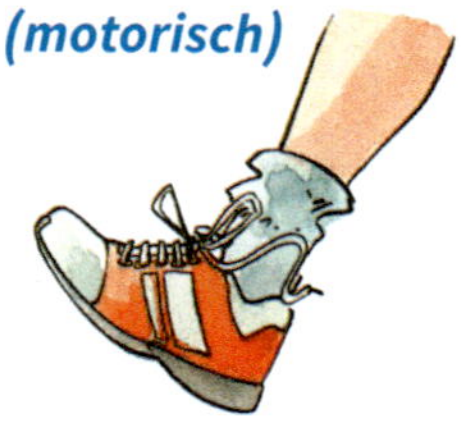	*Wenn du etwas auswendig lernen sollst, fällt es dir leichter, wenn du dabei gehst. (Das ist übrigens bei vielen Schauspielern, die ganz viele Texte lernen müssen, so). Durch den Rhythmus bei der Bewegung prägen sich die Texte ein.* *Durch Gehen, aber auch durch Bewegungen beim Vortrag kannst du dir den Gedichttext leichter einprägen. Bei kürzeren Gedichten kann auch die Schreibbewegung helfen, sich den Gedichttext zu merken.*

3 Wenn ihr ein Gedicht vortragen müsst, solltet ihr den Text zum Vortrag vorbereiten.

Tipp

Die Vorlese- und Betonungszeichen findet ihr auf Seite 30.

Überlegt genau, ob ihr am Versende eine Pause machen müsst oder ob es besser ist, weiterzusprechen.

a) Schaut euch das Beispiel an und probiert den Vortrag der drei Verszeilen aus dem Gedicht „Sonnenuntergang" (S. 83) aus.

Sonnenuntergang

Stumme Feier. /Glühend rot
sinkt die Sonne dieses Tages
auf den nahen Hügelrücken.//

b) Achtet beim Vortrag auch darauf, ob in dem Gedicht Wörter sind, die durch ihren Klang eine besondere Bedeutung haben. Lest dazu auch die Info.

c) Denkt auch an Gestik (Bewegung des Körpers/von Körperteilen) und Mimik (Gesichtsausdruck).

Info

Lautmalerei

Wenn Wörter Geräusche, Klänge oder Tierlaute nachahmen, nennt man das **Lautmalerei**.

Lautmalerei kennt ihr vielleicht von Comics. Jeder, der Comics mag, weiß, was *bäng, boing, peng, seufz, schluck, krach* bedeuten.

In Erzählungen oder Gedichten helfen **Klangwörter** dabei, dass man sich Geräusche oder auch Geschehnisse sehr gut vorstellen kann:
Du hörst *blubbern, knarzen, prasseln, schleichen, summen, tuten, zischen.*

Beim **Vortragen** eines Textes oder Gedichts solltet ihr auf solche Wörter besonders achten.

Selbst Gedichte schreiben

Auf den folgenden Doppelseiten findet ihr Aufgabenkarten mit Anleitungen, Hilfen und Tipps zum Schreiben von Gedichten.

1 Sprecht darüber, ob und wie ihr schon Gedichte geschrieben habt.
- Was hat euch gefallen?
- Was war schwierig?

2 Schaut euch alle Aufgabenkarten auf den Seiten 79 - 82 an und entscheidet euch dann für eine.

3 Bearbeitet die jeweilige Aufgabenstellung. Ihr könnt alleine oder zu zweit arbeiten.

4 Wenn ihr gereimte Gedichte schreiben wollt, lest zuerst die Info.

5 Stellt zum Abschluss eure Gedichte einander vor.

a) Besprecht gemeinsam, wie ihr vorgehen wollt:
   - Welche Gedichte werden vorgetragen?
   - Welche Gedichte, z. B. Diamant-Gedichte, können/müssen auch angeschaut werden?
   - Für welche Gedichte sind technische Geräte zur Präsentation notwendig?

b) Bereitet eure Präsentation vor.

Vielleicht könnt ihr eure Gedichtpräsentation auch anderen Klassen zeigen.

Info

Reime

Es gibt drei verschiedene Reimformen.

Paarreim:
Zwei Verse, die aufeinander folgen, reimen sich.

Wenn schräg tagnachts der Klubu schreint
Und lasch der Lamenturo weint,
die Warzenwogen schlingen,
dann will ich wallewalle wingen.

Kreuzreim:
Von vier Versen reimt sich
- der erste mit dem dritten,
- der zweite mit dem vierten.

Weißt du, wie der Sommer riecht?
Nach Birnen und nach Nelken,
nach Äpfeln und Vergissmeinnicht,
die in der Sonne welken.

Umschließender Reim:
Von vier Versen reimt sich
- der erste mit dem vierten,
- der zweite mit dem dritten.

Er trägt einen Bienenkorb als Hut
blau weht sein Mantel aus Himmelsseide,
die roten Füchse im gelben Getreide
kennen ihn gut.

2.2 Angeleitet auffällige Gestaltungsmittel unterscheiden und dieses Wissen zur Gestaltung eigener Texte nutzen

Aufgabenkarte 1

Ein Gedicht zu einem Bild schreiben

Vier Storchenschnäbeln, schaut mal hin,
Kam ein Abenteuer in den Sinn.

…

1. Schreibe ein Gedicht zu den vier Storchenschnäbeln.
   Folgende Fragen können dir dabei helfen:
   - Welches Abenteuer haben sie vor?
   - Wer ist der vierte Storchenschnabel, der im offenen Tor steht?
   - Was denkt der Storchenschnabel, der vorne steht?

Aufgabenkarte 2

Ein Diamantgedicht schreiben

Ein Diamantgedicht besteht aus 5 Zeilen. Sie sind so angeordnet, dass ein „Diamant“ entsteht.

1. Zeile: *Name eines Gegenstandes/eines Tiers/einer Pflanze*
2. Zeile: *Zwei Adjektive, die den Gegenstand/das Tier/die Pflanze beschreiben*
3. Zeile: *Drei Verben, die gut zum Gegenstand/zum Tier/zur Pflanze passen*
4. Zeile: *wie die 2. Zeile, aber mit anderen Adjektiven*
5. Zeile: *Ein Nomen als Schlusswort*

Beispiel:

Feder

weiß leicht

fliegen schweben schmücken

zart weich

Nest

1. Wähle einen Gegenstand, ein Tier oder eine Pflanze, die du dir gut vorstellen kannst (nicht: Feder oder Muschel).
2. Schreibe dazu eine Gedankenkette:

   Muschel – Meer – geheimnisvoll – fremd – rauschen
3. Lies noch einmal genau den Bauplan eines Diamant-Gedichts und entwirf das Gedicht.
4. Überprüfe:
   - Passen die Wörter zusammen?
   - Stört ein Wort den Gesamteindruck?
   - Ist das Schlusswort eine Art Auflösung?

Aufgabenkarte 3

Sich von einem Gedicht anregen lassen

Ich male mir den Frühling

1. Lies noch einmal das Gedicht „Ich male mir den Winter“ (Seite 75)

   Schreibe nun ein ähnliches Gedicht, das sich auf den **Frühling** bezieht. Du kannst drei oder vier Strophen schreiben. Dein Gedicht muss sich nicht reimen.

2. Gehe folgendermaßen vor:

   - Lies die erste Strophe. Achte besonders auf die Farben. Schreibe eine neue erste Strophe zum Frühling.
   - Lies die zweite und dritte Strophe. Überlege, was im Frühling ganz anders ist als im Winter und mache dir Notizen, bevor du dir eine oder zwei neue Strophen ausdenkst.
   - Die letzte Strophe beginnt:
     Wer mein Bild besieht, wie's da Frühling ist …

     Achte darauf, dass deine letzte Strophe zu den vorhergehenden passt.

Tipp: Vielleicht hast du auch eine besondere Idee wie das „Pulloveranziehen“ im Originalgedicht.

|WES-122902-018|

Aufgabenkarte 4

Ein Gedicht zu einer Audio-Datei und einem Bild schreiben

Ein Sommertag am See

1. Schaue das Bild an und höre dazu die Audiodatei.
2. Notiere in ganz kurzen Sätzen, was du siehst:

   Möwen kreischen – Wolken türmen sich auf – ...

3. Lies noch einmal das Gedicht „Sommertag“ von Erwin Moser auf Seite 70. Du kannst dich davon anregen lassen.
   - Probiere mehrere Möglichkeiten aus, Einzelbeobachtungen zu kombinieren.
   - Überlege, ob du ähnliche Eindrücke zu Strophen zusammenfassen willst.
   - Überlege dir eine abschließende letzte Verszeile.

   Ich freue mich auf das Schiff/ Hoffentlich … /Schade, dass …

Die Wirkung von Gedichten mit anderen Medien verändern

Sonnenuntergang

Josef Guggenmos

Stumme Feier. Glühend rot
sinkt die Sonne dieses Tages
auf den nahen Hügelrücken.
Sie berührt den Hügel. – Da
huscht ein eiliges Insekt,
naht von rechts heran ein Radler.

Zierlich, dunkel naht er, taucht
in die runde rote Freude,
ist mittendrin, kommt links hervor.
Kommt hervor und radelt fort,
radelt heim und weiß es nicht,
dass er durch die Sonne ritt.

1 Aufgaben zu „Sonnenuntergang“

a) Lest das Gedicht zweimal.

b) Versucht nach dem zweiten Lesen zu dem Gedicht drei oder vier Einzelbilder zu skizzieren. Ergänzt dazu die Vorlage und orientiert euch an der Illustration.

rote Sonnenscheibe …	*Radfahrer als dunkle Silhouette …*	

c) Überlegt, wie ihr die Einzelbilder farbig gestalten könnt. Vielleicht lässt sich der Radfahrer auch bewegen.

2 Aufgaben zu „Das Fenster“

a) Lest das Gedicht und gestaltet eine Collage mit unterschiedlichem Tonpapier.

b) Ihr könnt die letzten drei Verse oder eine neue Überschrift direkt auf die Collage schreiben oder als weiteres Papierteil einfügen.

Das Fenster

Josef Guggenmos

Auf meinem Bild
ist es spät in der Nacht.
So aber sieht es aus:
Ich malte mir
einen dunklen Hügel,
auf den Hügel ein graues Haus.
Die Fenster sind schwarz,
nur eins ist goldgelb:
ein Fenster unter dem Dach.
Wer lebt dort oben?
Ich wüsste es gern.
Warum ist er immer noch wach?

Das Huhn

Christian Morgenstern

In der Bahnhofshalle, nicht für es gebaut,
geht ein Huhn
hin und her …
Wo, wo ist der Herr Stationsvorsteh'r?
Wird dem Huhn
man nichts tun?
Hoffen wir es! Sagen wir es laut:
dass ihm unsre Sympathie gehört,
selbst an dieser Stätte,
wo es – „stört“!

3 a) Lest das Gedicht und hört die Audio-Datei. |WES-122902-019|

b) Ihr sollt das Gedicht passend zur Musik sprechen. Dazu braucht ihr einen Leseplan. Ein Beispiel seht ihr unten. Ihr könnt dazu die Copy x verwenden.

c) Wenn ihr die technischen Möglichkeiten (PC/Software, Kopfhörer, Mikro) habt, könnt ihr eine neue Audiodatei mit Musik und Gedichttext erstellen.

Geht folgendermaßen vor:
- Hört die Audiodatei an.
- Schreibt an den passenden Stellen den Text in die Copy ein. Ihr könnt euch dabei an der Tonspur oder an der Zeitleiste orientieren.
- Erstellt mit dem gesprochenen Text eine zweite Tonspur.

4 Wählt als Abschluss der Gedichteinheit euer Lieblingsgedicht aus.
Das kann natürlich auch ein selbst gemachtes eurer Mitschüler sein.

a) Entscheidet euch für ein Gedicht.

b) Legt einen Notizzettel an, wie ihr ihn unten seht und tragt ihn vor.

Mein Lieblingsgedicht heißt: ____________

____

Es wurde von ____________ *geschrieben.*

Es handelt von ____________

Es gefällt mir so gut, weil ____________

____

Die schönste Stelle ist ____________

____

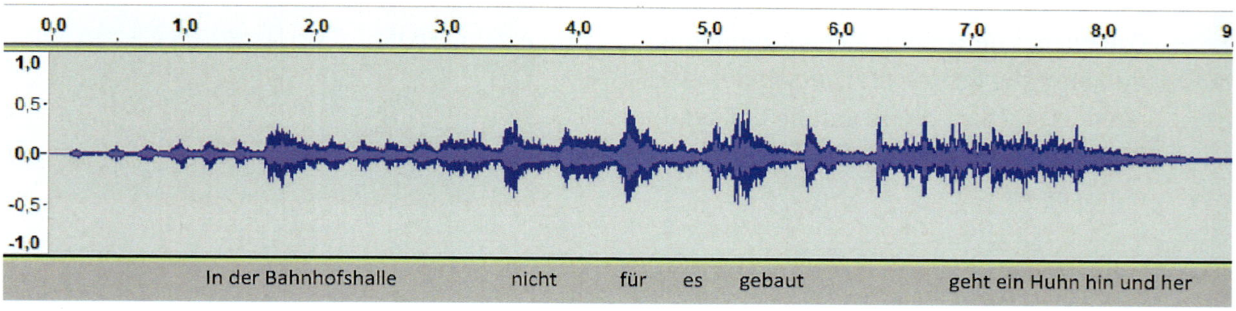

Auf den folgenden Seiten lernst du Möglichkeiten kennen, dein Lieblingsbuch anschaulich vorzustellen und du erfährst, wie du eigene Leseerfahrungen in einem Lesetagebuch dokumentieren kannst.

Willkommen in der Welt der Bücher

Bestimmt hast du ein Lieblingsbuch, von dem du so begeistert bist, dass du es deinen Freunden und Klassenkameraden als "Lesefutter" empfehlen möchtest.

1 Sprecht in der Klasse darüber,
- was ihr am liebsten lest.
- woher ihr Ideen für neues Lesefutter bekommt.
- wo ihr am liebsten lest.

2 Einige Bücher werden verfilmt. Überlege, ob du schon einmal ein Buch gelesen hast, nachdem du den Film im Kino gesehen hattest. Berichte, ob sich Film und Buch unterschieden haben.

Ein Buch mit einer Lesekiste vorstellen

1 Suche dir ein Buch aus, das du gerne lesen möchtest.

2 Notiere während des Lesens wichtige Gegenstände, die im Buch eine Rolle spielen, auf einer Liste.

Tipp

Überlege nach jedem Kapitel, ob ein wichtiger Gegenstand genannt wurde.

3 Gestalte nach dem Lesen einen Schuhkarton innen und außen passend zu deinem Buch. Die äußere Gestaltung soll richtig neugierig auf den Inhalt deiner Lesekiste machen.
   a) Schreibe auf den Deckel deiner Kiste den Titel deines Buches und den Namen der Autorin/des Autors und bemale oder beklebe ihn passend zu deinem Buch.
   b) Klebe in den Deckel eine kurze Zusammenfassung des Buchinhalts.

4 Sammle nun die Gegenstände, die du notiert hast, um sie in den Karton einzulegen **oder** stelle eine typische Szene des Buches im Inneren des Kartons nach.

Die Buchvorstellung mit der Lesekiste vorbereiten

1 Schreibe dir zu Hause einen Stichpunktzettel, auf dem du alles Wichtige zu deinem Buch notierst.
a) Notiere die Hauptpersonen.
b) Halte fest, worum es in dem Buch geht – deine Zuhörer sollen erkennen, dass du genau weißt, wovon du erzählst.
c) Überlege dir, ob du verraten möchtest, wie das Buch endet oder dies offen lassen möchtest – das erhöht die Spannung.

2 Plane genau ein, an welcher Stelle deines Vortrages du auf welchen Gegenstand in deiner Lesekiste hinweisen möchtest oder wann du deine nachgestellte Szene erklärst.

Tipp
Du kannst die **Hauptfiguren** gleichzeitig zeigen und benennen.

3 Überlege dir genau, welche Bedeutung die Gegenstände in deiner Lesekiste haben – falls ein Mitschüler fragt, bist du auf jeden Fall vorbereitet.

4 Übe deinen Vortrag. Folgende Formulierungen können dir dabei helfen:

In meinem Buch geht es um ...
Diese Figur ist ... und spielt eine wichtige Rolle ...
Ihr seht in meinem Karton ... Ich habe diese Szene deshalb so gestaltet, weil ...
Dieser Gegenstand ist für die Handlung ganz wichtig, denn ...

5 Suche eine spannende, lustige oder traurige Textstelle aus, die du deiner Klasse vorlesen möchtest.
a) Führe zur Textstelle hin:

Nun möchte ich euch eine Textstelle vorlesen, die ich besonders lustig / traurig / spannend finde, weil ...

b) Übe den Lesevortrag. Nutze dazu die Lesetechniken von Seite 29 und die Lesehilfen von Seite 30.

6 a) Bewerte dein Buch, indem du Punkte (von 1 bis 5) zum Beispiel für Lesespaß, Spannung, Humor und Verständlichkeit vergibst. Je besser dir etwas gefallen hat, desto mehr Punkte kannst du verteilen. Vielleicht gibt es noch weitere Kriterien, die dir wichtig sind.
b) Denke über die Begründung für deine Bewertung nach.

Tipp
Suche dir zu Hause **Zuhörer** (Eltern oder Geschwister), die dir eine Rückmeldung geben können.

Dein Buch mithilfe deiner Lesekiste vorstellen

1 Zeige dein Buch, nenne Titel und Autor(in). Präsentiere deine noch ungeöffnete Lesekiste.

2 Bitte deine Mitschüler zu überlegen, worum es in dem Buch wohl gehen könnte.

3 Öffne nun deine Lesekiste. Erzähle den Buchinhalt mit Hilfe deiner Gegenstände bzw. deiner nachgestellten Szene. Achte darauf, dass deinen Mitschülern klar wird, wie die handelnden Personen heißen.

4 Fordere deine Mitschüler auf nachzufragen, falls sie etwas nicht ganz verstanden haben oder sie sich noch für weitere Informationen zum Buch interessieren.

5 Lies eine spannende, lustige oder traurige Textstelle vor.

6 Gib die Bewertung deines Buches bekannt und begründe deine Entscheidung.

Ein Feedback über die Buchvorstellung einholen

1 a) Beurteile mithilfe eines Feedbackbogens, wie deine Präsentation gelungen ist. Vergib Punkte von 1-5.
b) Bitte auch eine Mitschülerin / einen Mitschüler um eine Einschätzung.

Feedbackbogen zur Buchvorstellung

	Selbsteinschätzung	***Partnereinschätzung***
– Die Lesekiste gefällt mir gut. *– Sie weckt Neugier.*	*2* *3*	
Die Handlung war: *– mithilfe der Gegenstände/ Szene logisch nachvollziehbar.* *– verständlich erzählt.*		
– Es wurde laut und deutlich gesprochen *– Das Sprechtempo war gut.*		
– Das Lesen war betont. *– Die Textstelle war gut ausgewählt.* *– Das Lesen war fehlerfrei.*		

1.1 Mitteilungen anderer aufmerksam verfolgen und ihr Verstehen bekunden; kurzen Vorträgen grundlegende Informationen entnehmen

Ein Lesetagebuch führen

Ein Lesetagebuch ist der Ort, an dem du deine Eindrücke beim Lesen eines Buches festhalten kannst. Es gibt dabei die unterschiedlichsten Möglichkeiten, dein Tagebuch zu füllen.

1 Besorge dir ein unliniertes Heft als Lesetagebuch und gestalte die Titelseite passend zum Buch.

2 Notiere, was du gelesen hast. Schreibe zu jedem Kapitel ein paar Sätze auf, in denen du den Inhalt wiedergibst. Natürlich darfst du dazu ein Bild malen.

3 Achte beim Lesen auf Aussehen, Merkmale, Eigenheiten der Hauptfigur und widme ihr eine Seite deines Lesetagebuches, die du wie einen Steckbrief gestalten kannst.

4 Wähle dir aus den Gedankenblasen Aufgaben aus, die zu deinem Buch passen.

Denke dich in eine Situation, die im Buch vorkommt, hinein. Schreibe auf, was du anstelle der Buchfigur gedacht oder getan hättest.

Schreibe eine Textstelle heraus, die du besonders spannend, traurig oder lustig fandest. Begründe deine Wahl.

Nimm mit einer Person aus dem Buch Kontakt auf. Schreibe ihr einen Brief oder eine E-Mail.

Mische dich an einer Textstelle ein, indem du einer Person deine Meinung sagst oder sie zu etwas ermutigst.

Führe ein Interview mit einer der Buchfiguren.

Wähle dir ein Kapitel des Buches aus und entwerfe dazu einen Comic, eine Bildgeschichte oder eine Fotostory.

5 Legt eure Lesetagebücher im Klassenzimmer aus, dann könnt ihr sie nutzen, um anderen euer Buch vorzustellen.

Das musst du lesen! – Eine Buchvorstellung planen und durchführen

Auf den nächsten Seiten lernst du am Beispiel des Buchs „Percy Jackson – Diebe im Olymp“ von Rick Riordan, wie du deine Buchvorstellung schrittweise vorbereitest und durchführst.

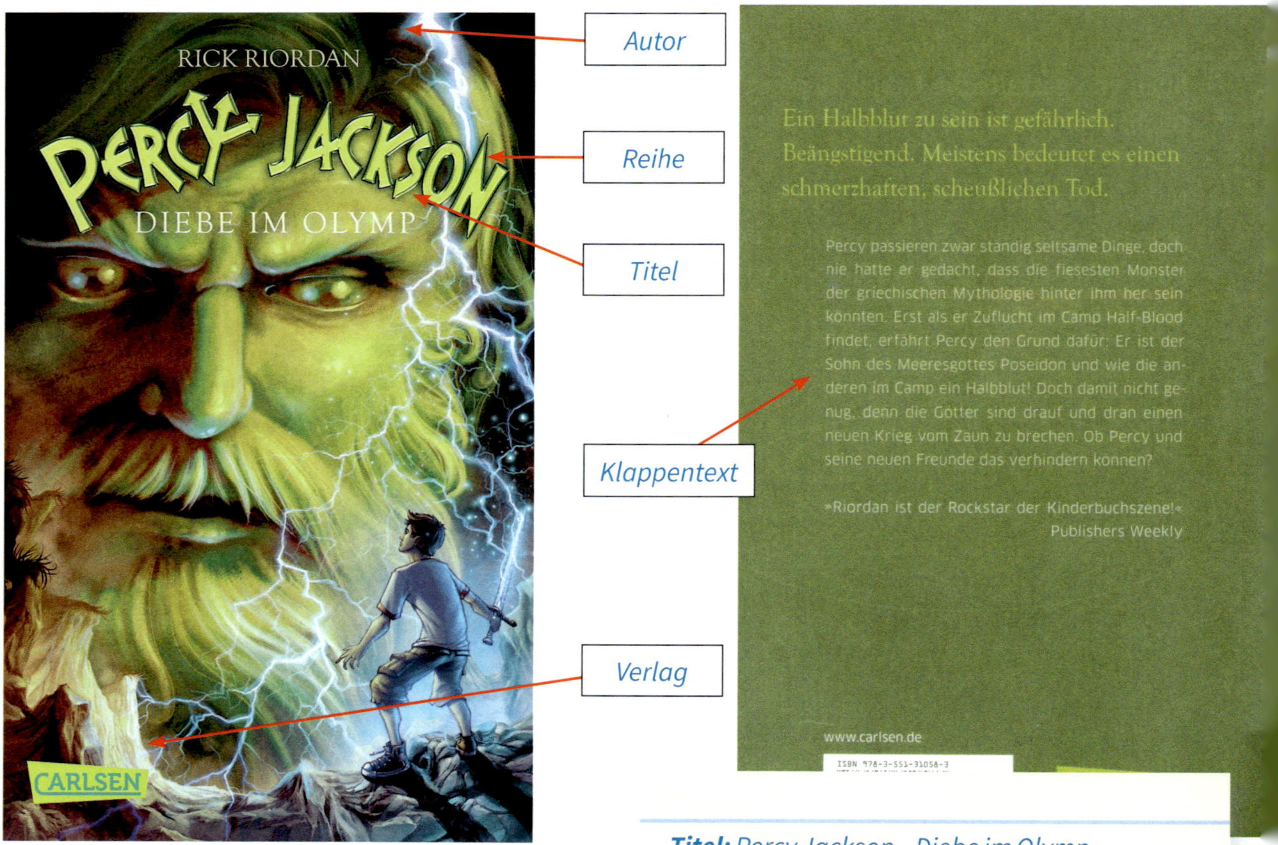

Titel: *Percy Jackson – Diebe im Olymp*
Autor: *Rick …*
Erscheinungsjahr: *2012*
Verlag: *…*

1 a) Orientiere dich zunächst auf dem Buchcover, um allgemeine Informationen zu finden.
b) Nimm das Buch, das du vorstellen möchtest, und sammle die entsprechenden Informationen.

2 Schreibe dir erste wichtige Informationen auf eine Karteikarte.

3 Auf der Seite 91 findest du die Inhalte, die eine Buchvorstellung haben sollte.
Ordne den Ablaufkarten auf der nächsten Seite die entsprechenden farbigen Karteikarten zu, die ein Schüler für seine Buchvorstellung vorbereitet hat.

Allgemeine Angaben zum Buch vortragen

Titel des Buches, Name der Autorin / des Autors, Erscheinungsjahr, Verlag, Inhalt in höchstens zwei Sätzen

a

Ziel: Den Zuhörern einen Einblick ins Buch geben

Tipp: Eine besonders witzige, spannende, wichtige oder traurige Textstelle auswählen.

d

5

Ich möchte euch jetzt die Stelle vorlesen, *an der Percy und Annabeth im Halbgötter-Camp einen Teamwettkampf bestreiten.*

Die wichtigsten Buchfiguren und die Handlung vorstellen

Wie heißen die Hauptfiguren? Wo spielt die Handlung? Was erleben die Hauptfiguren? Achtung: Nicht zu viel verraten, nur Neugier wecken!

c

4

Dieses Buch ist *ein Fantasyroman, da griechische Götter und Halbgötter sowie andere griechische Sagengestalten wichtige Rollen spielen.*

Eine persönliche Wertung abgeben

Erkläre, warum dir das Buch gefallen hat und warum es alle anderen unbedingt lesen sollten. Du kannst auch sagen, was dir vielleicht nicht so gut gefallen hat.

e

1

Die Hauptfigur ist *der Junge Percy Jackson, der gemeinsam mit seinen Freunden Grover und Annabeth den gestohlenen Herrscherblitz des Zeus sucht. Dabei müssen sie sich zum Teil sehr gefährlichen Aufgaben stellen, unter anderem kämpfen sie gegen Medusa, deren Blick Menschen zu Stein erstarren lässt.*

Angaben zur Buchsorte überlegen

Abenteuergeschichte, Fantasyroman, Geschichtensammlung, Comicroman, Gruselgeschichte, Liebesgeschichte, Tiergeschichte, Kriminalgeschichte ...

b

2

Mir hat besonders gut gefallen, dass *so viele griechische Götter und Sagengestalten in diesem Buch beschrieben werden. Die Idee, dass es auch in unserer heutigen Zeit Halbgötter wie Percy oder Annabeth geben könnte, finde ich spannend.*

3

Titel: *Percy Jackson – Diebe im Olymp*
Autor: *Rick Riordan*
Erscheinungsjahr: *2012*
Verlag: *Carlsen*
Darum geht es: *Percy Jackson erfährt als Jugendlicher, dass er ein Halbgott ist. Nun warten große Aufgaben auf ihn.*

4 a) Bereite nun die Karteikarten für deine Buchvorstellung vor.

b) Überlege dir, wie du deine Buchvorstellung beginnen möchtest, damit du die

Aufmerksamkeit deiner Zuhörer sicherst. Wähle aus den folgenden Möglichkeiten aus:
- Sage, wie du zu dem Buch gekommen bist.
- Lies eine kurze Textstelle vor.
- Zeige das Buchcover und beginne mit der Vorstellung der Hauptfiguren.

c) Verändere die Reihenfolge der Karteikarten so oft, bis sie dir für deinen Vortrag gefällt. Tipps erhältst du auch auf Seite 286.

5 Jetzt musst du das Vortragen üben. Das geht am besten mit einem Trainingspartner.

a) Lies vorher den Tipp oben rechts und setze ihn beim Üben um.

b) Lass dir von deinem Trainingspartner eine Rückmeldung geben, was schon gut geklappt hat und was du noch trainieren solltest. Nutze den Bogen von Seite 32.

Tipp

Das solltest du beim Vortragen beachten:
- Sprich laut, deutlich und nicht zu schnell.
- Schaue deinen Zuhörer immer wieder an.
- Versuche, möglichst frei zu sprechen, lies also nicht alles ab.

6 Übe das Vorlesen einer Textstelle. Wenn du dabei Unterstützung brauchst, nutze die Tipps von der Seite 29.

7 Geht zur Generalprobe in Vierergruppen zusammen.

a) Entscheidet, wer zuerst seine geprobte Buchvorstellung präsentiert.

b) Die anderen übernehmen die Zuhörerrolle und geben am Ende eine Rückmeldung.

8 a) Ein Schüler hat zu einem Vortrag folgende Rückmeldung gegeben:

Den Beginn deines Vortrags fand ich sehr gelungen, weil ich gespannt war, was du uns zum Inhalt erzählst. Den Textauszug hast du betont vorgelesen, manchmal bist du noch über schwierige Wörter gestolpert. Vielleicht kannst du das Lesen noch etwas üben.

Nutzt die Formulierungen dieser Aussage für eine eigene Rückmeldung.

b) In den Gedankenblasen links findet ihr Fragen, die sich die Zuhörer bei einem Vortrag gestellt haben.
Nutzt auch diese Gedanken, um demjenigen, der euch sein Buch vorstellt, eine Rückmeldung zu geben. Fertigt euch beim Zuhören Notizen an.

9 Stelle dein Buch der ganzen Klasse vor.

Sachtexte untersuchen

In diesem Kapitel lernst du

- zu interessanten Themen dein Vorwissen zu nutzen,
- Bilder gezielt auszuwerten,
- einen Sachtext Schritt für Schritt zu lesen,
- den Aufbau von Texten mithilfe von Linien, Pfeilen und Symbolen darzustellen,
- verschiedene Texte zum gleichen Thema zu vergleichen,
- das Gelesene anderen vorzustellen.

Sachtexte (auch pragmatische Texte genannt) begegnen uns nahezu täglich in ganz unterschiedlichen Lebenssituationen. Häufig steht man vor dem Problem, aus den vielen Informationen das Wesentliche herauszufinden.

1 Sammelt an der Tafel die Namen der Medien, Lexika oder Bücher, die ihr für eure Suche nach Informationen bisher verwendet habt.

2 Überlegt euch, wie ihr euch auf die Arbeit mit einem Text richtig vorbereiten könnt. Nennt Arbeitsmittel, die beim Lesen hilfreich sind.

Eigenes Wissen mit neuem verknüpfen

1 Zu vielen Themen, mit denen du dich in der Schule oder zu Hause beschäftigst, weißt du bereits einiges. Eine gute Möglichkeit, dieses Wissen zu sammeln, bietet dabei eine Ideensammlung.

a) Erstelle in deinem Heft (Querformat) eine Sammlung nach dem vorgegebenen Muster. Nutze dazu dein Vorwissen.

b) Vergleiche anschließend mit deinem Nachbarn und ergänze.

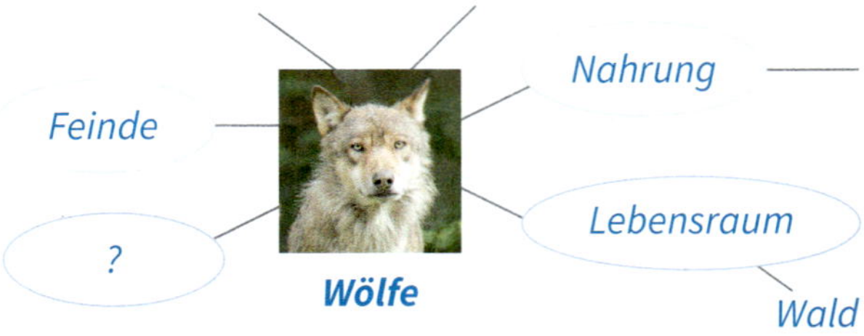

c) Lies den Text „Meister Isegrimm ist wieder da“. Schreibe unbekannte Wörter heraus und kläre diese zunächst in der Klasse oder schlage die Bedeutungen in einem Wörterbuch nach.

Meister Isegrimm ist wieder da

Viele kennen Wölfe nur aus Büchern oder dem Zoo. Nachdem sie in Deutschland Mitte des 19. Jahrhunderts vollständig ausgerottet worden waren, sind sie nun seit den 90er Jahren des 20. Jahrhunderts in Deutschland wieder heimisch geworden. Dies liegt auch daran, dass die Tiere in der Bundesrepublik und in vielen anderen Ländern unter Schutz stehen und nicht gejagt werden dürfen.

Das Bild, das wir Menschen von den Wölfen haben, entstammt in erster Linie den Märchen. Darin werden sie oftmals ausgesprochen böse und negativ dargestellt und das, obwohl der Wolf zu den ersten Tierarten gehörte, die vom Menschen domestiziert wurden. Archäologen fanden heraus, dass sich vermutlich bereits vor mehr als 30.000 Jahren Mensch und Wolf annäherten. So hat man Schädel von Tieren in der Nähe von altsteinzeitlichen Siedlungsplätzen gefunden, die eine Veränderung zum Hund hin aufwiesen.

Ein Grund für das schlechte Image von Wölfen liegt gewiss darin, dass einst Mensch und Wolf das gleiche Wild jagten und sie somit Konkurrenten waren. Auch kam es vor, dass Wölfe Schafe oder Ziegen aus den Herden der Menschen erlegten. Entsprechende Geschichten vom „bösen Wolf“ gibt es bereits in der Bibel. Menschen werden dagegen nur sehr selten von Wölfen angegriffen. Derartige Vorfälle ereignen sich meist nur, wenn sich Menschen falsch verhalten oder die Wölfe krank sind.

Sollte man in freier Wildbahn einem Wolf begegnen, ist es ratsam, laut zu rufen und in die Hände zu klatschen, um ihn so zu vertreiben. Auf keinen Fall sollte man ihm Futter geben oder versuchen ihn zu streicheln.

In Deutschland leben derzeit etwa 50 bis 80 Wölfe (Stand 2014). Ihre bevorzugten Reviere sind große Truppenübungsplätze. Es ist davon auszugehen, dass sich die Anzahl weiter erhöhen wird und sich die Tiere hierzulande weiter ausbreiten werden. Dennoch bleibt der Mensch weiterhin ihr größter Feind. Gefahr geht vor allem vom Straßenverkehr aus, wenn die Tiere durch ihre großen Reviere streifen und dabei auch viel befahrene Straßen überqueren müssen. Auch Hunde stellen eine Gefahr für Wölfe dar, denn Hundekrankheiten können sich auf Wölfe übertragen und einzelne Rudel stark schädigen.

2 Vergleiche nun deine Ideensammlung aus Aufgabe 1 auf Seite 94 mit dem Text. Ergänze sie und verwende dabei eine andere Farbe.

3 Vergleicht eure Sammlungen innerhalb der Klasse. Welche gefallen euch besonders gut? Welche Tipps könnt ihr zum Verbessern geben?

4 Um viele Informationen bei geringem Platzbedarf wiederzugeben, werden häufig Schaubilder verwendet. Tauscht euch darüber aus, was in der Abbildung unten dargestellt wird.

5 Fasse die Entwicklung mit eigenen Worten zusammen und ergänze deine Sammlung.

6 Überlege dir, wie die Verbreitung der Tiere in Zukunft aussehen könnte.

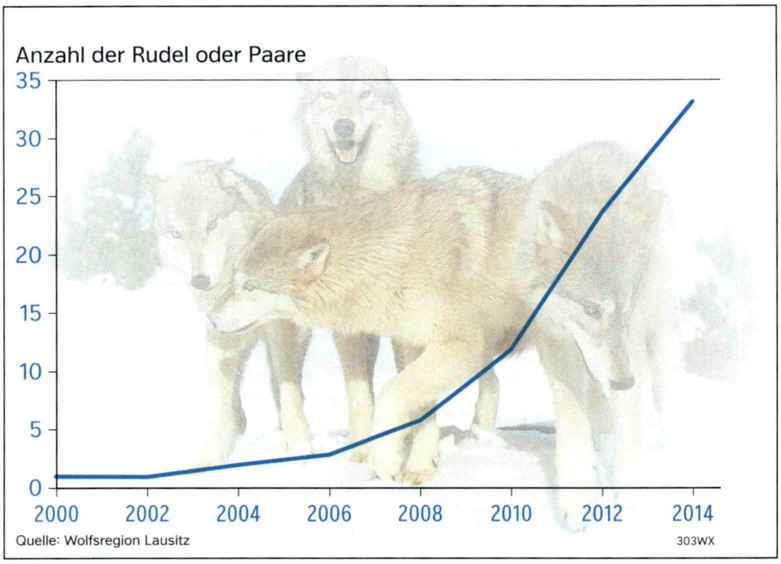

WebQuest zum Wolf

Die meisten Menschen nutzen, wenn sie auf der Suche nach Informationen sind, das Internet. Auch zum Wolf findest du sehr viel. Mithilfe der folgenden Aufgabe, die ihr in arbeitsteiliger Gruppenarbeit bearbeiten sollt, erfahrt ihr weitere Hintergründe zum Wolf.

1 Wählt pro Gruppe jeweils eine der drei Aufgabenkarten aus und bearbeitet sie.

2 Tragt in Gruppen eure Ergebnisse zusammen und erstellt ein Lernplakat.

I Der Wolf: Steckbrief und Verhalten

Sucht nach typischen Merkmalen des Wolfes, wie Aussehen, Größe, Fortpflanzung. Fertigt einen Steckbrief an.

Untersucht das Verhalten der Wölfe untereinander im Rudel und erstellt ein Schaubild über die Ordnung in einem Rudel.

II Der Wolf: Jagd und Sprache

Sammelt Informationen zum Jagdverhalten von Wölfen und zu ihrer Beute. Legt euch eine Stichwortliste dazu an.

Beschreibt, wie sich die Wölfe untereinander „verständigen“. Legt dazu eine Tabelle an, in die ihr eintragt, was einzelne Laute oder Verhaltensweisen bedeuten.

Heulen	
Rute einziehen	
...	

Info

Ein **WebQuest** ist eine gezielte Suche nach Informationen im Internet zu einer vorgegebenen Aufgabe. Ihr findet unter |WES-122902-033| eine Liste mit Links, die euch helfen, eure Aufgaben zu beantworten. Schreibt euch die wichtigsten Stichworte heraus. Ihr solltet pro Aufgabe etwa zehn Stichworte notieren. Besprecht mit eurem Lehrer, ob ihr eventuell auch einzelne Bilder ausdrucken könnt.

III Der Wolf: Seine Verbreitung in Deutschland

Sucht nach aktuellen Angaben, wo zurzeit in Deutschland Wölfe leben. Fertigt dazu eine Landkarte von Deutschland an und tragt die Rudel ein.

Untersucht zusätzlich, aus welchen Regionen Europas die Wölfe stammen. Zeichnet Pfeile in eure Karte ein, die die „Wege“ der Wölfe verdeutlichen.

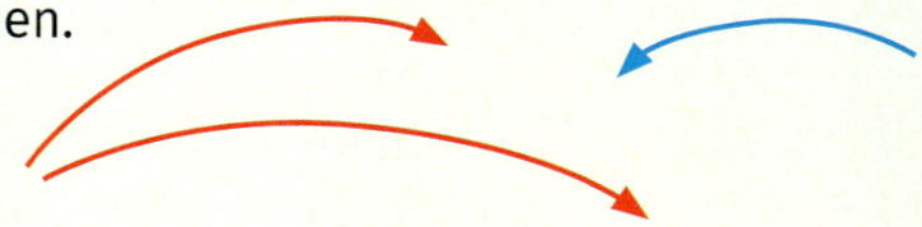

Bilder sprechen lassen

1 Sehr viele Sachtexte enthalten Bilder oder andere Bildelemente. Die meisten Leser entscheiden erst, nachdem sie Bilder und Überschriften genau angesehen haben, ob sie einen Text lesen oder nicht.

a) Betrachtet das Bild genau.

b) Der Autor hat das Bild bewusst gewählt. Stellt Vermutungen an, warum er sich für dieses Bild entschieden hat.

c) Der Ort der Aufnahme ist nicht angegeben. Tauscht euch mit eurem Nachbarn aus, wo das Bild aufgenommen worden sein könnte.

d) Beschreibe die Gefühle, die das Bild bei dir auslöst.

2 Stellt Vermutungen an, von welchem Thema der zum Bild gehörende Sachtext handeln könnte.

Gefährlicher Plastikmüll

Im Supermarkt kosten sie immerhin ein paar Cent. Woanders kriegen wir sie umsonst: im Kaufhaus, im Drogeriemarkt, beim Bäcker, beim Metzger, im Schuhladen... Viel zu viele kleine Plastiktüten nehmen wir einfach so mit. Vielleicht haben wir gerade selbst keine Tasche oder Tüte mitgebracht, da ist es doch praktisch, dass wir vom Laden eine umsonst bekommen, um darin etwas nach Hause zu tragen.

Rund siebzig Plastiktüten verbraucht jeder Deutsche pro Jahr, in anderen EU-Ländern ist es noch mehr: In Polen und Portugal benutzt jeder Mensch sogar 450 solcher Tüten! So kommen wir in der ganzen EU auf durchschnittlich etwa 200 Tüten pro Jahr. Und das ist eine ganz schöne Menge!

Hand aufs Herz: Hast du eine von diesen Tüten jemals ein zweites Mal verwendet oder sie gleich zu Hause in den Mülleimer geworfen? Eben das ist das Problem: Schon allein durch diese kleinen kostenlosen Plastiktüten kommt nämlich Jahr für Jahr ein riesiger Plastikmüllberg zusammen. Und der schadet der Umwelt.

Obwohl jeder weiß, dass die Plastiktüten die Umwelt schädigen, konnten die einzelnen Staaten der EU* bislang nichts dagegen tun. Jetzt soll es ihnen endlich erlaubt werden, Plastiktüten zu verbieten oder zumindest die Geschäfte zu verpflichten, sie nicht umsonst abzugeben.

Unsere Ozeane sind voll von Plastikmüll: Jedes Jahr landen mehr als sechs Millionen Tonnen davon in unseren Weltmeeren. Nur ein kleiner Teil wird regelmäßig an den Küsten an Land gespült. Ein weiterer Teil treibt oben auf dem Wasser: Auf jedem Quadratmeter schwimmen im Durchschnitt etwa achtzehn unterschiedlich große Kunststoffstücke. Oftmals kann man nicht mehr so richtig erkennen, was das mal war, denn die meisten Teile sind recht klein, weil Plastik im Meer schnell in immer kleinere Stückchen zerbricht: bis hin zur Größe von Sandkörnchen.

Der allergrößte Teil des Plastikmülls geht unter und landet auf dem Meeresboden. Macht doch alles nichts, könnte man nun denken – aber: Kunststoffe zerbröseln zwar, zersetzen sich aber nur sehr schlecht, sie brauchen ewig, bis sie endlich verrottet sind. Das kann Jahrhunderte dauern. Bis dahin werden die einzelnen Bruchstücke immer kleiner und viele davon geben beim Zersetzen auch noch Giftstoffe ans Wasser ab. Das kann für Meerestiere und andere Unterwasserbewohner gefährlich werden.

Im Jahr 2012 wurde an der Küste von Spanien ein toter Pottwal an Land gespült. In seinem Bauch wurden siebzehn Kilogramm Plastikmüll gefunden – insgesamt waren es 59 Teile, sogar einen Kleiderbügel hatte der Wal verschluckt. Diese Menge an Kunststoffen hat seinen Darm verstopft und schließlich platzen lassen, sagen Wissenschaftler. Damit ist ein Tier einer gefährdeten Art gestorben – Pottwale stehen auf der „Roten Liste".

Jedes Jahr kostet die Verschmutzung der Meere mit Plastikmüll Zehntausende von Meerestieren das Leben. Magen und Darm von Seevögeln arbeiten nicht mehr, wenn sie mit Plastik verstopft sind.

Plastikmüll zu vermeiden hilft nicht nur den Tieren in den Ozeanen – denn der verrottende Kunststoffmüll im Meer wird am Ende sogar auch uns gefährlich: Gewisse Giftstoffe, die beim Zersetzen entstehen, schädigen schon in kleinen Mengen Hormonhaushalt und Erbgut der Meerestiere und lagern sich auch in deren Erbgut ein. Und diese Tiere – Fische, Muscheln, sonstige Meeresfrüchte – stehen irgendwann vielleicht bei uns zum Essen auf dem Tisch.

Simone Wichert

***EU** *Europäische Union*

Den Inhalt von Sachtexten darstellen

1 Den Inhalt von Sachtexten kannst du mithilfe von Grafiken übersichtlich veranschaulichen.

a) Ein Schüler hat damit begonnen, wichtige Informationen aus dem Text „Gefährlicher Plastikmüll" von Seite 98 mit Hilfe der obigen Grafik darzustellen.

b) Betrachte die Grafik und stelle Vermutungen an, wovon der Text handeln könnte.

c) Erkläre, wie der Schüler vorgegangen ist und wie es ihm dabei gelingt, das Wesentliche zu veranschaulichen.

2 Bearbeitet die Aufgaben in Partnerarbeit.

a) Lest den Text „Gefährlicher Plastikmüll" abschnittsweise durch.

b) Sprecht am Ende eines Abschnitts über das Gelesene und schreibt unbekannte Wörter auf.

c) Klärt eure Fragen zum Text in der Klasse.

d) Fasst nun den Inhalt des gesamten Textes mit eigenen Worten zusammen, indem ihr ihn euch gegenseitig mündlich vorstellt. Ihr könnt folgendermaßen beginnen:
In dem Sachtext „Gefährlicher Plastikmüll" geht es um die Tüten, die wir beim Einkaufen bedenkenlos mitnehmen. Jeder von uns …

3 a) Übertrage die obige Grafik in dein Heft (eine halbe DIN-A4-Seite).

b) Ergänze mithilfe des Textes die fehlenden Pfeile und beschrifte sie. Ein Pfeil könnte zurück zum Menschen führen – erkläre!

4 Bearbeitet die folgenden Aufgaben in der Kleingruppe. Nehmt bei eurer Arbeit den Text zur Hilfe.

a) Überlegt euch, was jeder Einzelne tun könnte, damit weniger Müll in der Natur landet und ins Meer gelangt.

b) Formuliert einen Kettenbrief mit einem Aufruf an eure Freunde, weniger Plastikmüll zu verursachen.

5 Auch in eurer Schule liegt nach den Pausen sicherlich viel Müll herum. Macht Fotos davon und erstellt ein Plakat, mit dem ihr eure Mitschüler dazu auffordert, Abfälle richtig zu entsorgen oder zu vermeiden.

Einen Sachtext Schritt für Schritt lesen

Beruf: Rettungsassistent

Esther Gusewski

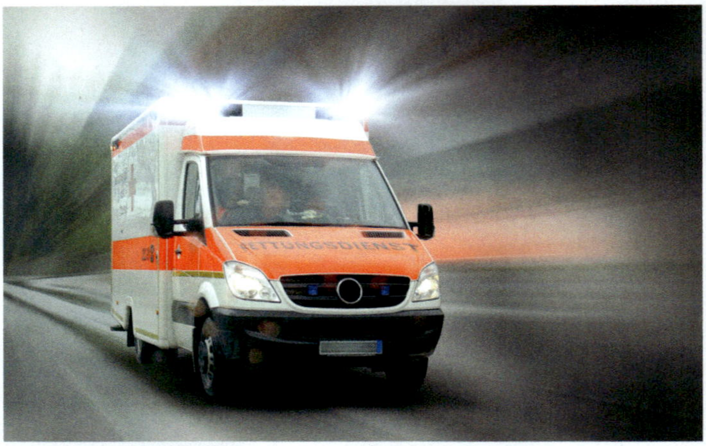

① Wie sehen Helden aus? Dicke Muskeln und Superkräfte? Nicht immer: Fritz Scheibenzubers Beruf ist es, Leben zu retten. Aber anstatt des hautengen Supermann-Anzugs trägt er eine rote Hose und ein weißes Polohemd mit dem roten Schriftzug der Johanniter. Fritz ist Rettungsassistent.

② Ein Baby hat Putzmittel getrunken. Ein Opa hatte einen Herzinfarkt und auf der Autobahn sind zwei Lastwagen ineinander gerast. Wann immer in der Nähe der Rettungswache im bayerischen Allershausen ein Unglück passiert, bedeutet das Arbeit für die Rettungsassistenten.

Harte Arbeit

③ Momentan scheint alles ruhig zu sein. Es ist sieben Uhr abends und Fritz Scheibenzuber sitzt in seinem Büro im Haus der Johanniter. Seine Schicht hat gerade begonnen und wird bis morgen früh um sieben dauern. Zwölf Stunden Arbeit, in denen eine Menge passieren kann.

Irgendwann erwischt es jeden

④ Das weiß auch Fritz. Im Ernstfall wird er von seinem Bürostuhl aufspringen und zum Rettungswagen flitzen. Was genau ihn erwartet, weiß er nie. Denn jeder Einsatz ist einzigartig. Ist es ein Verletzter? Eine ganze Familie? Kommt er womöglich zu spät? Der Rettungsassistent hat gelernt, mit der Unsicherheit zu leben.

⑤ Zu den Schattenseiten seines Berufs gehört auch, dass die Rettungswache rund um die Uhr besetzt sein muss – auch Weihnachten und Silvester. Irgendwann erwischt es jeden.

Den richtigen Beruf gewählt

Trotz aller Schwierigkeiten ist Fritz Scheibenzuber froh, sich für die Arbeit im Rettungsdienst entschieden zu haben. Obwohl er schon als 13-Jähriger ehrenamtlich für die Johanniter gearbeitet hat, wusste er nach dem Hauptschulabschluss zunächst nicht, was er werden wollte. Seinem Vater zuliebe machte er eine Lehre zum Offsetdrucker. Heute sagt er darüber: „In den zwei Jahren Lehrzeit habe ich mir nur überlegt, wie ich am besten aus der Druckhalle raus komme." Die Rettung: der Job als Rettungsassistent.

Zwei Jahre Ausbildung

Wer sich für die Ausbildung zum Rettungsassistenten entscheidet, muss erst mal die Schulbank drücken. Ein Jahr Theorieunterricht ist Pflicht. Die Sanitätsschüler büffeln Anatomie, Physiologie und vieles mehr. Erst danach beginnt der praktische Teil der Ausbildung. Auf einer Lehrrettungswache lernen die angehenden Lebensretter alles, was man nicht aus Büchern lernen kann.

1 a) Lies die Überschrift, die Zwischenüberschriften und betrachte das Bild.
b) Stelle Vermutungen über den Inhalt des Textes an und tausche dich mit deinem Banknachbarn darüber aus.

2 Lies nun den Text einmal zügig durch. Begründe mündlich, welche der folgenden drei Aussagen am besten zu ihm passt.
a) Der Text schildert spannende Einsätze mit dem Rettungsdienst.
b) Der Text beschreibt einen Arbeitstag auf einer Rettungswache.
c) Der Text gibt einen Einblick in den Beruf des Rettungsassistenten.

3 Übertrage die Sätze in dein Heft. Bringe sie passend zum Text in die richtige Reihenfolge, indem du ihnen den entsprechenden Absatz zuordnest.

1	Fritz Scheibenzuber wird vorgestellt. Er ist von Beruf Rettungsassistent.
☐	Die Ausbildung zum Rettungsassistenten besteht aus Theorie und Praxis.
☐	Auf einer Rettungswache muss man mit ganz unterschiedlichen Einsätzen rechnen.
☐	Als Rettungsassistent ist Teamarbeit ganz wichtig.
☐	Fritz erzählt, wie er seinen Traumberuf gefunden hat.
☐	Jeder Einsatz birgt Unsicherheiten und Spannung.
☐	Der Schichtdienst auf einer Wache ist oftmals sehr anstrengend.

4 Lege in deinem Heft eine Ideensammlung an, in der du die wichtigsten Informationen zum Beruf des Rettungsassistenten festhältst.

5 Vermutlich hast du viele neue Informationen über den Beruf des Rettungsassistenten erhalten. Suche den Abschnitt heraus, den du am interessantesten fandest. Begründe deine Wahl im Gespräch mit deinem Nachbarn.

Info

Einen Text in 5 Schritten lesen

Schritt 1: Einen Überblick gewinnen
Als Erstes schaust du dir den Text als Ganzes an. Achte dabei auf Überschriften, Teilüberschriften und Abbildungen und überlege, wovon der Text handeln könnte.

Schritt 2: Den Text überfliegen
Lies den Text jetzt ein erstes Mal durch. Solltest du einmal einen Satz oder einzelne Wörter nicht verstehen, kannst du einfach weiterlesen. Überlege dir nun genauer, worum es im Text geht.

Schritt 3: Genaues Lesen
Lies den Text ein zweites Mal. Bei schwierigen oder komplizierten Stellen helfen dir die Sätze davor und danach, diese besser zu verstehen. Wenn der Text keine Abschnitte hat, gliedere ihn selbst und gib jedem Abschnitt eine Überschrift.

Schritt 4: Informationen sammeln
Mithilfe von W-Fragen kannst du wichtige Informationen aus einem Text gewinnen. Besonders wichtige Wörter sind die Schlüsselbegriffe eines Textes und werden unterstrichen, falls der Text als Kopie vorliegt. Du kannst auch eine Folie über den Text legen.

Schritt 5: Nach dem Lesen
Überlege dir nun, wie du das Gelesene übersichtlich darstellen kannst (z.B. mit Hilfe einer Ideensammlung, eines Schaubildes, einer Karteikarte oder eines Info-Plakates).

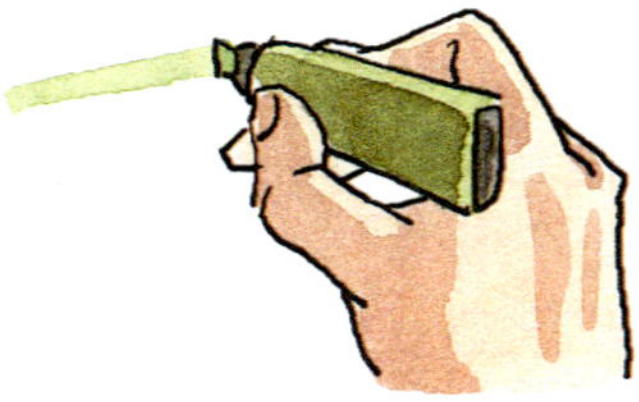

6 Ordne die Illustrationen den einzelnen Schritten der 5-Schritt-Lesemethode aus der Info von Seite 101 zu. Achtung: Ein Bild musst du zweimal zuordnen.

Auf Äußerlichkeiten achten

Auch Flyer, mit denen häufig für etwas geworben wird, gehören zu den Sachtexten. Um die Botschaft dieser Texte richtig zu verstehen, ist es sinnvoll, eine andere Herangehensweise zu wählen.

1 Auf der nächsten Seite ist ein Flyer abgedruckt. Arbeite mit deinem Banknachbarn zusammen.

a) Einigt euch auf folgendes Vorgehen: Einer hält das Buch, während der andere für 20 Sekunden auf den Flyer schaut und die Aufgabe hat, sich möglichst viel einzuprägen. Tauscht dann die Rollen und schlagt das Buch danach zu.

b) Sprecht darüber, wohin das Auge zuerst schaut und wie es über die Seite „wandert“. Gibt es Unterschiede bei euch?

c) Schlagt das Buch wieder auf und untersucht den Aufbau des Flyers, indem ihr ihn in unterschiedliche Bereiche aufteilt und jedem Bauteil einen Namen gebt. Die Wolke hilft euch, passende Begriffe zu finden.

Überschriften
Bilder *Ausrufe*
Fragen *Farben* *Rahmen*

2 Typisch für Flyer ist, dass sie in einer einfachen und leicht verständlichen Sprache verfasst sind.

a) Wie gelingt dies den Machern dieses Flyers? Achtet auch auf Haupt- und Nebensätze.

b) Die Jugendlichen werden an mehreren Stellen direkt angesprochen, erkläre!

Mach mit beim Schulsanitätsdienst!

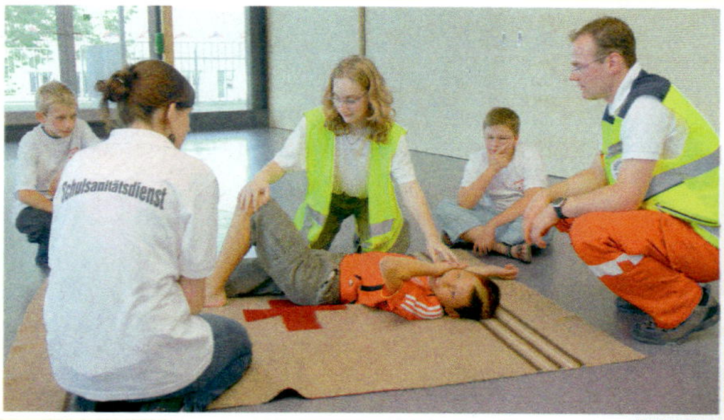

Wir stellen uns vor:

Unsere Aufgaben:

- Wir leisten Erste Hilfe bei Unfällen oder Erkrankungen.
- Wir betreuen Verletzte und übergeben sie an den Rettungsdienst.
- Wir stehen bei Schul- oder Sportveranstaltungen in Bereitschaft.

Unsere Ausbildung:

- An der Schule erhält jedes Mitglied eine Ausbildung in Erster Hilfe mit Zertifikat.
- Durch regelmäßige Weiterbildungen halten wir uns auf dem aktuellen Wissensstand.
- Wir arbeiten eng mit dem Bayerischen Roten Kreuz zusammen.

Hast Du Interesse?

Wir treffen uns immer dienstags um 13:00 Uhr im Erste-Hilfe-Raum.

Mach mit!

3 Vergleicht nun den Text von Seite 100 mit dem Flyer. Diskutiert in der Klasse über folgende Fragen:

- Welchen Text findet ihr interessanter?
- Welcher Text ist einfacher zu verstehen?

Begründet eure Meinungen.

Ein Angebot zum Üben

Mithilfe des folgenden Textes kannst du die 5-Schritt-Lesemethode (s. Seite 101 - 102) noch einmal an einem Text erproben und einüben.

3D-Kino – wie geht das?

3D-Filme wirken so, als ob du mitten im Geschehen sitzt. Dafür muss der Film anders hergestellt werden und die Zuschauer müssen eine spezielle Brille aufsetzen. „Normales“ Kino und Fernsehen zeigt die Bilder in 2D: Das Bild hat eine bestimmte Breite und eine bestimmte Höhe, aber es ist flach. Wenn man im Fernseher beispielsweise ein Fußballspiel anschaut, denkt man manchmal: „Boah! Der Ball ging aber knapp am Tor vorbei!“ Und wenn man dann die Wiederholung aus einem anderen Winkel sieht, zeigt sich, dass der Ball einige Meter daneben ging.

2D, 3D – das „D“ steht für das Wort Dimension. 2D bedeutet Breite und Höhe, aber flach. Wenn etwas in 3D gezeigt wird, dann kann man Breite, Höhe und Tiefe (also wie dick ein Gegenstand oder Wesen ist) sehen. Albert Einstein hat dem noch die Zeit als vierte Dimension hinzugefügt. Aber was das bedeutet, verstehen auch die meisten Erwachsenen nicht.

Unsere Augen sind ein paar Zentimeter voneinander entfernt. Deswegen sieht das linke Auge ein bisschen mehr von der linken Seite und das rechte Auge ein bisschen mehr von der rechten Seite. Im Gehirn werden die Bilder der beiden Augen zusammengefügt und deswegen können wir erkennen, wie dick oder dünn der Finger ist – aber nur wenn wir mit beiden Augen sehen.

3D-Filme werden mit einer besonderen Kamera aufgenommen, einer Kamera mit zwei Objektiven, oder mit zwei Kameras. Ein Objektiv bzw. eine Kamera nimmt das Bild für das linke Auge auf, das bzw. die andere das Bild für das rechte Auge. Im Kino werden dann beide Bilder gleichzeitig gezeigt, deswegen muss man eine besondere Brille tragen. Wenn du einen 3D-Film siehst, gucke mal kurz ohne Brille auf die Leinwand unten: Das Bild sieht ganz verschwommen aus!

Es gibt verschiedene technische Verfahren, mit denen das erreicht werden kann, aber das Prinzip ist immer dasselbe: Das linke Auge sieht nur das Bild für das linke Auge und das rechte Auge sieht nur das Bild für das rechte Auge. Und dann sieht es so aus, als ob man gerade von einem Delfin angestubst wird oder von einem hungrigen Dinosaurier verfolgt wird. Und wenn man eine Achterbahnfahrt sieht, wird einem sogar ganz schummrig im Magen.

1 Bestimmt hast du schon einmal einen 3D-Film gesehen. Tausche dich mit deinen Klassenkameraden über deine Eindrücke aus.

2 Bearbeite den Text mithilfe der 5-Schritt-Lesemethode (s. Seite 101 - 102).

3 Bereite einen Kurzvortrag (Länge ca. 3 Minuten) über das 3D-Kino vor. Erstelle dazu einen Notizzettel mit maximal 25 Wörtern.

Unterschiedliche Sachtexte miteinander vergleichen

Text 1: Im Rollstuhl zum Mekong

Abenteurer Andreas Pröve erreichte als erster Mensch im Rollstuhl die Quelle des Mekong

Seine Spinnenphobie verlor Andreas Pröve in Kambodscha, wo ihm Kinder Vogelspinnen auf den Kopf setzten. (Foto: privat)

Als Andreas Pröve 1981 nach einem Motorradunfall querschnittsgelähmt ist, hat er zwei Möglichkeiten: zu verzweifeln oder das Leben unter veränderten Bedingungen neu anzupacken. Er entscheidet sich für Letzteres, hebt seine ersparten 3000 D-Mark vom Konto ab und reist nach Indien. „Eigentlich wollte ich damals nur meine Arbeitslosigkeit überbrücken“, erinnert sich der Weltenbummler. Heute, nach über dreißig Jahren Reisen via Rollstuhl durch die Welt, resümiert der inzwischen verheiratete Familienvater: „Ohne den Unfall wäre mein Leben komplett anders verlaufen. Ich habe Dinge erlebt, die ich wohl niemals unternommen hätte.“

Andreas Pröve lebt heute von seiner Arbeit als Buchautor und den Vorträgen über seine Reisen. Mit seinem Rollstuhl fuhr er von Dezember 2010 bis Juni 2011 etwa 5000 Kilometer von der Mündung des Mekong in Vietnam bis zur Quelle in Tibet und war damit der erste Mensch im Rollstuhl, der dieses Ziel erreichte. Durch sieben Länder ging die Reise: Vietnam, Kambodscha, Laos, Thailand, Myanmar, China, Tibet.

„Der Mekong hat mich schon immer sehr interessiert“, sagt Pröve. „Ich reise meist allein“, sagt er. „Wer zu zweit ist, gilt als Gruppe und würde von Einheimischen höchstwahrscheinlich nicht angesprochen." Übernachtet wird im Zelt, beim Bauern – wie es gerade kommt. Mitunter geht die Reise über die Kräfte. „In 5000 Metern Höhe war ich ziemlich am Ende. Und sechzig Prozent Luftfeuchtigkeit bin ich als einer, der vom Südrand der Lüneburger Heide stammt, einfach nicht gewohnt“.

Überfallen wurde Andreas Pröve bislang kein einziges Mal. Die Gefahr sieht er eher in wilden, tollwütigen Hunden und dem Straßenverkehr. „Nach einem Biss kann ich nicht innerhalb von drei Stunden bei einem Arzt sein und in Ho-Chi-Minh-Stadt oder Neu-Delhi gilt auf der Straße das Gesetz des Stärkeren.

Die Laster werden gefahren, bis sie auseinander fallen. Da kann immer ein Achsenbruch passieren, wenn ich gerade um die Ecke biege." Wenn er wollte, könnte sich Pröve ein Auto zulegen. „Dann könnte ich aber niemals das tun, was ich im Rollstuhl tun kann: Mich dem Land, seinen Menschen, seiner Kultur und seiner Gesellschaftsform aussetzen.“

Text 2: Zur Not gibt's Regenwurm

Rüdiger Nehberg ist ein Abenteurer. Er hat viele Länder bereist und gefährliche Situationen überlebt. Ekel ist ihm fremd. Nur einmal wurde selbst ihm schlecht. *Interview: Malte Conradi*

SZ*: Herr Nehberg, hatten Sie schon einmal so richtig Hunger?

Nehberg: Meinen schlimmsten Hunger hatte ich, als ich vor 30 Jahren 1000 Kilometer durch Deutschland gewandert bin - ohne Proviant. Da habe ich mich fast nur von Heuschrecken ernährt und jeden Tag etwa ein halbes Kilo verloren. Der Körper verbrennt dann das eigene Fett, und man fühlt sich unglaublich belebt. Erst nach etwa zwei Wochen, wenn die Muskulatur abgebaut wird, wird man schwächer.

SZ: Gegessen haben Sie auf Ihrer Wanderung also nicht so viel. Aber Sie mussten doch sicher etwas trinken.

Nehberg: Natürlich, Trinken ist viel wichtiger für den Körper. Abhängig von der Temperatur, der Kleidung und dem, was man tut, kann der Mensch zwei bis drei Tage ohne Trinken auskommen. Ohne Essen geht es drei Wochen.

SZ: Was war Ihr schlimmstes Durst-Erlebnis?

Nehberg: Das war wohl, als ich mal mit einer Kamelkarawane durch die äthiopische Wüste gereist bin. In eines der Wasserlöcher war ein Tier gefallen und ertrunken - das Wasser konnten wir also nicht mehr trinken. Damals hat es nicht einmal einen Tag gedauert, bis ich erste Anzeichen des Verdurstens an mir bemerkte: aufgeplatzte Lippen, angeschwollene Glieder. Wenn das Blut dicker wird, wird man müde und träge.

SZ: Wenn man wie Sie keinen Proviant auf seine Wanderungen mitnimmt, ist es bestimmt schwer, etwas Essbares zu finden.

Nehberg: Wenn man sich ein bisschen auskennt, findet man eigentlich immer etwas. Man kann zum Beispiel Schlangen für sich jagen lassen. Als ich einmal am Blauen Nil unterwegs war, habe ich eine riesige Schlange aus dem Fluss gezogen. Das ging einfach, weil sie eine große Gazelle im Magen hatte und sich kaum bewegen konnte. Als sie an Land war, hat die Schlange die Gazelle schnell hervorgewürgt, damit sie sich wieder bewegen konnte. Ich musste sie also nicht töten, um an die Gazelle zu gelangen.

SZ: Und die konnte man noch essen?

Nehberg: Zum Glück war sie noch nicht lange im Magen der Schlange. Nur die Bisswunde am Hals der Gazelle war schon ein wenig verdaut. Meine Begleiter und ich hatten in den nächsten Tagen ganz viel köstliches Essen.

SZ: Wie fühlt es sich an, wenn Sie nach solchen Erlebnissen zurück nach Deutschland kommen und zum ersten Mal wieder in einem Supermarkt stehen?

Nehberg: Dann merke ich, in welchem Überfluss wir leben. Wenn man Gegenden kennt, in denen die Menschen froh sind über ein wenig Reis, dann kann man darüber nur den Kopf schütteln. Alleine wie viele verschiedene Sorten Süßigkeiten es gibt! Wer braucht das? Und dann werden auch noch ständig neue Varianten erfunden! Ich glaube, viele Menschen können gar nicht mehr wertschätzen, wie gut es ihnen eigentlich geht.

*SZ
Süddeutsche Zeitung

1 Unterteilt die Klasse in zwei Gruppen (Gruppe A und Gruppe B). Die erste Gruppe beschäftigt sich mit Text 1 (S. 105) , die zweite Gruppe mit Text 2 (S. 106).

2 Nutze die eingeübten Lesetechniken und erstelle eine Merkhilfe zum Textinhalt.

3 Notiere auf deiner Merkhilfe auch Textmerkmale (z. B. Überschrift, Bild, Layout).

4 Tauscht euch im Kugellager aus, sodass sich jeweils Schüler der Gruppen A und B gegenüberstehen.

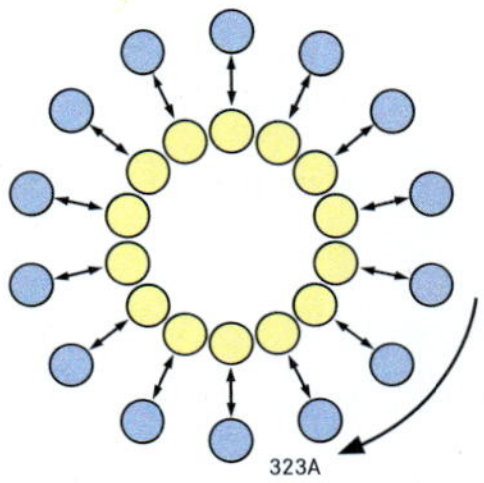

5 Bildet Kleingruppen mit jeweils zwei Experten aus Gruppe A und aus Gruppe B. Haltet eure Ergebnisse schriftlich fest. Ihr könnt euch dabei an folgender Darstellung orientieren:

6 Als Gemeinsamkeit beider Texte ist der Grafik unten zu entnehmen, dass sie von Menschen handeln, die Abenteuer erleben und bestehen.
Überlegt euch für jeden Text Gründe, warum Menschen ihn lesen sollten.

Tipp

Um die **Aussageabsicht** von Texten herauszufinden, solltest du folgende Fragen beantworten:

- Wo ist der Text abgedruckt?
- Wie lautet die Überschrift?
- Wovon handelt der Text?
- Warum ist der Text interessant zu lesen?
- Was erfährt der Leser Besonderes?
- Möchte der Autor den Leser eher informieren oder unterhalten?

7 Welcher Text gefällt euch besser? Diskutiert darüber in eurer Klasse. Nutzt dazu auch den Tipp.

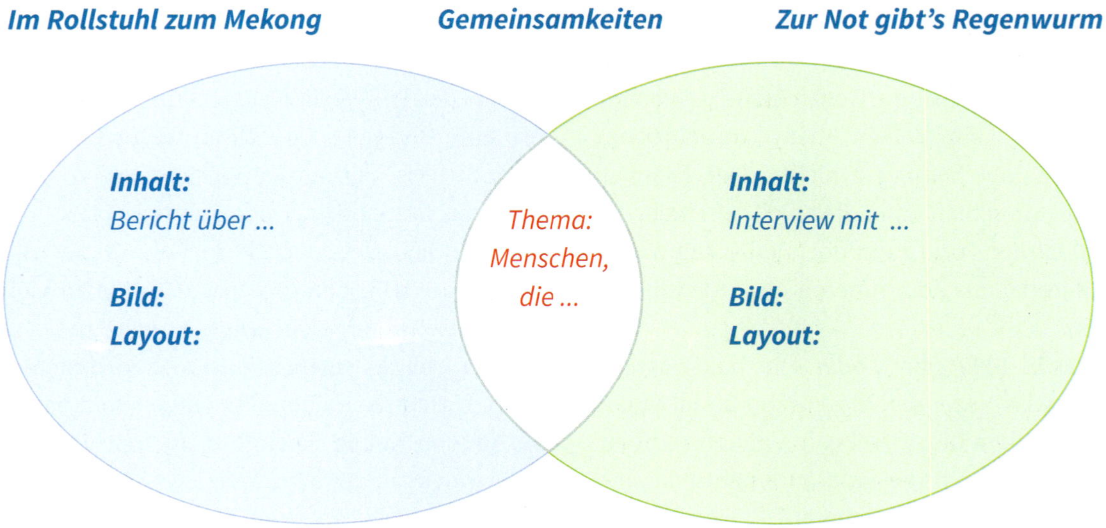

Sachtexte untersuchen

Blick in den Krater

Heißes Magma, blubbernde Gase, große Explosionen: Jutta Geisweid und Ulrich Schreiber sind Vulkanologen. Ein aufregender Beruf. *Charlotte Theile*

Jutta Geisweid und Ulrich Schreiber sind Vulkanologen. Heißes Magma, das aus dem Innern der Erde aufsteigt, blubbernde Gase und Explosionen, bei denen Steine durch die Luft fliegen: Ein aufregender Beruf. Beide Forscher haben Geologie studiert – ein Fach, das sich mit Phänomenen zur Entstehung von Bergen, Tälern und Seen beschäftigt. Geologen versuchen herauszufinden, wie die Erde so geworden ist, wie wir sie heute kennen.

Bei Vulkanen ist das anders: Sie sind immer noch aktiv und ständig dabei, Erdmassen zu bewegen, zu zerstören und Neues zu schaffen. Wahnsinnig spannend, finden beide Forscher. Jutta Geisweid ist zum Beispiel nach Hawaii gereist, zum Kilauea, einem der aktivsten Vulkane der Welt. Mit Helm, Lupe und Geologenhammer kann man dort sogar Lava-Tunnel besichtigen – also da entlang laufen, wo die Lava-Masse Löcher in die Erde gefressen hat.

Zur Zeit arbeitet sie in Deutschland, wo schon sehr lange kein Vulkan mehr ausgebrochen ist. Doch das heißt gar nichts. Der Laacher-See-Vulkan schläft zum Beispiel seit mehr als 13 000 Jahren – und kann doch jeder Zeit wieder mit Material aus dem Inneren der Erde um sich werfen.

„Ob das in 1000 Jahren oder sehr bald passiert, ist ungewiss", sagt die Wissenschaftlerin. Vulkanologen haben die Aufgabe, ihn genau zu beobachten: Bläht sich die Erde an einer Stelle auf? Entweichen neue Gase, die auf Bewegung weit

Jutta Geisweid arbeitet im Vulkanpark Mayen-Koblenz. Sie hat aber auch schon den Kilauea auf Hawaii untersucht, einen der aktivsten Vulkane der Welt. (Foto: Benjamin Streubel)

unten deuten? Mit diesen Fragen können sich auch Kinder beschäftigen.

Doch Vulkane sind nicht nur spannend, sie richten auch großen Schaden an. Ulrich Schreiber, der an der Universität Duisburg-Essen forscht, war zum Beispiel schon oft am Vesuv im Süden Italiens. Er ist der einzige Vulkan auf dem europäischen Festland, der noch aktiv ist. 1906 und 1944 ist er zuletzt ausgebrochen. Dabei sind Hunderte Menschen gestorben. Trotzdem wohnen heute wieder viele Leute so nah am Vesuv, dass es richtig gefährlich ist. Dabei fasziniert auch Ulrich Schreiber die Unberechenbarkeit der großen Krater. Doch je mehr man über die feuerspuckenden Riesen weiß, desto größer wird auch der Respekt vor ihrer Zerstörungskraft.

1 Bevor du den Text liest, musst du dir überlegen, wie du vorgehst. Rechts findest du verschiedene Vorschläge dazu.
a) Wähle aus diesen die Methode aus, die dir am geeignetsten erscheint.
b) Begründe deine Entscheidung.
c) Bist du bei der Bearbeitung von Aufgabe b) auf Schwierigkeiten oder Probleme gestoßen? Tauscht euch in der Klasse darüber aus.

5-Schritt-Lesemethode

Betrachte zuerst das Bild und lies dann die Überschrift. Wovon handelt wohl der Text?

Was weißt du über Vulkane?

Im Internet oder in einem Lexikon zum Thema Vulkane recherchieren

Den Inhalt mithilfe von Grafiken (z. B. mit Pfeilen und Linien) veranschaulichen

2 Ordne die jeweiligen Satzanfänge der passenden Fortsetzung zu. Übertrage dazu den jeweils richtigen Satz ins Heft.

Geologen beschäftigen sich mit …
- Vulkanen und der Entstehung der Erde.
- Seen und den Tieren darin.
- Geometrie und Mathematik.

In Deutschland …
- gibt es keine Vulkane, die ausbrechen könnten.
- gibt es Vulkane, die wahrscheinlich wieder ausbrechen.
- gab es nur früher Vulkane, die ausgebrochen sind.

Der Vesuv ist der einzige aktive Vulkan …
- in Italien.
- auf dem europäischen Festland.
- in ganz Europa.

3 Hier siehst du einen Antwortsatz. Finde dazu die passende Frage:
„Die Erde bläht sich auf und Gase entweichen."

Frage 1: Woran erkennt man, dass der Ausbruch eines Vulkans bevorsteht?
Frage 2: Was ist die Folge eines Vulkanausbruchs?
Frage 3: Wie entsteht neues Land?

4 Im Text ist ein Bild enthalten. Vervollständige den Satz:
Auf dem Bild ist zu erkennen, wie …

Das kann ich jetzt

- ✔ Mithilfe eines Clusters mein Vorwissen ordnen
- ✔ Die Bedeutung von Bildern erklären
- ✔ Einen Sachtext mit der 5-Schritt-Lesemethode verstehen
- ✔ Textinhalte mithilfe von Pfeilen und Linien darstellen
- ✔ Einfache Schaubilder erklären
- ✔ Sachtexte zum gleichen Thema vergleichen
- ✔ Das Gelesene anderen vorstellen

Weitere Medien verstehen und nutzen

Welche Medien brauche ich?

In diesem Kapitel lernst du,

- über dein eigenes Medienverhalten nachzudenken,
- Medienangebote aus TV und Rundfunk zu vergleichen und sie nach deinen Bedürfnissen auszuwählen,
- die Wirkungen von Medien zu erkennen,
- zu beschreiben, welche Gefühle Filme bei den Zuschauern auslösen.

Medien sind aus unserem Alltag heute nicht mehr wegzudenken. Ob Fernsehen, Radio oder das Internet – täglich schalten wir sie ein und nutzen sie.

1 Betrachtet die Bilder oben und beschreibt sie.

2 Welche der dargestellten Aktivitäten gefällt dir am besten? Begründe deine Meinung!

3 Viele Teenager eures Alters besitzen bereits einen eigenen Fernseher oder einen eigenen PC.

a) Erstellt an der Tafel eine Geräteliste eurer Klasse.

b) Legt zunächst fest, welche Geräte in der Liste erfasst werden sollen.

c) Zählt dann gemeinsam aus.

4 Diskutiert nun darüber, welche Geräte man unbedingt braucht und auf welche Geräte man am ehesten verzichten könnte.

Mein Tag mit Medien

In der Klasse 5c wurde eine Umfrage zum Thema Handynutzung durchgeführt. Die Auswertung haben die Schülerinnen und Schüler mit dem Computer vorgenommen.

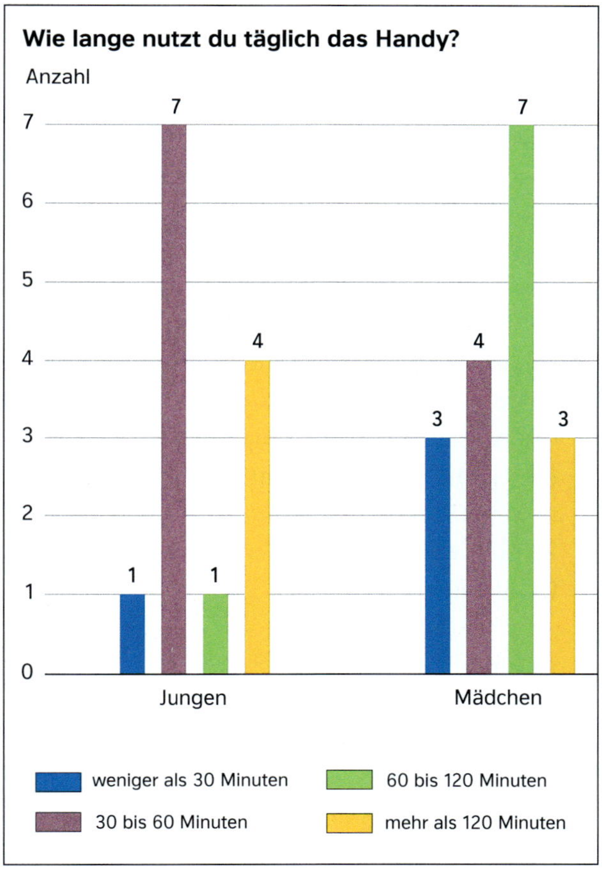

1 Beschreibt das Säulendiagramm. Welche Informationen könnt ihr daraus entnehmen?

2 a) Fasst die Angaben des Diagramms in eigene Worte. Ihr könnt so beginnen:
„An der Befragung haben 13 Jungen und 17 Mädchen teilgenommen.“

b) Diskutiert in eurer Klasse die Ergebnisse.

3 Führt nun selbst eine Befragung in eurer Klasse oder einer Parallelklasse durch, in der ihr nach der täglichen Nutzung von Medien fragt.
- a) Teilt euch in Gruppen auf. Jede Gruppe wählt ein anderes Gerät, z. B. Fernsehen, Radio, Computer ...
- b) Überlegt euch weitere Fragen.
- c) Nach der Befragung erstellt jede Gruppe ein eigenes Diagramm.
- d) Stellt es der Klasse vor.

Umfrage

Wie lange nutzt du täglich Medien?

Geschlecht weiblich ☐ männlich ☐

Dein Alter 11 ☐ 12 ☐ 13 ☐

Ich nutze mein Handy täglich:

weniger als 30 Min. ☐
30 bis 60 Min. ☐
60 bis 120 Min. ☐
mehr als 120 Min. ☐

Tipp

Ein geeignetes **Computerprogramm**, um Befragungen durchzuführen und auszuwerten, ist **Grafstat**. Es ist für Bildungseinrichtungen kostenlos und kann im Internet bezogen werden.

4 Sprecht in Partnerarbeit über eure eigene Mediennutzung.

Radio oder Fernsehen?

1 Radio oder Fernsehen – was nutzt ihr mehr?
a) Unterteilt eure Klasse in zwei Gruppen. Eine Gruppe sammelt Vor- und Nachteile für das Radio, die andere für das Fernsehen.
b) Vergleicht anschließend eure Ergebnisse.

2 a) Lest den Text „Rundfunk in Deutschland" und tauscht euch über ihn aus.
b) Übertragt folgende Zeitleiste in euer Heft und vervollständigt sie.

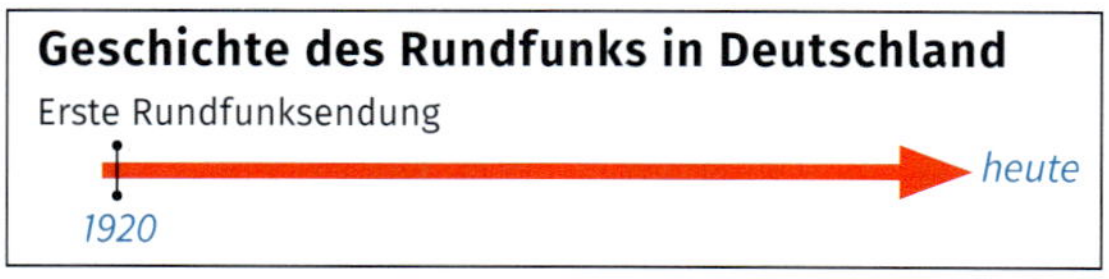

c) Befragt eure Eltern und Großeltern, welche Rolle das Radio in ihrem Leben spielte, und vergleicht die Ergebnisse mit dem, was ihr im Text erfahren habt.

3 Sucht im Internet oder in Lexika nach Informationen zur Geschichte des Fernsehens in Deutschland. Informiert in einem kurzen Text über eure Ergebnisse.

Rundfunk in Deutschland
Die ersten Rundfunksendungen wurden in Deutschland im Jahr 1920 ausgestrahlt, zuerst handelte es sich dabei aber nur um Testsendungen. Ab 1923 gab es dann mit der „reichsdeutschen Funk-Stunde-Berlin" ein regelmäßiges Programm.

Verhaltener Start
Die Zahl der Zuhörer war zunächst recht gering, da sich die meisten Menschen keine Radiogeräte leisten konnten. Erst Ende der 20er Jahre wurden die Geräte günstiger.
Nach dem Zweiten Weltkrieg wurde in Deutschland der UKW-Rundfunk eingeführt, was den Vorteil hatte, dass es weniger störendes Rauschen gab. Allerdings waren auch hier die Geräte zunächst recht teuer. So musste man um 1950 – wenn man es auf die heutige Zeit bezieht – fast 1000,- Euro für ein solches Gerät ausgeben.

Aktuelle Entwicklung
Seit Ende des 20. Jahrhunderts wird an der Entwicklung des digitalen Rundfunks gearbeitet und mit der Einführung von DAB (Digital Audio Broadcasting) gibt es heute beinahe flächendeckend ein digitales Radioprogramm.
Zusätzlich kann man die meisten Radioprogramme auch über das Internet oder über Satellit empfangen.

Röhrenradio (1924)

Eine Sendung untersuchen

In Deutschland gibt es weit mehr als 100 unterschiedliche, frei empfangbare Fernsehsender. Im Bereich Hörfunk ist das Angebot um ein Vielfaches größer. Zudem gibt es zahlreiche Lokalsender und Anbieter, deren Sendungen z. B. nur im Internet oder nur im digitalen Hörfunk oder ausschließlich über Satellit empfangen werden können.

1 Suche in einer Programmzeitschrift nach Sendungen, die dich interessieren (Fernsehen oder Hörfunk), und notiere die Namen der Sendungen.

a) Sammelt alle Sendungen an der Tafel.
b) Jeder Schüler sucht sich eine Sendung aus, die er nach Möglichkeit noch nicht kennt.
c) Übertragt den Bewertungsbogen rechts sauber auf einen DIN-A4-Bogen.
d) Schaut/hört euch nun die Sendung an und bewertet sie kritisch nach den vorgegebenen Merkmalen.
e) Vergebt für „Unterhaltung" bis „Empfehlenswert" jeweils ein bis fünf Sterne.
f) Schreibt am Ende eurer Bewertung einen abschließenden Kommentar, in dem ihr begründet, warum euch die Sendung gefallen oder nicht gefallen hat.

2 Informiert euch zusätzlich in Fernsehzeitschriften oder im Internet über die ausgewählte Sendung und vergleicht die Infos mit euren eigenen Eindrücken.

3 Stellt die von euch bewerteten Sendungen der Klasse vor.

Bewertungsbogen

zur **Sendung:**

____

Sender: ____________ **Sendezeit:** ________
täglich ☐ wöchentlich ☐
oder ______________________________

Quelle:
Fernsehen ☐ Radio ☐ Internet ☐

Genre: ______________________________
(z. B.: Wissenssendung, Talkshow, Nachrichten, Unterhaltungssendung, Quiz oder ...)

Für welche **Altersgruppe**?
Kinder (bis 12) ☐ Jugendliche ☐
Erwachsene ☐

Meine Bewertung:

Unterhaltung	☆ ☆ ☆ ☆ ☆
Information	☆ ☆ ☆ ☆ ☆
Verständlichkeit	☆ ☆ ☆ ☆ ☆
Humor	☆ ☆ ☆ ☆ ☆
Empfehlenswert	☆ ☆ ☆ ☆ ☆

Mein abschließender **Kommentar:**

____
____
____
____

Medien zu einem Thema vergleichen

Hör doch mal!

Ich suche Material für ein Referat zur Erfindung des Fahrrads. Aber wo finde ich etwas dazu?

Suche doch einmal im Internet. Da findest du viele Filme, Hörfunksendungen, aber auch Texte zu ganz unterschiedlichen Themen.

Wer gezielt nach Informationen sucht, findet nicht nur etwas in Lexika. Das Internet bietet eine Fülle von unterschiedlichen Medien. Hier lernst du eines davon kennen.

1 a) Hört euch den Beitrag des NDR zur Geschichte des Fahrrads genau an. |WES-122902-020|

b) Sammelt gemeinsam an der Tafel alle Informationen über die Erfindung des Fahrrads, die ihr behalten habt.

c) Hört nun den Beitrag ein zweites Mal. Achtet darauf, ob die von euch gesammelten Punkte richtig waren und ergänzt sie gegebenenfalls.

2 Radiobeiträge bieten viele Informationen, erfordern vom Zuhörer aber auch Aufmerksamkeit und Konzentration. Wie fandet ihr den Beitrag?

a) Beschreibt eure Eindrücke mithilfe des Wortspeichers.

unterhaltsam – aufregend – spannend – langweilig – informativ – anstrengend – kompliziert – ansprechend – einfach – empfehlenswert – fesselnd – mitreißend

b) Findet weitere Adjektive, die eure Meinung unterstreichen.

c) Sind Radiobeiträge eine geeignete Quelle zur Gewinnung von Informationen? Sprecht darüber.

Info

Podcasts

Podcasts sind Beiträge aus Medien (Audio oder Video), die im Internet angeboten werden. Die meisten Sendungen sind kostenlos und werden regelmäßig aktualisiert. Vor allem Rundfunkanstalten stellen ihre Sendungen nach deren Ausstrahlung in ein Podcast-Archiv, wo man die Beiträge für eine längere Zeit anhören kann. Bei der Suche nach bestimmten Themen gibt man am besten gezielt Stichwörter in die Suchmaschine ein, z. B. „Podcast-Geschichte-Fahrrad".

Lies doch mal nach!

Rechts ist ein Zeitungsartikel zum Thema „Geschichte des Fahrrads“ abgedruckt.

1 Lest den Zeitungsartikel über Herrn Drais.

2 Ergänzt eure Aufzeichnungen über die Erfindung des Fahrrads.

3 a) Wie fandet ihr den Artikel? Bewertet auch den Zeitungstext mithilfe des Wortspeichers von Seite 114.
b) Vergleicht nun Podcast und Zeitungstext. Nutzt den Bewertungsbogen:

Bewertungsbogen

Meine Bewertung:

Unterhaltung	☆☆☆☆☆	Für mein Alter geeignet	☆☆☆☆☆
Information	☆☆☆☆☆		
Verständlichkeit	☆☆☆☆☆	Empfehlenswert	☆☆☆☆☆

Mein abschließender **Kommentar:**

____

____

4 Für welches Medium würdest du dich entscheiden? Begründe.

Kindernachrichten: Herr Drais baute das erste Fahrrad

Fahrradfahren macht Spaß. Und vor allem kommt man dabei ganz schön schnell vorwärts. Nicht so schnell wie mit dem Auto, aber dafür wird der Körper dabei trainiert, und die frische Luft tut ja auch gut.
Ganz früher hatte das Fahrrad eine besondere Bedeutung: Es war das erste mechanische Verkehrsmittel, das jeder selbst antreiben konnte. Damals gab es Kutschen, aber noch keine Autos. 1817 erfand Karl Drais in Mannheim das einspurige Zweirad, auf dem der Fahrer zwischen den Rädern saß und sich mit den Beinen vom Boden abstieß. Die Laufmaschine wurde bald nach ihrem Erfinder Draisine genannt. Auf ebenen Wegen konnten die sogenannten Draisinenreiter bis zu 15 km/h erreichen – das ist etwa die dreifache Geschwindigkeit eines Fußgängers.
Schon zwei Jahre später gab es in England die ersten Rennen. Laufräder gibt es übrigens heute noch: Sie werden für kleine Kinder gebaut.
1853 gab es erstmals Pedale, 1869 Speichen. Ein Jahr später kamen die Hochräder auf, die besonders beim Auf- und Absteigen viel Geschick verlangten. Der Sattel war etwa 1,50 Meter über dem Boden und nur wenig hinter der Vorderachse. 1878 wurde der Kettenantrieb erfunden. Bis 1888 waren die Räder mit Eisen oder Vollgummireifen ausgestattet, dann erfand ein schottischer Tierarzt den Luftreifen. Seit 1892 hat das Fahrrad ungefähr die heutige Form.
(kn)

Im Kino: „Die Fünf Freunde“

Enid Blyton war eine der erfolgreichsten Kinderbuchautorinnen weltweit.

1 Welche Bücher habt ihr von Enid Blyton gelesen? Kennt ihr eines der Bücher durch eine Verfilmung?

2 Sammelt die Titel an der Tafel und recherchiert nach weiteren Informationen zur Autorin. Sucht in eurer Schülerbibliothek oder im Internet.

3 Erstellt einen kurzen Steckbrief zu Enid Blyton in eurem Heft.

Rechts seht ihr das Filmplakat, mit dem für die Neuverfilmung des ersten Teils der „Fünf Freunde“ geworben wurde.

4 a) Die fünf Freunde stehen in einer engen Beziehung zueinander. Erklärt, woran man dies erkennen kann.

Anordnung der fünf Freunde

Blickrichtung

b) Ihr könnt allein durch das Plakat einiges über den Film erfahren. Sucht die wichtigsten Punkte. Beginnt folgendermaßen:
„Man erfährt etwas über die Landschaft, in der der Film spielt. Ich erkenne …“

5 Durch das Filmplakat sollen möglichst viele Zuschauer ins Kino gelockt werden. Tauscht euch aus, mit welchen Mitteln das Interesse für den Film geweckt wird.

Filmtrailer motivieren und informieren

Bevor ein Film im Kino startet, wird in vielen Medien für ihn geworben. Ein typisches Mittel, um auf den Film aufmerksam zu machen, ist neben dem Filmplakat der Trailer.

1 Schaut euch den Trailer zum Film „Fünf Freunde“ an.
|WES-122902-021|

2 a) Beschreibt euren ersten Eindruck nach dem Trailer.
b) Nennt die Personen, die im Trailer erscheinen und stellt sie vor.
c) Der Zuschauer erfährt einiges über den Inhalt des Films. Sammelt alle Informationen über den Schauplatz und die Handlung.
d) Die Reihenfolge der Szenen im Trailer entspricht nicht der tatsächlichen Abfolge im Film. Überlegt euch Gründe für diese Anordnung.
e) Zeichnet eine Spannungskurve in euer Heft und beschriftet sie an den Stellen, die euch besonders wichtig erscheinen. Ein Anfang ist rechts gemacht.
f) Sprecht über die Wirkung, die der Trailer auf euch ausübt.

Info

Trailer

Das Wort **„Trailer“** kommt aus dem Englischen und heißt übersetzt **„Nachlauf“**, denn in früherer Zeit boten Trailer im Anschluss an einen Kinofilm einen Ausblick auf das zukünftige Programm.
Heute wird mit Trailern in ganz unterschiedlichen Medien (im Kino, im Fernsehen oder im Internet) auf einen Film aufmerksam gemacht, **bevor** er in die Kinos kommt. Ein Trailer ist bis zu zwei Minuten lang und setzt sich in der Regel aus **kurzen Ausschnitten aus dem beworbenen Film** zusammen.

Info

Szene

Ein Film setzt sich aus verschiedenen **Szenen** zusammen, die sich in der Regel durch **Zeit, Ort** der Handlung und **Personen** voneinander unterscheiden und abgrenzen lassen. Die Szenen werden zumeist bereits durch das Drehbuch festgelegt.

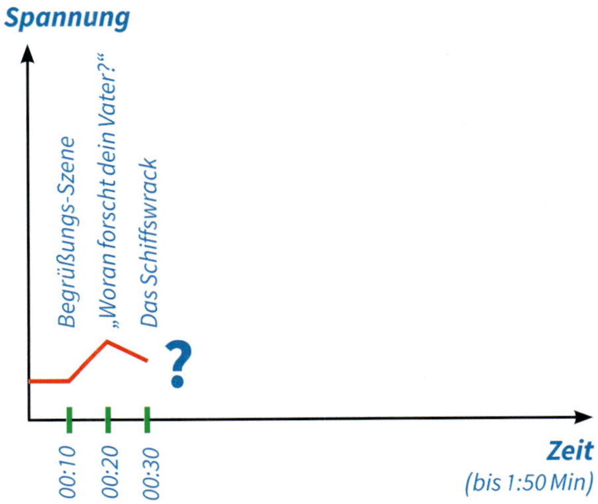

Filme erzeugen Gefühle

Info

Was zuvor geschah:

George weiß, dass in Kürze Besuch eintrifft. Die Cousins Julian und Dick und die Cousine Anne kommen, um einen längeren Urlaub bei der Familie von George zu machen.

1 Schaut euch das Bild aus der Szene vom Anfang des Films genau an und lest die Info.

a) Beschreibt die Reaktion von George auf den angekündigten Besuch, indem ihr auf ihre Handlung, Gestik und Mimik eingeht.

b) Das Bild spiegelt Georges Gefühle wider. Überlegt euch, welche Gedanken ihr gerade durch den Kopf gehen könnten.

c) Schreibt sie auf, indem ihr folgenden Anfang fortsetzt.

„Ich bin so sauer! Meine Eltern haben einfach zugestimmt, dass meine Cousins und meine Cousine die Ferien hier verbringen. […]“

2 Beschreibe Situationen aus deinem Alltag, die dich wütend machen.

3 Drücke deine Wut in einer Pantomime aus (beachte: du darfst dabei nicht sprechen und keine Gegenstände benutzen).
Mehr über Pantomimen erfährst du auf Seite 48-49.

4 Lies den Ausschnitt aus dem letzten Kapitel des Buchs. Was hat sich für George verändert?

George lachte Julian glücklich an. „Und wenn ich daran denke, wie wütend ich war, als ich hörte, dass ihr die Ferien hier verbringen solltet“, sagte sie. „Ich wollte euch so lange ärgern, bis ihr alle die Flucht ergriffen hättet. Und jetzt finde ich den Gedanken schrecklich, dass die Ferien bald zu Ende sind. Ich werde mich sehr einsam fühlen.“

(Aus dem Buch „5 Freunde erforschen die Felseninsel“, S. 153)

5 Hast du ähnliche Erfahrungen wie George gemacht? Erzähle.

Jetzt wird's spannend

Szene 1

Szene 2

1 Notiere, welche Filme für dich besonders spannend sind. Nenne dabei auch einzelne Szenen, an die du dich erinnerst.

2 Vergleiche deine Ergebnisse mit deinem Banknachbarn. Nennt Gemeinsamkeiten und Unterschiede.

3 a) Schaut euch beide Bilder genau an und vergleicht sie.
b) Diskutiert, welche Szene spannender sein könnte. Begründet eure Meinung.
c) Schaut euch nun beide Film-Szenen an.
d) Vergleicht erneut eure Eindrücke. Stimmten eure Erwartungen mit den tatsächlichen Szenen überein? Erklärt.

4 Spannung kann durch verschiedene Mittel im Film erzeugt werden.
a) Legt eine Tabelle an, in die ihr eure Beobachtungen eintragt und beschreibt, wie in der jeweiligen Szene Spannung erzeugt wird.

Spannung im Film

Mittel, mit dem Spannung erzeugt wird	*Szene 1*	*Szene 2*
Aktivität	*– rennen*	*– kaum Bewegung/ Freunde planen*
Gestik / Mimik		
Musik		
Geräusche		
Requisiten		
Handlungsort		
?		

b) Vergleicht eure Ergebnisse und ergänzt gegebenenfalls.

5 Du hast jetzt schon viel über den Film „Fünf Freunde" erfahren. Formuliere deine Erwartungen an den Film.

Nachschlagewerke und Bibliotheken nutzen

Wie der Leu, als König aller Thiere, einen festen Frieden kund thun und ausrufen ließ

Es war eben an einem Pfingsttage, als man Wälder und Felder, mit Laub und Gras gezieret sah; und mancher Vogel sich in Gebüschen und Bäumen, mit seinem Gesange fröhlich bezeugete. Der Tag war heiter, und das Wetter war schön: als Herr Nobel, der König aller Thiere, seinen Hof hielt, und durch sein ganzes Land überall ausrufen ließ, daß man sich daselbst versammeln sollte. Der König mit seinen Herren war Willens, mit großer Pracht und Freude Hof zu halten: und hatte deswegen große und kleine Thiere eingeladen; nur Reineken, den Fuchs, allein nicht. Dieser hatte sich so sehr wider den Hof vergangen, daß er nicht kommen dorfte. Wer Böses thut, scheuet gern das Licht: so gieng es auch Reiniken, diesem Bösewichte. Er scheuete den Hof des Königes, an welchem er ein sehr schlechtes Lob hatte. Und als derselbe nun völlig beysammen war, so fand sich sonst niemand, außer dem Dachse, der nicht über Reineken zu klagen gehabt hätte; als den man durchgehend für sehr falsch und leichtfertig hielt.

Heinrichs von Alkmar: Reineke der Fuchs, 1752

Der König hält Hof: Illustration von Wilhelm von Kaulbach zu „Reineke der Fuchs“ (1857)

Die Geschichte von Reineke Fuchs ist sehr alt und geht auf das Jahr 1498 zurück. Der bekannteste Druck ist hier in einem Auszug abgebildet.

1 Lies zusammen mit deinem Banknachbarn den Anfang von Reineke Fuchs. Wenn du Buchstaben nicht verstehst, kannst du das Alphabet rechts zu Hilfe nehmen.

2 Es gibt eine Reihe von Wörtern, bei denen sich die Rechtschreibung geändert hat. Schlage die Wörter im Wörterbuch nach und erstelle eine Tabelle im Heft nach dem abgebildeten Muster. Wenn du Hilfe zum Nachschlagen im Wörterbuch benötigst, nutze die Hinweise auf Seite 283.

Alphabet

𝔄 𝔞 – a	𝔍 𝔧 – j	𝔖 𝔰 – s
𝔅 𝔟 – b	𝔎 𝔨 – k	𝔗 𝔱 – t
ℭ 𝔠 – c	𝔏 𝔩 – l	𝔘 𝔲 – u
𝔇 𝔡 – d	𝔐 𝔪 – m	𝔙 𝔳 – v
𝔈 𝔢 – e	𝔑 𝔫 – n	𝔚 𝔴 – w
𝔉 𝔣 – f	𝔒 𝔬 – o	𝔛 𝔵 – x
𝔊 𝔤 – g	𝔓 𝔭 – p	𝔜 𝔶 – y
ℌ 𝔥 – h	𝔔 𝔮 – q	ℨ 𝔷 – z
ℑ 𝔦 – i	ℜ 𝔯 – r	

Alte Schreibung	Neue Schreibung
Thier	das Tier, des Tieres neutrum
thun	tun, ich tue, ich tat, du tatst

2.4 Unter Anleitung Bibliotheken und Nachschlagewerke nutzen zum Einholen und Überprüfen von Informationen

3 Im Text „Reineke der Fuchs“ sind eine Reihe von Wörtern enthalten, die heute nicht mehr gebräuchlich sind.

a) Suche zusammen mit deinem Banknachbarn diese Wörter aus dem Text heraus.

b) Schlagt gemeinsam die Bedeutung in einem Wörterbuch nach und schreibt sie heraus.

c) Wenn euer Lehrer es erlaubt, könnt ihr anstelle des Wörterbuches auch mit eurem internetfähigen Handy die Wortbedeutungen heraussuchen. Lasst euch dazu von eurem Lehrer eine geeignete Internet-Adresse nennen.

d) Erstellt ein kleines Lexikon auf DIN-A5-Papier zu „Reineke der Fuchs“. Achtet darauf, die Wörter alphabetisch richtig anzuordnen.

e) Arbeitet sauber, schreibt leserlich und gestaltet euer Lexikon schön.

4 Setzt euch in Kleingruppen zusammen.

a) Übertragt „Reineke der Fuchs“ in unsere heutige Sprache.

b) Ihr dürft dabei die Satzstellung verändern und einzelne Wörter austauschen.

c) Benutzt als Hilfe das selbst erstellte Lexikon einer anderen Gruppe.

5 Gebt euren Mitschülern eine Rückmeldung zu dem von ihnen erstellten Lexikon.

6 Wie geht es weiter? Informiere dich in einer Bibliothek über „Reineke der Fuchs“.
Tipp: Es gibt seine Geschichte auch als Hörspiel.

Info

Bibliothek

In nahezu jeder größeren Stadt gibt es eine **öffentliche Bibliothek** oder **Stadtbücherei**. Für Schüler ist die Nutzung und Ausleihe in der Regel kostenlos. Manche Bibliotheken arbeiten sogar mit Schülerbüchereien zusammen, sodass man mit seinem Büchereiausweis Bücher sowohl in der Schule als auch in der Stadtbücherei ausleihen kann. Wenn man nach einem bestimmten Titel oder Autor sucht, nutzt man den OPAC (übersetzt: öffentlich zugänglicher Online-Katalog). In einer Stadtbücherei kann man nicht nur Bücher ausleihen, sondern auch Zeitschriften und andere Medien, wie z. B. Hörbücher oder Filme.

Sachtext oder Erzählung? Kennt ihr euch aus?

Auf diesen beiden Seiten könnt ihr auf spielerische Weise herausfinden, wie gut ihr euch mit den Textsorten, die in *Mit eigenen Worten 5* vorkommen, auskennt.

1 Lasst euch von eurem Lehrer die Fragekarten 1-5 geben (Copy) und legt sie auf Tischen aus.

2 Bildet Gruppen. Ihr sollt an jeder Station die Aufgaben erledigen, die auf den jeweiligen Fragekarten stehen.

Station 1:

1.
2. a)
b)
3.

Ihr braucht *Mit eigenen Worten 5*, einen Notizzettel und einen Stift.

3 Legt auch die Jury fest. Fragt euren Lehrer oder entscheidet gemeinsam, wer in die Jury kommen soll.

4 Richtet die Station für die Jury ein. Dort könnt ihr eure Antworten am Ende überprüfen lassen. Es gilt folgender Bewertungsschlüssel:

„sehr gut“ (65-58 Pkt.)
„gut“ (57-40 Pkt.)
„mit Übungsbedarf“ (39-0 Pkt.)

5 Besprecht euer Ergebnis, wenn nötig: Stellt fest, bei welchen Aufgaben euch Punkte gefehlt haben.

Tipp

Schlagt im **Grundwissen** auf Seite 300-303 nach, wenn ihr bei einem Fachbegriff unsicher seid.

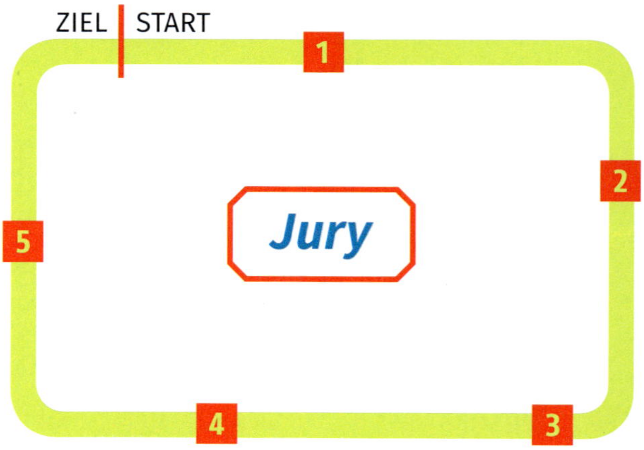

1

Der Text handelt von einem Frosch, der aber kein Prinz und kein König ist. Stattdessen muss er um sein Leben strampeln.

1. *Auf welcher Seite steht der Text, auf den die obige Beschreibung zutrifft? (2 Pkt.)*
2. *Lies noch einmal den gesamten Text und begründe, weshalb der Text eine Fabel ist.*
   a) Nenne zwei Merkmale. (4 Pkt.)
   b) Erkläre beide jeweils mit einem Beispiel aus dem Text. (6 Pkt.)
3. *Nenne eine Besonderheit dieser Erzählung, die sie von anderen Fabeln unterscheidet. (2 Pkt.)*

2

1. *Texte können ganz verschiedene Dinge: erzählen, beschreiben, informieren, zu etwas auffordern... Nenne zwei Begriffe für einen Text, der hauptsächlich über einen Sachverhalt informiert.* (4 Pkt.)

2. *Warum sind auf der Seite 93 Zeitschriften abgebildet? Lest dazu noch einmal die Aufgaben auf Seite 93.* (4 Pkt.)

3. *Wie unterscheidet sich die Sprache eines Sachtextes von der einer Erzählung?*
   a) *Nenne zwei wichtige Unterschiede. Eine Erzählung findest du zum Beispiel auf Seite 124, einen Sachtext auf Seite 104.* (4 Pkt.)
   b) *Erkläre einen Unterschied ausführlich.* (3 Pkt.)

3

1. *Wölfe kommen in Mit eigenen Worten 5 in mehreren, ganz unterschiedlichen Texten vor. Nenne zwei Textsorten* (4 Pkt) *und die jeweiligen Seitenzahlen, auf denen von Wölfen die Rede ist.* (2 Pkt.)

2. *Nenne zwei weitere literarische Textsorten, in denen Wölfe ebenfalls eine große Rolle spielen.* (4 Pkt.)

3. *Welche unterschiedlichen Aufgaben haben*
   a) *Bilder in Erzählungen?* (2 Pkt.)
   b) *Bilder in Sachtexten?* (2 Pkt.)

4

„Zu fällen einen schönen Baum, braucht´s eine halbe Stunde kaum. Zu wachsen, bis man ihn bewundert, braucht er, bedenk es, ein Jahrhundert." (Eugen Roth)

1. *Der Text ist eigentlich ein Gedicht.*
   a) *Was wurde verändert?* (2 Pkt)
   b) *Worauf muss man achten, um den Text als Gedicht zu schreiben?* (4 Pkt.)

2. *Dass Bäume wichtig sind, steht noch in einem anderen Gedicht in MeW 5.*
   a) *Wo steht es?* (2 Pkt)
   b) *Welche Textsorte wäre es, würde man Text so aufschreiben wie oben?* (4 Pkt.)

5

Richtig oder falsch?

1. *Die Fabel ist ein Märchen ohne den Anfang „Es war einmal".* (2 Pkt.)

2. *Sachtexte sollen unterhalten. Deshalb sind sie spannend.* (2 Pkt.)

3. *Erzählungen sind meistens im Präteritum geschrieben.* (2 Pkt.)

4. *Zu Fabeln passen häufig Redensarten.* (2 Pkt.)

5. *Wenn man argumentiert, behauptet man etwas.* (2 Pkt.)

Erzählungen machen Spaß!

In diesem Kapitel lernst du, wie du zu eigenen Ideen für Erzählungen kommst und Geschichten sinnvoll weiterschreiben kannst.

A

Der Tag, an dem ich cool wurde

Juma Kliebenstein

Ich stecke fest.
Ich stecke komplett fest.
Da kann ich ruckeln und strampeln, wie ich will, es geht nichts. Kein Zentimeter.
Ich bin eingezwängt in eine orangefarbene Plastikrutsche in unserem Freibad und komme nicht vor und nicht zurück. Es ist stockfinstere Nacht, ich bin allein und einsam und es ist gruselig. Manchmal höre ich eine Eule: Hu-huuuuu-hu, hu-huuuuu-hu.
Es ist schon sehr spät, mitten in der Nacht. (Genau weiß ich es nicht, weil ich meine Armbanduhr nicht sehen kann, mein Arm steckt nämlich genauso fest wie der ganze Rest von mir, und das ist nicht wenig.)
Jetzt muss ich warten, bis jemand kommt und mich aus dieser Lage befreit, und das kann dauern. Karli, mein bester (und einziger) Freund, ist nämlich gerade erst ein paar Minuten weg, um Hilfe zu holen, und dafür muss er ein ganzes Stück weit laufen. Mir graust jetzt schon davor, dass gleich einige Leute auftauchen werden, die mich aus der Plastikröhre ziehen und sich dabei schlapplachen werden. Bestimmt sind Polizisten dabei und bei meinem Pech wohl auch noch die Feuerwehr. Lukas` Vater ist bei der freiwilligen Feuerwehr. Damit weiß es Lukas, mein Todfeind, spätestens morgen beim Frühstück. Spätestens nach der ersten kleinen Pause lachen sie alle, die ganze Schule.
[...]

1 Sicher erinnert ihr euch an spannende oder lustige Bücher, die ihr gelesen habt. Was hat euch daran gefallen? Erzählt kurz den Inhalt.

2 a) Die Textauszüge **A** und **B** stammen aus Jugendbüchern. Lest die Ausschnitte.
b) Welches Buch würdet ihr spontan lieber weiterlesen? Begründet eure Meinung.

3 a) Beschreibt die Situation, in der sich der Erzähler von Text **A** befindet. Inwiefern haltet ihr diese für realistisch?
b) Erzählt von euren Erfahrungen mit Wasserrutschen.

4 Sammelt Ideen, was das schwarze Buch in Text **B** sein könnte.

2.2 Literarische Texte nutzen, um Lesefreude zu stärken und den Erfahrungshorizont zu weiten; 2.1 Über Erfahrungen mit Kinderliteratur berichten; 2.2 Eigenheiten literarischer Figuren und Orte beschreiben, mit eigenen Erfahrungen verknüpfen

5 a) Beschreibt, wie der Erzähler in Text A die dargestellte Situation empfindet.
b) Sucht Textstellen, die die Gefühle des Erzählers deutlich machen.

6 a) Inwiefern haltet ihr die beschriebene Situation in Text B für spannend? Begründet eure Meinung.
b) Sucht nach Textstellen, die euch gut gefallen. Erklärt, warum ihr diese interessant findet.

7 Sammelt für jede Geschichte Ideen, wie sie weiter verlaufen könnte.

B

Das Buch der seltsamen Wünsche

Angie Westhoff

Das Holz brach und die Funken stoben. Zwei Jungs saßen am Lagerfeuer und blickten in die Flammen, schweigend und nachdenklich.
„Wir werden uns nicht wiedersehen“, sagte der eine nach einer Weile.
„Und was machen wir mit dem Buch?“, fragte der andere und deutete auf ein schwarzes Heft. Es war nicht viel größer als ein normales Schulheft, ein wenig dicker vielleicht und in Leder gebunden. Seine Oberfläche glänzte im Schein des Feuers.
„Wir könnten es verbrennen.“
„Das wäre ein Jammer“, sagte der andere und schüttelte den Kopf. „Ich denke, es sollte im Umlauf bleiben.“
Er schlug das Heft auf und zückte einen Füller. Die Worte flutschten nur so aufs Papier, und binnen weniger Minuten hatte er die Einleitung geschrieben, eine ganz besondere. Für all die, die nach ihnen ihr Glück suchen würden.
„Aber wem geben wir es?“, fragte der erste.
Der andere schwieg. Lange dachte er über die Frage nach, dann zuckte ein Lächeln über sein Gesicht.
„Niemandem. Wer es braucht, wird es finden.“
Das Feuer loderte noch einmal auf und im Schein der Flammen war für einen Augenblick der Titel zu erkennen. *Buch der seltsamen Wünsche* stand auf dem Einband des schwarzen Heftes, geheimnisvoll zuckten die Buchstaben im Licht.
Der Junge versenkte das Heft in seiner Tasche, warf seinem Freund einen letzten Blick zu und verschwand. […]

Eine Erzählidee zu einem vorgegebenen Ereignis finden

1 Seht euch das Bild genau an. Sprecht über
- den Ort, die Umgebung, die Stimmung. Sammelt Einzelheiten.
- die Frage, wie die Gegenstände hierhergekommen sein könnten.
- das, was vor diesem Ereignis passiert sein und was danach passieren könnte.

2 Sammelt gemeinsam in einem Brainstorming Ideen, was im Garten geschehen könnte.

Drachen im Baum

Hund

Spaziergang

Geräusch

Klinke drücken, Garten betreten

Wind

Bewohner

geheimnisvolle Gegenstände: Brille ...

Frau wohnt hier

Eine Erzählung planen

1 Suche dir aus dem Brainstorming, das ihr in Aufgabe 2 auf der Seite 126 erstellt habt, eine Idee zum vorgegebenen Ereignis aus. Der Hauptteil soll mit dem Satz „Vorsichtig drückte er/sie die Klinke hinunter und betrat den Garten" beginnen.

2 Schreibe zu deiner Idee aus Aufgabe 1 einen Erzählplan. Gehe dabei so vor:

Tipp

So legst du einen Erzählplan an:

- Verwende ein leeres Blatt und beschrifte es mit **„Erzählsituation"**, **„Ereignis"** und **„Ausgang"**.
- Lege **Hauptpersonen** und **Namen** fest.
- Entwickle eine Idee zum vorgegebenen **Ereignis**.
- Mache dir Gedanken darüber, was **davor** und **danach** passiert. Notiere in Stichpunkten die einzelnen **Handlungsschritte** deiner Erzählung und achte auf eine **sinnvolle Reihenfolge**. Durch deine Geschichte soll sich ein **klarer Handlungsstrang, auch roter Faden genannt,** ziehen.
- Notiere Stichpunkte zum **Schluss** der Geschichte.

3 a) Setzt euch in Kleingruppen zusammen und erzählt euch, wie ihr eure Idee geplant habt.
b) Überprüft eure Erzählpläne und gebt euch Rückmeldungen. Nutzt dazu die Checkliste oben rechts.
c) Verbessert euren Erzählplan.

Checkliste

für den Erzählplan:

- Passt die Idee zum Ereignis?
- Weckt sie Interesse?
- Ist klar, wer die Hauptpersonen sind?
- Werden die einzelnen Erzählschritte deutlich?
- Gibt es einen roten Faden?

Info

Erzählplan

Erzählsituation:
Hier sammelst du einleitende Stichpunkte, z. B.
- *Sommerurlaub, Hauptperson Ich-Erzählerin, ...*

Ereignis:
Der Hauptteil soll mit dem vorgegebenen Satz beginnen:
- *Herunterdrücken der Klinke und Betreten des Gartens*
- *Geräusch*
- *Rufen, Unsicherheit*
- ...

Ausgang:
Hier notierst du Stichpunkte, wie du die Geschichte abschließen möchtest:

...

Mit der Erzählsituation Interesse wecken

A

„Bevor es dunkel wird, gehe ich noch eine Stunde spazieren!", rief Niklas seiner Tante zu und ließ die Haustüre ins Schloss fallen. Als er am Ortsrand an einem verwilderten Grundstück vorbeilief, entdeckte er über einem alten Holztor einen Drachen im Baum hängen.

B

Susanna war nun schon eine Woche mit ihren Eltern am Meer im Urlaub. Ihr Hund kannte sich inzwischen auf den Strandwegen aus und sie ließ ihn frei laufen. Als sie an einem verwilderten Grundstück vorbeikamen, entwischte er plötzlich an einem alten Gartentor.

C

Zuerst fiel mir der Hut im Baum auf. Dann sah ich noch mehr Gegenstände in den Büschen versteckt. Seit einer Woche war ich bei meiner Oma, denn es waren Ferien. Als ich die Gegend hinter dem Dorf näher erkundete, kam ich an ein Grundstück mit einem alten Gartentor.

1 a) Lest die Erzählanfänge oben. Welche Geschichte würdet ihr gerne weiterlesen? Begründet eure Meinung.
b) Die Erzählperspektiven unterscheiden sich. Woran erkennt ihr die Unterschiede?
c) Sucht die Textstellen.
d) Erklärt mithilfe der Beispiele, welche unterschiedlichen Möglichkeiten es für den ersten Satz gibt.

2 Überlege dir jetzt den Anfang für deine Erzählung. Nimm deinen Erzählplan von Aufgabe 2 auf der Seite 127 und formuliere eine eigene Einleitung.

3 Überprüfe deine Einleitung mithilfe der Checkliste.

Checkliste

für den Anfang einer Erzählung:

- Ist die einleitende Erzählsituation verständlich?
- Sind alle wichtigen Notizen berücksichtigt?
- Wird nicht zu viel verraten?
- Lässt sich der erste Satz zum Ereignis im Hauptteil nahtlos anschließen?

Im Hauptteil das Ereignis im Auge behalten

1 a) Lest die folgenden Auszüge aus Hauptteilen, die Schüler zum Geschehen im Garten geschrieben haben.
b) Die unterstrichenen Textstellen enthalten Abschweifungen oder Unklarheiten. Seht euch dazu das Bild auf Seite 126 noch einmal genau an. Erklärt, was falsch gemacht wurde.

1

Vorsichtig drückte er die Klinke hinunter und betrat den Garten. „Hallo?“, rief er unsicher. Schließlich betrat er einfach so ein fremdes Grundstück. Niemand antwortete. Das Haus war leer. „Der Drachen scheint in Ordnung zu sein. Ich könnte ihn gut gebrauchen!“, überlegte er kurz. Dann kletterte er schon auf den Baum. „Ratsch!“ „Hilfe!“ Es hatte keinen Sinn, er war hilflos. Schließlich sah er endlich einen Spaziergänger. Als er da war, bat Niklas um Hilfe. Die Hose war kaputt, der Drachen aber in Ordnung …

2

Vorsichtig drückte sie die Klinke hinunter und betrat den Garten. Benno war nirgendwo zu sehen. „Komisch“, dachte Susanna. „Ich hätte schwören können, er ist durch diese Lücke in der Hecke in den Garten gerannt!“ Sie verließ den Garten wieder und suchte den Weg ab. „Was soll ich nur tun?“, schoss es ihr durch den Kopf. Sie lief den Weg zurück nach Hause. Dort angekommen …

3

Vorsichtig drückte ich die Klinke hinunter und betrat den Garten. Die Gegenstände ließen mich ganz vergessen, dass ich einfach in ein fremdes Grundstück hineinging. Ich fand noch viel mehr. Irgendwie war alles unheimlich. Ich betrat das Haus. Dann stolperte ich über etwas. Ich rannte ganz schnell zum Baum …

2 a) Setzt euch in Gruppen zusammen und sucht euch ein Beispiel aus.
b) Notiert in Stichpunkten, wie der Text überarbeitet werden müsste. Begründet eure Meinung kurz schriftlich.

3 Vergleicht und besprecht eure Ergebnisse in der Klasse.

2 Verfasst einen vollständigen Hauptteil zum Bild auf der Seite 126. Wählt eine der drei folgenden Aufgaben:
a) Nehmt die Notizen aus eurem Erzählplan zu den Aufgaben auf Seite 127, oder
b) schreibt eine der Erzählungen von Seite 129 überarbeitet weiter, oder
c) verwendet den Erzählplan eines Mitschülers und formuliert dazu einen vollständigen Hauptteil.

3 Überprüft gegenseitig eure Entwürfe mit einer Textlupe.
a) Lest das Beispiel unten und legt ein Blatt mit der gleichen Aufteilung an.
b) Nehmt die Checkliste oben rechts zur Hilfe und überprüft eure Entwürfe.

4 a) Lies zunächst die linke Spalte der Textlupe zu deinem Aufsatz. Was kam gut an?
b) Ist dir in der mittleren Spalte klar, was deine Mitschüler beanstandeten? Frage eventuell nach.

Checkliste

zum Hauptteil:

- Steht das Ereignis im Mittelpunkt und sind keine Abschweifungen vorhanden?
- Ist die Reihenfolge eingehalten?
- Wurde ein klarer Handlungsstrang eingehalten?
- Ist das Ereignis nachvollziehbar und verständlich?

c) Überlege nun, welche der angeführten Verbesserungsvorschläge in der rechten Spalte du annehmen möchtest und überarbeite deinen Entwurf.

5 Überprüft eure Erzählungen, ob die Handlung im Hauptteil zu Ende erzählt wurde, damit sich nachher der Schluss anschließen kann. Verbessert gegebenenfalls.

Tipp

Auf den Seite 293-295 findet ihr nähere Hinweise zur Textlupenarbeit.

Textlupe INHALT der Erzählung

Aufsatzbeispiel 3 von Sabine

Lies den Aufsatz deines Mitschülers. Notiere in allen drei Spalten Beobachtungen zum Inhalt.

Name:	***Das gefällt mir:***	***Das stört mich etwas:***	***Meine Tipps:***
Stefan:	*– die Idee, dass die Erzählerin ...* *– ...*	*– Die Geschichte bleibt nicht beim klaren Handlungsstrang und schweift ab.* *– Es ist unklar, ...*	*– Ort und Namen ergänzen* *– ...*
Susanne:	*– ...*	*– ...*	*– ...*

Das Ereignis anschaulich gestalten – Erzähltricks einsetzen

1 a) Lest einen weiteren Ausschnitt aus dem Buch „Das Buch der seltsamen Wünsche“ einmal laut und einmal still.
b) Sprecht darüber, welche Situation hier dargestellt sein könnte.

Flint warf einen hastigen Blick auf das nächste Straßenschild und atmete auf, diese Straße hier kannte er. Er war im Westend und jetzt war es nicht mehr weit. In den schmutzigen Fenstern spiegelte sich die Sonne und eine leere Coladose holperte, vom Wind getrieben, klappernd über das Kopfsteinpflaster. Über dem Elektroladen an der Ecke hingen ein paar schlappe Luftballons und im gegenüberliegenden Hauseingang stand ein Händler und brüllte sich heiser. „Frischer Kohlrabi, geräucherter Fisch“, rief er, und Flint lauschte seiner Stimme, die sich an den Betonwänden brach und schließlich vom staubigen Wind verschluckt wurde.
[...]
„Junge, bist du es?“, rief Tante Claire durchs Treppenhaus, und dann kam sie auch schon die Stufen hinuntergesaust: mit roten Wangen, hochgesteckten Haaren und einem Lachen, das so breit war wie ihr ganzes Gesicht.
„Warum hast du nicht angerufen? Und dieser schwere Koffer!“
Tante Claire drückte ihren Neffen und drehte sich mit ihm im Kreis, bis Hausmeister Schripp im Erdgeschoss die Tür aufriss.
„Was ist denn hier los?“, fauchte er, aber bei Flints Anblick zuckte ein Lächeln um seine Lippen. [...]
„Wir haben neue Nachbarn“, erzählte Tante Claire beim Abendessen, und Flint zuckte zusammen. Hoffentlich waren es nicht wieder so aufdringliche Typen, die zu jeder Tages- und Nachtzeit klingelten und um Mehl und Zucker baten. „Keine Sorge“, sagte Claire, die offenbar die Gedanken ihres Neffen erraten hatte. „Diese scheinen ganz nett zu sein. Und etwas selbstständiger.“ In diesem Moment klingelte es an der Wohnungstür.
„Lass mich raten“, knurrte Flint, und Tante Claire grinste von einem Ohr zum anderen.
„Nun ja, vielleicht brauchen sie Hilfe. So kurz nach dem Einzug.“
Sie verschwand im Flur, und als sie wiederkam, war sie in Begleitung eines Mädchens. Aber nicht irgendeines Mädchens. Dieses hier hatte fuchsrote wilde Haare, die in alle Richtungen standen. Sie trug ein bauchfreies Top und tatsächlich zwei Röcke übereinander. Soweit Flint erkennen konnte, waren sie irgendwann einmal rosa gewesen, vermutlich im letzten Jahrhundert. Die Füße des Mädchens steckten in Schnürstiefeln und einer der Stiefel hatte zu allem Überfluss vorne auch noch ein Loch. Unglaublich! Solch eine imposante Erscheinung hatte Flint nicht mehr gesehen, seit Tante Claire vor Jahren als Knecht Ruprecht verkleidet durch das Westend gelaufen war.

2 Sucht Textstellen, die euch besonders gefallen. Beschreibt, woran das liegt.

3 Lest die Erzähltricks auf den Seiten 132 und 133. Findet Beispiele dafür im Romanauszug.

Erzähltricks

Basistricks

Wörtliche Rede

Sie gibt dem Leser das Gefühl, mitten im Ereignis zu sein.

Beispiel: *„Aua!“, beschwerte sich Selina lautstark, als sie durch die Brennnesseln lief. „Warum habe ich mir nur keine lange Hose angezogen?“*

Gedanken und Gefühle

Durch sie kann man die Stimmungen der Figuren nachvollziehen, was die Geschichte interessant, lustig oder spannend macht.

Beispiel: *„So ein Mist“, schoss es mir sofort durch den Kopf, „jetzt habe ich mir auch noch einen Spreisel eingerissen!“*

Ohne Anführungszeichen oder ein redeeinleitendes Verb erzählt die Person von dem, was sie fühlt oder erlebt.

Beispiel: *Ich verkroch mich lautlos hinter der Hecke. Ängstlich beobachtete ich Jens. Er suchte immer noch nach mir.*

Treffende Verben

Sie gestalten den Text abwechslungsreicher und veranschaulichen die Situation genauer.
In Verbindung mit passenden Adjektiven wird die Wirkung noch verstärkt.

… er stolperte müde … gelangweilt trottete ich … zwang mich, vorsichtig voranzuschreiten … sie äußerte sich entrüstet … energisch entgegnete er … er flüsterte aufgeregt … überlegte sie angestrengt … drängte sich ihm der Gedanke auf … kam ihr in den Sinn …

Tipp

Um treffende Verben zu finden, hilft dir auch die Wortfeldarbeit auf Seite 227-228.

3.2 Sprachliche Mittel dem Schreibanlass entsprechend einsetzen; 4.1 Wirkung sprachlicher Bilder (z. B. Vergleiche) beschreiben

Expertentricks

Adjektive

Das Geschehen wird anschaulicher und es können Stimmungen vermittelt werden.

Beispiel: *Die grellgelbe Kanne fiel krachend zu Boden.*

Beispiel: *Er war einer der mürrischen Großväter, die sich früher oder später als schroff, aber liebenswert entpuppten.*

Sinneseindrücke

Eine Situation oder ein Ort wird besonders anschaulich, wenn Sinneseindrücke geschildert werden.

Beispiel: *Die Lichtung roch modrig. Das feuchte Moos gab unter meinen Füßen nach und ich kam einen kurzen Moment ins Schwanken.*

Beispiel: *Gänsehaut an meinen Armen ließ mich aussehen wie ein gerupftes Huhn.*

Vergleiche

Vergleiche können anschauliche, lustige oder spannende Stimmungen verstärken.

Beispiel: *Wie ein Berg stand er vor mir und verdeckte mir die Sicht.*

Beispiel: *Mit ihren dünnen langen Beinen und dem vorsichtigen Gang schritt sie wie ein Storch durch das Gras.*

4 a) Schreibt die Erzähltricks ab oder lasst sie euch von der Lehrkraft kopieren. Schneidet sie dann zu kleinen Karteikarten zurecht, die ihr immer wieder verwenden könnt.

b) Nimm deine Erzählung von Seite 130 zur Hand. Überlege, wo du sie verbessern kannst. Lege die Karten an diesen Stellen an den Rand und verbessere einzelne Stellen auf einem Extrablatt.

Eine Erzählung abschließen und eine interessante Überschrift finden

So war ich nach den Aufregungen in der letzten Stunde doch sehr froh. Ich hatte einen neuen Freund gefunden, mit dem ich nun jeden Abend etwas unternehmen konnte. Müde kroch ich in mein Bett und freute mich auf die nächsten Tage.

Checkliste

Ausgang einer Erzählung:

- Hast du sinnvoll abgerundet?
- Wurde nichts Neues erzählt?
- Ist ein Ergebnis oder eine Folgerung enthalten?

1 a) Lest das oben stehende Ende einer Erzählung. Zu welchem Hauptteil auf der Seite 129 könnte es passen?
b) Begründet, ob die Inhalte geeignet sind. Überprüft dies mithilfe der Checkliste.

2 a) Formuliert einen Ausgang zu eurer Geschichte.
b) Lasst den Ausgang eurer Geschichte von anderen Schülern mit der Textlupe überprüfen.

3 a) Überschriften dürfen nicht zu viel verraten. Sie sollen das Interesse des Lesers wecken, trotzdem aber den Kern der Geschichte treffen. Lest die Überschriften unten auf der Seite.
b) Sprecht darüber, welche euch besser gefallen und begründet eure Meinung.
c) Sammelt weitere Ideen für Überschriften.

4 Formuliert eure eigenen Überschriften. Überprüft sie gegenseitig und mithilfe der Checkliste.

Checkliste

Überschrift:

- Passt sie zur Erzählung?
- Macht sie neugierig?
- Fällt sie konkret und nicht zu allgemein aus?

Ein Tag im Grünen

Hoppla – entwischt durch die Hecke

Ein seltsames Gartentor

Warum nicht einen „Secondhand-Drachen?

Kennenlernen einmal anders

Eine Erzählung sprachlich überarbeiten

1 a) Lest die Erzählung, die zu den zu Bildern *Ober – Honig – Hotel* auf Seite 142 verfasst wurde.

b) Überprüft mithilfe der Checkliste, was verbessert werden könnte. Die Randbemerkungen helfen euch dabei. Notiert Stichpunkte.

2 Überarbeite die Erzählung und schreibe die Verbesserung in dein Heft. Du kannst auch nur Teile des Aufsatzes oder einzelne Punkte überarbeiten.

Checkliste

Ausdruck und Sprache:

- Wurden Erzähltricks eingebaut?
- Sind die Sätze abwechslungsreich?
- Ist die Er- oder die Ich-Form eingehalten?
- Steht die Erzählung im Präteritum?
- Wurden Rechtschreibung und Zeichensetzung überprüft?

Klebrige Sommerferien

Anfang der letzten Sommerferien nahm mich meine Oma mit nach Norderney in ein cooles Hotel. Wir freuten uns beide auf das erste Frühstück.

Das Frühstück war lecker und uns wurde alles serviert: Wurst, Käse, Eier, Marmelade. Alles war auf Silbertabletts. Zumindest sah das so aus. Da war so ein kleines ovales Tablett, auf dem stand mein Kakao in einem Kännchen und eine Tasse dazu. Auch der Honig stand extra! Weil er in einem Glasschälchen war. Das war nicht so einfach, den von dort auf mein Brötchen zu bekommen, und deshalb tropfte einiges davon auf den Tisch. Weil mir das peinlich war, stellte ich schnell das große Tablett meiner Oma mit dem Kaffeekännchen drauf. Der Kaffee schmeckte ihr nicht besonders gut heute, also bestellt sie noch Tee. Wo der Ober das Kaffeetablett hochhebte, klebte es an einer Seite fest. Das Kännchen verrutschte und der Kaffee landete auf der Bluse meiner Oma. Ich musste mich wirklich anstrengen, dass ich nicht losprustete. Der arme Ober entschuldigte sich mehrmals und ich gestand ihm schließlich, das ich eigentlich schuld war.

Wir mussten alle lachen und es waren trotzdem noch tolle Ferien mit meiner Oma. Wir haben viel erlebt und bei den restlichen Frühstücken kam es zu keinen Missgeschicken mehr.

Randbemerkungen:

Überschrift nicht gelungen
Einleitung interessanter, evtl. mit wörtl. Rede beginnen
A
W, SB
W
A
W, A
SB
A
A
A, Zeitfehler, G
A
R
W
W

Wie ein Profi erzählt – Die unglaublichen Abenteuer des Barnaby Brocket

1 a) Seht euch die Abbildungen rechts ganz genau an. Es sind Illustrationen aus dem Buch „Die unglaublichen Abenteuer des Barnaby Brocket“. Stellt Vermutungen an, worum es in dem Buch gehen könnte.

b) Lest die Infos zu Autor und Buch. Erklärt, welches Problem Barnabys Eltern seit seiner Geburt haben.

Info

… zum Autor John Boyne

John Boyne lebt in Dublin, wo er 1973 geboren wurde. Er ist ein erfolgreicher Autor vieler Romane und gewann internationale Buchpreise.

Info

… zum Buch: Die unglaublichen Abenteuer des Barnaby Brocket

Barnaby, ein kleiner Junge, ist die Hauptperson. Seinen Eltern ist es ungeheuer wichtig, ein normales Leben zu führen. Eleanor und ihr Mann Alistair stellen ein perfektes Paar dar, das stets darauf bedacht ist, sich völlig unauffällig zu benehmen. Das gelingt auch noch mit ihren ersten beiden Kindern, Henry und Melanie. Sie sind völlig normal geraten. Mit dem dritten Kind, Barnaby, ändert sich die Lage schlagartig und die Eltern haben von nun an ein großes Problem.

2 a) Lest folgenden Ausschnitt aus dem Buch:

Barnabys Mutter kam drei Tage nach der Entbindung nach Hause, wo sich Henry und Melanie, die noch nichts von der Besonderheit ihres Bruders wussten, auf ihn freuten. Sie hielt ihren Sohn im Arm:

„Darf ich ihn mal nehmen?“, fragte Melanie und streckte die Arme aus. „Jetzt noch nicht“, antwortete Eleanor. „Darf ich ihn nehmen?“, fragte Henry, dessen Arme weiter reichten als die seiner Schwester, weil er ja drei Jahre älter war. „Niemand nimmt Barnaby“, blaffte Eleanor, „nur euer Vater und ich. Jedenfalls bis auf Weiteres.“ „Ich möchte ihn jetzt erst mal nicht nehmen, falls du damit einverstanden bist“, erwiderte Alistair und blickte dabei seinen Sohn an, als wäre dieser aus dem Zoo entsprungen und müsste schleunigst dorthin zurückgebracht werden, ehe er das Mobiliar ruinierte. „Na ja – du bist auch für ihn verantwortlich“, fuhr Eleanor ihn an. „Glaub nur ja nicht, ich kümmere mich die ganze Zeit um dieses … dieses …“ „Baby?“, schlug Melanie vor. „Ja, ich denke, das Wort passt ganz gut. Glaub nur ja nicht, ich kümmere mich allein um dieses Baby.“ „Ich helfe natürlich gern“, sagte Alistair und schaute weg. „Aber du bist seine Mutter.“ „Und du bist sein Vater!“ „So wie es aussieht, hat er bereits eine enge Bindung zu dir aufgebaut. Sieh ihn doch nur an.“

Alistair und Eleanor schauten auf Barnaby hinunter, und er lächelte vergnügt strampelnd zu ihnen hinauf, doch die Eltern weigerten sich beide, sein Lächeln zu erwidern. Henry und Melanie tauschten verdutzte Blicke. Sie waren es nicht gewohnt, dass die Eltern so schroff miteinander redeten. Schnell kramten sie das Geschenk hervor, das sie am Tag zuvor gekauft hatten. Sie hatten dafür sogar ihr Taschengeld zusammengelegt. „Das ist für Barnaby“, verkündete Melanie und hielt das Geschenk ihrer Mutter hin, „um ihn in der Familie willkommen zu heißen.“

b) Stellt Vermutungen darüber an, wie die Eltern zu Barnaby stehen. Begründet mit Textstellen.

c) Wie empfindet ihr das Verhalten der Eltern?

d) Welche Einstellung der Geschwister zu ihrem kleinen Bruder könnt ihr herauslesen?

3 a) Lest die nächste Textstelle:

[…] Eleanors Herz wurde ein wenig weicher, weil die beiden Kinder ihren Bruder so nett begrüßten. Sie griff nach dem Geschenk und sofort schwebte Barnaby nach oben. Dabei rutschte seine Kuscheldecke weg und fiel auf den Boden, während er zur Zimmerdecke strebte, die natürlich weit entfernt und hart war … „Au!“, jaulte Barnaby Brocket. Sein kleiner Körper schmiegte sich flach ausgestreckt an die Decke, während er auf die Familie hinunterschaute – jetzt allerdings ziemlich brummig. „Oh, Alistair!“, seufzte Eleanor und warf vor Verzweiflung die Arme in die Luft. Henry und Melanie sagten nichts, sie starrten nur mit offenem Mund ungläubig hinauf zur Decke. […] Ein bisschen später – längst nicht so rasch, wie man eigentlich vermutet hätte – kletterte Alistair auf einen Stuhl, um seinen Sohn herunterzuholen. […] Widerstrebend gab er Barnaby die Flasche und wickelte ihn anschließend, doch als er die frische Windel unter den Babypopo schob, beschloss Barnaby, wieder aufwärts zu streben, und zwar in einem eleganten Bogen. Schließlich packte Alistair ihn in sein Körbchen und schnallte ihn mit den Trägern von Henrys Rucksack fest, damit er nicht wieder davonfliegen konnte.

2.2 Literarische Texte nutzen, um Lesefreude zu stärken und den Erfahrungshorizont zu weiten; Eigenheiten literarischer Figuren und Orte beschreiben

b) Beschreibt das Problem, das Barnaby hat.
c) Die erste Maßnahme, die Alistair nun ergreift, seht ihr in Bild 2 auf der Seite 136. Erklärt, was hier passiert.

4 a) Lest folgende Textausschnitte und Zusammenfassungen:

Trotz aller Schwierigkeiten wächst Barnaby weiter heran. Er kommt nicht viel an die Luft, da seine Eltern sich vor den Nachbarn genieren und ihn versteckt halten. Einmal nimmt ihn Eleanor beim Hundausführen mit ins Freie und sichert ihn mit einer Leine. Er fliegt wie ein Drachen hinter ihr her und sie erzeugt viel Aufsehen. Für Barnabys Eltern, deren Hauptbestreben es ist, normal zu sein, ist es mehr als unerträglich, so beachtet zu werden.

[Eleanor] befreite Barnaby von seinem Halsband und ließ ihn an die Decke und zu seiner David-Jones-Bellissimo-Matratze schweben. „Dieses Verhalten ist unverzeihlich!“, schrie sie zu ihm hinauf und drohte ihm mit dem Finger. Sie war jetzt so wütend auf den kleinen Jungen, dass die schlimmen Ideen wieder in ihrem Kopf auftauchten. „Ich kann das nicht dulden, Barnaby Brocket. Verstanden? Ich bin deine Mutter, und ich bestehe darauf, dass du augenblicklich aufhörst zu schweben. Komm sofort runter!“ „Aber ich kann nicht“, sagte Barnaby traurig. „Komm runter!“, schrie sie und ihr Gesicht wurde knallrot vor Wut.

„Ich weiß nicht, wie man das macht“, sagte Barnaby. „So bin ich halt.“ „Dann tut es mir leid!“, schrie Eleanor und fügte etwas leiser hinzu: „Aber ich muss gestehen, dass ich es nicht besonders mag, wie du bist.“

b) Sprecht darüber, was ihr von der Reaktion der Mutter haltet und warum sie sich hilflos fühlt.

5 Lest folgende Zusammenfassung und betrachtet das Bild dazu. Stellt Vermutungen an, was gerade mit Barnaby passiert.

Obwohl Barnaby in der Öffentlichkeit jetzt immer einen mit Sand gefüllten Rucksack trägt, dessen Gewicht ihn am Boden hält, wird das Leben mit ihrem Sohn für die Eltern immer unerträglicher. So beschließen sie eines Tages einen schlimmen Plan …

2.2 Literarische Texte nutzen, um Lesefreude zu stärken und den Erfahrungshorizont zu weiten; Eigenheiten literarischer Figuren und Orte beschreiben

6 a) Lest im folgenden Romanausschnitt, wie es weitergeht.
b) Klärt unbekannte Begriffe.
c) Stellt euch gegenseitig Fragen zum Inhalt.

Nachdem Barnabys Mutter ein Loch in den Rucksack gestochen hatte, rief er noch nach ihr, entfernte sich aber immer weiter:

Und eine Minute später war er schon so hoch oben, dass man seine Stimme unten nicht mehr hören konnte. Seine Mutter, sein Hund und die schöne Stadt Sydney versanken unter ihm, und weil keine Matratze da war, um ihn zu bremsen, stieg Barnaby einfach immer höher, ohne auch nur die geringste Ahnung zu haben, was als Nächstes geschehen würde.

Barnaby schloss die Augen, weil er nicht mehr sehen wollte, wie alles unter ihm verschwand. (...)

Als er sich schließlich traute, die Augen wieder zu öffnen, hatte sich in seiner Nähe ein Schwarm rosa Kakadus versammelt. Die Vögel flogen um ihn herum und beäugten ihn verärgert, weil es ihnen nicht passte, dass ein achtjähriger Junge es wagte, in ihren Luftraum einzudringen. Sie hackten ein bisschen nach ihm, strichen ihm mit den Flügeln übers Gesicht, aber nach einer Weile flogen sie weiter und ließen Barnaby unbehelligt immer höher in den Himmel steigen. Er blickte nach rechts und zu seiner Freude sah er in der Ferne etwas, das sich ihm näherte. War es vielleicht ein anderes Lebewesen? Das Etwas flog ein wenig höher als er, bewegte sich aber eindeutig auf ihn zu. Bald merkte er, dass es kein Lebewesen war, sondern ein Korb mit einem großen Ballon. Eine Riesenflamme hielt das Ganze in der Luft.

„Hilfe!", schrie Barnaby und fuchtelte mit den Armen, wodurch sein Aufstieg noch beschleunigt wurde. „Ich bin hier drüben!"

Der Heißluftballon näherte sich ihm aus Nordwest, und es dauerte nicht lange, bis klar wurde, dass Barnaby sich genau unterhalb des Korbes befinden würde, wenn dieser ihn erreichte – falls es ihm gelang, alles zeitlich richtig zu planen. Er ruderte mit den Armen und kickte mit den Beinen, wie ein Tiefseetaucher, der im Ozean wieder an die Oberfläche strebt. Dann drosselte er sein Tempo ein wenig, den Blick immer fest auf den Ballon gerichtet.

Ein paar Minuten später war der Korb direkt über ihm. Barnaby wedelte noch einmal kräftig mit den Armen, um noch ein kleines Stückchen höher zu kommen, und schon donnerte er mit dem Kopf gegen die Unterseite des Korbes.

„Aua", sagte Barnaby Brocket. „Wer ist denn da unten?", rief die Stimme aus dem Korb – die Stimme einer Frau, die schon ein gewisses Alter erreicht hatte.

„Bitte, helfen Sie mir!“, rief Barnaby. „Können Sie mich in den Korb ziehen?“ „Gütiger Himmel“, sagte eine andere Stimme – ebenfalls eine Frau, die schon ein gewisses Alter erreicht hatte. „Da unten ist ein kleiner Junge! Ethel, reich mir doch bitte das Fischernetz.“

Eine Silberstange mit einem Netz am Ende tauchte aus dem Ballon auf und fing Barnaby ein, beförderte ihn durch die Luft und setzte ihn dann in dem Korb ab. […]

Die Frauen hatten Frisuren, die aussahen wie Krähennester, und das Haargewuschel wurde von verschiedensten Stricknadeln und Essstäbchen zusammengehalten. […]

„Ich hoffe, du erwartest nicht, dass wir dich nach Sydney zurückbringen. ... Das können wir leider nicht für dich arrangieren ... Die Winde tragen uns nicht zurück in diese Richtung. ... Und du möchtest tatsächlich ... zurück?“, fragte Ethel ...

Barnaby überlegte. Bis jetzt hatte er gar nicht darüber nachgedacht, ob er wieder zurück wollte oder nicht – es schien einfach das Nächstliegende zu sein. […]

7 a) Auf den Seiten 132 und 133 habt ihr Erzähltricks kennen gelernt. Übernehmt die Tabelle auf der Seite unten in euer Heft.

b) Im Text wurde Stellen unterstrichen. Sie lassen sich Erzähltricks zuordnen. Schreibt sie an der passenden Stelle in die Tabelle.

c) Findet weitere Erzähltricks im Textausschnitt und vervollständigt die Tabelle.

8 Ihr könnt für euer Klassenzimmer Wandplakate erstellen, die ihr nach und nach mit Beispielen für Erzähltricks füllt.

9 Wenn ihr Lust habt, könnt ihr das Buch als Klassenlektüre weiterlesen:

Beispiele für Erzähltricks

Wörtliche Rede	*Gedanken und Gefühle*	*Sinneseindrücke*	*Vergleiche*	*Treffende Verben*	*Anschauliche Adjektive*
...	...	*... die Stimme einer Frau, die schon ein gewisses Alter erreicht hatte ...*	...	...	...

2.1 Handlungsverlauf und Gehalt angemessener literarischer Texte erschließen; 4.1 Wirkung sprachlicher Bilder beschreiben

Eine Erzählung zu einer vorgegebenen Situation erfinden

1 Lies dir die Ereignisse 1-4 genau durch. Versetze dich hinein und stelle sie dir genau vor. Was könnte davor und danach passiert sein?

2 Wähle ein Ereignis aus und erstelle in Stichpunkten dazu einen Erzählplan mit Erzählsituation, Ereignis und Ausgang.
Die Geschichte darf realistische oder fantastische Inhalte haben, muss aber einen klaren Handlungsstrang besitzen.

3 Formuliere den Erzählplan zu einer Geschichte aus und verwende Erzähltricks.

4 Unterbrich deine Arbeit zwischendurch und führe Überarbeitungen mit Hilfe der Textlupe durch.

Ereignis 1

Sie/Er blickte durch das Fenster in den Garten. Dort lag ein Karton, er bewegte sich ganz langsam …

Ereignis 2

Er/Sie schüttete die Nudeln in den Topf – dann sprangen sie ihm/ihr entgegen.

Ereignis 3

Endlich goss er/sie die vertrocknete Pflanze. Sie begann in Windeseile zu wachsen.

Ereignis 4

Gerade als sie/er vorsichtig die Türe geschlossen hatte, klopfte es energisch.

Das kann ich jetzt

- Eine Erzählidee finden
- Die Erzählung nach Erzählsituation (Einleitung), Ereignis (Hauptteil), Ausgang (Schluss) planen
- Mit Erzähltricks anschaulich und lebendig formulieren
- Erzählungen überarbeiten

Originelle Ideen entwickeln – fantasievoll erzählen

In diesem Kapitel lernst du, zu Bilderketten, Geräuschen oder literarischen Textausschnitten fantasievolle Schreibideen zu entwickeln.

1 Mit dem Würfelspiel auf dieser Seite findet ihr Reizwörter zu Bildern, die ihr dann für eine Geschichte verwenden könnt.

a) Wählt in der Klasse Schüler aus, die jeweils für ein Bild würfeln. Der erste Schüler würfelt eine **Person**, der zweite einen **Gegenstand** und der dritte den **Ort**.

b) Diese drei Reizwörter sollen in einer Geschichte wichtig sein. Überlegt, welche Erzählideen euch dazu spontan einfallen und sprecht darüber.

c) Beginnt das Spiel neu, wenn euch keine weiteren Ideen mehr einfallen und sammelt Ideen zu den neu gewürfelten Begriffen.

2 Formuliert zu einer Idee eine kurze Geschichte.

	A **Person/Tier**	B **Gegenstand**	C **Ort**
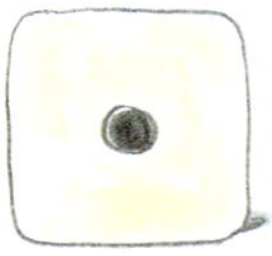		*Handy*	***Joker***
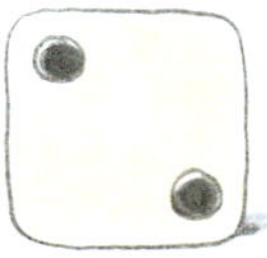		***Joker***	
	*Junge*		*Wegweiser*
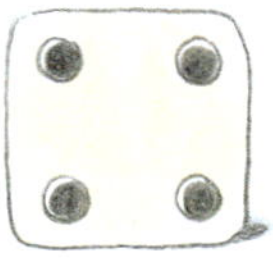			
	***Joker***		*Hotel*
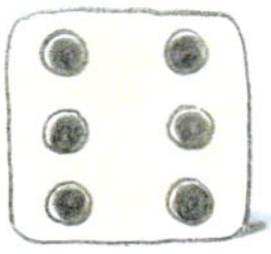			

3.2 Produktive Schreibformen nutzen, um den Ausgangstext zu erfassen und eigene Kreativität weiterzuentwick
eigene erzählende Texte zu Erlebtem und Erfundenem schre

Geräusche lassen Gedanken und Geschichten entstehen

1 a) Hört euch auch die Geräusche an. Welche könnt ihr erkennen? |WES-122902-022|
b) Lest den Tipp zur Geräuschegeschichte.

2 a) Erstelle eine Ideensammlung. Wenn du keine Idee hast, kannst du leise durch das Klassenzimmer laufen. Vielleicht darfst du auch bei einem Mitschüler über die Schulter sehen.
b) Suche dir eine Idee aus und schreibe dazu eine Geschichte.

Tipp

Zur Geräuschegeschichte

- Lege dir für die Geräuschegeschichte ein leeres Blatt und Stifte auf deinen Tisch.
- Beim Zuhören sollst du ganz leise sein.
- Setze dich bequem und entspannt auf den Stuhl und schließe die Augen. Wenn du willst, darfst du den Kopf auf die Arme legen.
- Versuche, die Geräusche zu erkennen.
- Zwischen den einzelnen Geräuschen sind kurze Pausen, damit du dir alles gut vorstellen kannst.
- Was stellst du dir vor? Was kannst du „sehen" ? Lass dir Zeit, die Gedanken kommen nach und nach.
- Wenn du dazu aufgefordert wirst, dann schreibe deine Ideen auf oder zeichne sie auf ein Blatt Papier.

…

Melodie von …?

Tür steht offen, eintreten

Holzhütte im Nadelwald

Waldspaziergang frühmorgens

Blick aus geöffnetem Fenster

Wasserplätschern von altem Brunnen

Jemand kommt über den Bach zum Haus / Schuppen

…

…

3.2 Produktive Schreibformen nutzen, um den Ausgangstext zu erfassen und eigene Kreativität weiterzuentwickeln; eigene erzählende Texte zu Erlebtem und Erfundenem schreiben

Aus einem Gedicht wird eine Geschichte

Es gingen drei Kinder durch den Wald

Josef Guggenmos

Es gingen drei Kinder
durch den Wald.
Die Kinder waren jung,
der Wald war alt.

Da haben die drei ,
unter Fichten versteckt,
ein steinernes
uraltes Haus entdeckt.

Sie klopften an.
Kein Mensch rief „Herein".
Da fassten sie Mut
und traten doch ein.

Sie blickten sich
in der Stube um.
Da sahen sie stehen,
verstaubt und stumm:

Eine uralte Uhr,
eine uralte Bank,
einen uralten Tisch,
einen uralten Schrank.

Der Schrank war
wie der Himmel blau
Und hatte Schubladen,
zwölf genau.
In der ersten lag
ein gläserner Ball,
in der zweiten ein Posthorn
aus gelbem Metall.

In der dritten ein Männlein
aus Elfenbein,
in der vierten ein Ring
mit grünem Stein.

In der fünften lag
ein vertrockneter Strauß,
aus der sechsten sprang
eine silbrige Maus.

In der siebten lag
ein zerbrochener Krug,
in der achten ein Bild:
braune Adler im Flug.

In der neunten lag
ein Gewicht aus Blei,
die zehnte war voll
von allerlei.

In der elften lag
ein Seidentuch,
in der zwölften ruhte
ein uraltes Buch.
Auf dem Buch stand geschrieben:
Nimm und lies!
Sie schlugen das Buch auf,
da lasen sie dies:

Es gingen drei Kinder
durch den Wald.
Die Kinder waren jung,
der Wald war alt.

Da haben die drei ...

1 a) Lest euch das Gedicht mehrmals laut vor.
b) Tragt zusammen, wie das alte Haus beschrieben wurde.
c) Sprecht darüber, welche Schublade euch am meisten interessieren würde.

2 Sucht euch einige der folgenden Aufgaben aus:
a) Formuliert das Gedicht in eine interessante Erzählung um.
b) Entscheidet euch für eine der genannten Schubladen. Stellt euch vor, was nach dem Öffnen passieren könnte und schreibt eine kurze Geschichte. Ihr könnt so oder ähnlich beginnen:

In der Mitte des Straußes leuchtete etwas immer heller …

Schreiben zu einer Geschichte

1 a) Lest den Romanausschnitt unten.
b) Beantwortet die Fragen in den Denkblasen.
c) Der Textauszug stammt aus einem Kinder- und Jugendbuch. Was könnte vorher passiert sein? Sprecht darüber.
d) Sammelt Ideen für den weiteren Verlauf der Geschichte und sucht euch einen Schreibauftrag aus:
A Schreibe die Geschichte in Einzelarbeit eine halbe Seite weiter.
B Schreibe kurz auf, wie der Junge vorher verhext worden sein könnte.

Info

zum Buch „Hexen hexen“:

Das Buch erzählt von Hexen, die Kinder nicht ausstehen können. Der Ich-Erzähler ist ein Junge, der bei seiner Großmutter lebt und mit ihr Urlaub in einem Hotel in England macht. Als er bemerkt, dass dort im Festsaal eine Hexenversammlung stattfindet, ist es schon zu spät. Sie entdecken ihn und verwandeln ihn und einen anderen Jungen in Mäuse. Mithilfe der Großmutter gelingt es aber in ausgeklügelten Plänen, die Hexen auszutricksen und alle Kinder zu retten.

Wieso Maus?

Was meint sie mit Gäse?

Hexen hexen

Roald Dahl

In diesem Augenblick begriff ich, dass ich kein kleiner Junge mehr war. Ich war eine MAUS.
„Und nun zur Mausefalle!“, hörte ich die Hoch- und Großmeisterhexe schreien. „Hier habe ich sie griffbereit. Und hier ist ein Stück Gäse!“
Darauf zu warten, hatte ich freilich nicht im Sinn. Wie ein Blitz wischte ich vom Podium. Ich war selber über meine Geschwindigkeit verblüfft. Ich sprang über die Hexenfüße, die mir rechts und links im Wege standen, und im Nu war ich über die Stufen gesaust und unten auf dem Boden des Ballsaales und huschte zwischen den Stuhlreihen davon. Was mich besonders befriedigte, war die Tatsache, dass ich beim Laufen überhaupt kein Geräusch machte. Ich bewegte mich flink und lautlos. Und das Merkwürdigste war: Der Schmerz war vollkommen verschwunden. Ich fühlte mich erstaunlich wohl. Es ist eigentlich gar nicht so schlimm, dachte ich mir, ebenso winzig wie schnell zu sein, wenn eine Horde von lebensgefährlichen Hexen hinter dir her ist. Ich suchte mir das Hinterbein des Stuhles aus, schmiegte mich eng dagegen und verhielt mich mausestill.
Irgendwo in der Ferne rief die Hoch- und Großmeisterhexe: „Lasst das gleine Stinketier sausen! Es lohnt sich nicht drum zu gümmern! Es ist ja jetzt nur eine Maus. Irgendwer wird sie schon fangen. Und jetzt raus mit euch! Die Sitzung ist geschlossen! Sperrt die Türen auf und setzt euch in Bewegung! Tee auf der Sonnenterrasse mit diesem schwachsinnigen Hoteldirektor!“

Weshalb?

Toller Hund – So einen hätte ich auch gerne!

In dieser Einheit liest du interessante Geschichten über Tiere und lernst, wie du Tiere beschreibst. Du setzt bekanntes Wissen ein, beschaffst dir Informationen und lernst den Aufbau und die sprachlichen Mittel einer Tierbeschreibung kennen.

1 a) Lest folgenden Auszug aus dem Jugendbuch, in dem ein Mädchen von einem besonderen Erlebnis mit einem Tier erzählt.

Ich ging in die Gemüseabteilung, um die beiden Tomaten auszusuchen, und fuhr mit meinem Wagen um ein Haar in den Filialleiter rein. Der stand da mit rotem Gesicht, schrie und fuchtelte mit den Armen. „Wer hat den Hund reingelassen?“, rief er immer wieder. „Wer hat diesen dreckigen Hund reingelassen?“

Zuerst hab ich gar keinen Hund gesehen. Nur jede Menge Gemüse, das über den Boden rollte. Tomaten und Zwiebeln und grüne Paprikaschoten. Und Heerscharen von … Angestellten, die herumrannten und mit den Armen fuchtelten wie ihr Filialleiter.

Dann kam der Hund um die Ecke geschossen. Er war groß. Und hässlich. Und er sah aus, als machte ihm das alles großen Spaß. Die Zunge hing ihm aus dem Maul und er wedelte mit dem Schwanz. Schleudernd kam er zum Stehen und lächelte mich an. Ich hatte noch nie in meinem Leben einen Hund lächeln sehen, aber genau das tat er. Er zog seine Lippen zurück und zeigte all seine Zähne.

Dann wedelte er so heftig mit dem Schwanz, dass er ein paar Orangen vom Ständer fegte, die in alle Richtungen rollten, zusammen mit den Zwiebeln, den Tomaten und den grünen Paprikaschoten.

Der Filialleiter schrie: „So halte doch einer den Hund fest! Der Hund lief zum Filialleiter hin, wedelte mit dem Schwanz und lächelte. Dann stellte er sich auf die Hinterbeine. Er sah aus, als ob er den Filialleiter von Angesicht zu Angesicht für den Spaß danken wollte, den er in der Gemüseabteilung gehabt hatte, aber irgendwie warf er dabei den Filialleiter um. Und der musste einen ziemlich schlechten Tag gehabt haben, denn als er so am Boden lag, so vor allen Leuten, fing er an zu weinen. Der Hund beugte sich ganz besorgt über ihn und leckte ihm das Gesicht ab.

„Bitte“, flehte der Filialleiter. „Es muss einer den Hundefänger holen.“

„Halt!“, rief ich. „Nicht den Hundefänger! Das ist mein Hund!“

Alle Angestellten drehten sich zu mir um und starrten mich an. Mir war klar, ich hatte etwas Unglaubliches getan, vielleicht auch etwas Dummes. Aber ich konnte nicht anders. Ich konnte nicht zulassen, dass dieser Hund eingefangen wurde.

„Bei Fuß, Junge“, sagte ich.

Der Hund hörte auf, dem Filialleiter das Gesicht abzulecken, spitzte die Ohren und sah mich an, als versuchte er sich zu erinnern, woher er mich kannte.

„Bei Fuß, Junge“, wiederholte ich. […] Ich ging los und er folgte mir den ganzen Weg aus der Gemüseabteilung, vorbei an den Müsli- und Cornflakesregalen und durch die Kassen zur Tür hinaus.

Als wir draußen in Sicherheit waren, schaute ich ihn mir genauer an. Er sah wirklich nicht gut aus. Er war groß, aber mager, seine Rippen staken hervor. Und überall hatte er kahle Stellen im Fell. Im Großen und Ganzen sah er aus wie ein alter brauner Teppich, den man im Regen draußen vergessen hatte.

b) Erzählt den Inhalt der Textstelle nach.

c) An welchen Stellen wird deutlich, dass die Erzählerin den Hund noch nicht kennt?

d) Sammelt Gründe dafür, dass sie sich spontan dazu entschließt, sich als Besitzerin des Hundes auszugeben.

2 a) Woran liegt es, dass man sich den Hund gut vorstellen kann? Nennt Beispiele.

b) Legt eine Tabelle in eurem Heft an, und sammelt Informationen aus dem Text:

Aussagen über das Aussehen	*Informationen über das Verhalten*
– dreckig (Z. 6) *– …*	*– Zunge hängt aus dem Maul (Z. 14/15)* *– wedelt mit dem Schwanz (Z. 15)* *– …*

3 Habt ihr ein Lieblingstier? Sprecht darüber und stellt es kurz vor.

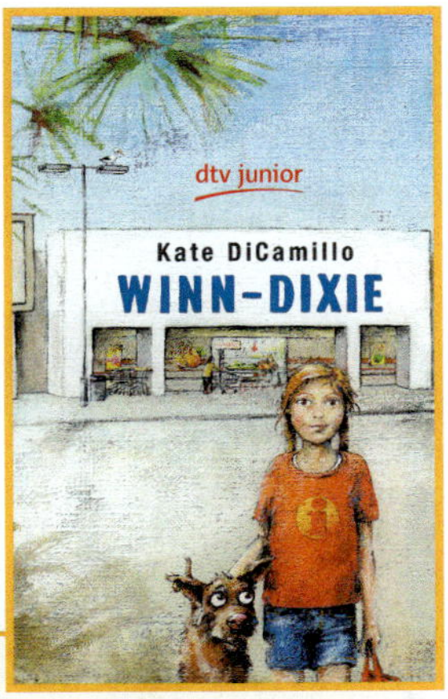

Info

zum Buch „Winn-Dixie“:

Einen schmutzigen, verwahrlosten Straßenhund, der gerade Unordnung in einem Supermarkt stiftet, mit nach Hause zu nehmen, ist nicht so eine gute Idee, oder? Vielleicht doch, weil es so aussieht, als könnte er lächeln. Und außerdem braucht er dringend jemanden, der ihn erzieht.

Das jedenfalls hat die zehnjährige Hauptperson des Buches **Winn-Dixie** so empfunden. Sie überzeugt auch ihren Vater und teilt einige lustige und spannende Erlebnisse mit ihrem neuen Begleiter.

Winn-Dixie, der Titel des Buches, ist benannt nach einer Supermarktkette in Amerika. Für ihr Kinderbuch erhielt die **Autorin Kate DiCamillo** viele Auszeichnungen. Es wurde ins Deutsche übersetzt und auch verfilmt.

Alles bekannte Tiere – oder?

1 Seht euch die Fotos der Tiere an.
- a) Sucht euch ein Bild aus.
- b) Beschreibt kurz ein Merkmal des Aussehens oder des Verhaltens, das ihr auf den Bildern erkennen könnt.
  Die Mitschüler sollen erraten, um welches Tier es sich handelt. Fahrt so fort.

Das Tier, das ich meine, hat besonders grelle Farben …

Das Tier, das ich meine, frisst gerade …

2 a) Welche Haus- oder Nutztiere kennt ihr? Sprecht darüber.
b) Vielleicht hattet ihr auch schon einmal ein besonderes Erlebnis mit einem Tier? Erzählt davon.

3.2 Genau beschreiben, um ihre Beobachtungsgabe zu verfeinern bzw. ihren Wortschatz zu erweitern

Darf ich vorstellen – Cleo!

A

Info

Zusätzliche Informationen

- Entlebucher Sennenhündin, 5 Jahre alt
- Schulterhöhe ca. 50 cm
- spielt gerne
- zieht kräftig am Spielzeug, schleudert dabei Kopf hin und her, knurrt
- temperamentvoll, kräftig
- nach dem Spielen ruht sie sich auf der Kuscheldecke aus.

B

D

C

1 Betrachtet die Bilder genau und lest die zusätzlichen Informationen. Sammelt in einer Tabelle Informationen zum Aussehen und Verhalten von Cleo.

Aussagen über das Aussehen	*Informationen über das Verhalten*
– *schwarzes Fell … (C)* – *dreieckige Ohren (A)* – *…*	– *Zunge hängt beim Spielen aus dem Maul (D)* – *zieht kräftig an der Leine, stemmt sich mit Beinen dagegen (C)*

2 Lest die Tierbeschreibung unten.
a) Sprecht darüber, ob ihr auf den Bildern von Seite 149 ähnliche Beobachtungen gemacht habt.
b) Notiert, wo ihr Gemeinsamkeiten findet, die Zeilenzahlen hinter den Stichpunkten eurer Tabelle.

3 a) In der Tierbeschreibung wurden Textstellen farbig markiert. Findet heraus, welche Angaben zu Cleo grün und welche blau markiert wurden.
b) Findet weitere Textstellen, die grün oder blau markiert werden können. Ihr könnt dazu Zeilenangaben notieren, eine Folie über den Text legen oder Copy x verwenden und unterstreichen.

Cleo

Endlich ist sie wieder bei mir: Cleo ist eine fünfjährige Entlebucher-Sennenhündin, die ich ab und zu in den Ferien versorge.

Cleo gehört mit ihrer Schulterhöhe, die ich auf etwa 50 cm schätze, zu den mittelgroßen Hunden. Sie trägt kurzes, hauptsächlich schwarzes Fell. Am Kopf und den etwas kurz wirkenden Beinen ist es rotbraun und weiß. Vom Hals bis zur Brust sind ihre Haare weiß, etwas länger und sehen leicht lockig aus. Cleo ist schlank, aber kräftig und muskulös.
Kommt ein Ball ins Spiel, wird sie sehr unruhig und will ständig beschäftigt sein. Sie legt das Spielzeug zwischen meine Füße und wirft mir mit leicht geneigtem Kopf und ihren rehbraunen Augen einen Blick zu, dem ich einfach nicht widerstehen kann. So werfe ich den Ball immer wieder weg. Wenn sie apportiert und den Ball vor mir abgelegt hat, ist sie voll konzentriert.

Ihren mittelgroßen Ohren, die nach unten hängen, entgeht nichts. Sie hat ihr Maul geschlossen oder hechelt, die rosafarbene Zunge hängt nach vorne oder zur Seite und ich kann ihr schmales Gesicht studieren. Hinter der schwarzen, feuchten Nase ist zunächst weißes, dann braunes Fell, dazwischen sitzen die Tasthaare. Ihre Augen sind von schwarzem Fell umrandet und es sieht tatsächlich so aus, als hätte sie braune Augenbrauen.

Manchmal fängt sie den Ball sogar in der Luft. Cleo springt dabei wendig hoch und schlägt beim Rennen Haken wie ein Feldhase. Ihr Temperament wird auch bei einem anderen Spiel deutlich. Sie liebt es besonders, an einem Ball mit Leine kräftig zu ziehen. Während sie den Kopf energisch nach rechts und links schleudert, merke ich deutlich, wie viel Kraft sie besitzt. Würde ich sie nicht kennen, könnte ihr Knurren dabei ganz schön bedrohlich wirken. Auch hält sie ihr Maul so geöffnet, dass ich ihre sauberen, gesunden Zähne gut erkenne, die groß und spitz sind.

Wenn ich genügend mit ihr gespielt habe, ruht sie sich aus und legt sich auf ihre Kuscheldecke. Dann sind wir beide müde und zufrieden.

4 Lest noch einmal den ersten und den letzten Abschnitt. Sprecht darüber, welche Aufgabe diese haben.

Das Streifenhörnchen Hannes – Eine eigene Tierbeschreibung verfassen

1 Lest euch die Aufgabenstellung unten durch.

a) Sieh dir die Fotos (und evtl. den Filmausschnitt) des Streifenhörnchens Hannes an und lies die zusätzlichen Informationen. |WES-122902-023|

b) Lege eine Tabelle für den Hauptteil an und notiere Stichpunkte zum Verhalten und Aussehen des Tieres.

c) Ergänze deine Tabelle mit Fachausdrücken, treffenden Verben und Adjektiven.

d) Überlege dir, wie du in die Tierbeschreibung einsteigen willst und wie du sie abschließen kannst.

Info

Zusätzliche Informationen

- Streifenhörnchen, Nagetier, echtes Wildtier, braucht besondere Anforderungen in der Haltung
- extrem flink
- für Kinder nur unter Aufsicht von Eltern
- frisst gerne Nüsse, Früchte, Samen, Insekten, frisst sehr schnell
- großer Bewegungsdrang, sehr großer Käfig nötig

Mit Stichpunkten das Grundgerüst für den Hauptteil bauen

1 a) Um den Fotos (und evtl. dem Film) die Informationen zur Beschreibung zu entnehmen, musst du die Bilder und den Text genau auswerten. Lies dazu den Tipp.
b) Geht nach dem Tipp vor. Legt dazu eine Tabelle an und sammelt Stichpunkte zu Aussehen und Verhalten.

Aussehen des Streifenhörnchens	*Beobachtbares Verhalten*
– Streifung am Rücken *– vollgestopfte Backen* *– …*	*– greift Nuss mit Pfoten…*

Tipp

So gehst du beim Auswerten des Bild- (und Film-)materials vor:

- Betrachte die Fotos genau und lies das zusätzliche Informationsmaterial. Eventuell wird dir auch zweimal ein kurzer Filmausschnitt mit Pausen vorgespielt.
- Mache dir zum Aussehen und Verhalten des Tieres Stichpunkte in einer Tabelle.
- Ergänze anschließend deine Stichpunkte mithilfe der Stichpunkte im Kasten „Zusätzliche Informationen“.

2 a) Lest die Formulierungen unten und sprecht darüber, welche Stichpunkte genaue oder ungenaue Adjektive und Fachausdrücke enthalten.
b) Überprüft, welche Verben besonders treffend sind.

3 Ergänzt eure Tabelle aus Aufgabe 1 mit geeigneten Adjektiven, Fachausdrücken und Verben aus der Sammlung.

1 *trägt raues, kurzhaariges Fell*

2 *Hände mit Nägeln*

3 *längsgestreifter Rücken*

4 *spitze Schnauze schnüffelt*

5 *schlanker, langgestreckter Körper*

6 *der Kopf wird beim Fressen immer größer*

7 *es balanciert mit seinem buschigen, schwarzbraunen Schwanz*

8 *dunkler Körper*

9 *spitze, gekrümmte Krallen greifen die Nuss*

10 *emsig knabbern*

11 *unten ist es weiß*

12 *vollgestopfte Backentaschen blähen sich auf*

13 *der Schwanz ist oval*

14 *die flinken schwarzen Augen beobachten*

15 *kleine Beine*

3.2 Texte planen und schreiben: genau beschreiben, um den Beobachtungsgabe zu verfeinern bzw. den Wortschatz zu erweitern

Eine Tierbeschreibung einleiten

1 a) Sieh dir die folgenden Anfänge der Beschreibung eines Kaninchens an.
b) Sprich mit deinen Mitschülern darüber, welche Beispiele du für gut, und welche du für weniger geeignet hältst. Begründe.

A
Flo spielt gerne mit einem Besen. Er schnuppert daran und wirft ihn kraftvoll in die Höhe. Dazu beißt er in die Borsten und …

B
Der drei Jahre alte Flo ist eines von zwei Zwergkaninchen, die meiner Klassenkameradin gehören. Als ich sie neulich besuchte, habe ich ihn kennengelernt. …

C
„Sein Fell muss sehr weich sein!“, fiel mir sofort auf, als ich Flo kennenlernte. Das Zwergkaninchen meiner Freundin hat mich schon immer interessiert. Letzte Woche …

2 a) Überlege dir, wie du deine Tierbeschreibung zum Streifenhörnchen Hannes beginnen willst und notiere Stichpunkte. Du kannst dir ausdenken, in welcher Beziehung du zum Tier stehst. Folgende Ideen, aus denen du auswählen und kombinieren kannst, helfen dir dabei:
b) Formuliere nun deinen eigenen Anfang auf einem Extrablatt.
c) Tauscht eure Einleitungen aus und gebt euch Verbesserungstipps.
d) Überarbeitet eure Einleitungen.

Art / Rasse / Name des Tieres	Situation, in der du das Tier beschreibst	Beziehung, in der du zum Tier stehst
Lilli heißt mein gelbes Kanarienvogelweibchen, das zusammen mit drei anderen Artgenossen in einer Zimmervoliere lebt. … *Für mich sind Guppys die schönsten Süßwasser-Aquarienfische …*	*Ich freue mich jeden Tag darauf, Leo den frischen Salat zu bringen. …* *Wenn ich abends im Sessel sitze, springt Paul, mein Kater, sofort auf meinen Schoß.* *Immer, wenn ich in unseren Stall gehe, um …*	*Dienstags, nach der Reitstunde, führe ich Conny, eine achtjährige Haflingerstute, zum Grasen auf die Wiese …* *Am Wochenende gehe ich mit meiner Schwester regelmäßig zum Tierheim, um Ronny …*

Treffende Beobachtungen im Hauptteil geschickt verknüpfen

A

… Das kleine Streifenhörnchen ist süß. Es hat runde, dunkle Augen. Es ist ganz gierig und futtert. Am liebsten Erdnüsse. Es hat die Nuss in seinen Händen. Die Hände sind klein und haben lange Finger. Es kann viele Nüsse in seinen Mund stecken und wird immer dicker. Es macht die Nüsse auf und schmeißt die Schalen weg. Es frisst eine Nuss nach der anderen und wird gar nicht satt. Es schaut immer auf die Nüsse …

B

… Wenn das Streifenhörnchen mit den kleinen Pfoten und spitzen Krallen die Nuss ins Maul schiebt, füllt es seine Backentaschen immer mehr. Der Kopf nimmt dann im unteren Teil die dreifache Größe an. Die Nagezähne kommen zum Vorschein, wenn es sehr schnell knabbert und geschickt die Schale der Erdnuss knackt, die gleich fallen gelassen wird. Den schwarzen Knopfaugen entgeht nichts, denn diese haben schon die nächste Nuss im Auge …

1 a) Lest die Ausschnitte A und B aus dem Hauptteil zur Beschreibung von Hannes.
b) Achtet auf den Satzbau. Bewertet die Texte. Der Tipp hilft euch dabei.
c) In Text A fallen manche Formulierungen zu ungenau aus. Sprecht darüber, welche ihr verbessern würdet. Ihr könnt euch Anregungen aus dem Wortspeicher auf der nächsten Seite 155 holen.

2 a) Überprüft, ob ihr eure Tabelle, die ihr in der Aufgabe 1 auf Seite 152 angelegt habt, mithilfe des Wortspeichers auf Seite 155 ergänzen könnt.
b) Entwerft den Hauptteil der Tierbeschreibung zu Hannes. Beachtet dabei den Tipp.
c) Tauscht eure Entwürfe aus. Verwendet dazu die Checkliste auf der nächsten Seite und gebt euch Tipps zum Verbessern.

3 Ihr könnt die Wörter des Wortspeichers auf Plakate schreiben und diese immer wieder durch weitere ergänzen.

Tipp

Deine Beobachtungen im Hauptteil lesen sich flüssig, wenn du

1. **Sätze umstellst** und nicht immer mit dem Subjekt beginnst:

Mit ihrem Rüssel gräbt sie …

Neben seiner kleinen Schnauze tasten sich die Schnurrhaare …

2. **Inhalte verknüpfst:**

… Wenn es mit seinen kleinen Pfoten die Nüsse ins Maul schiebt …

… auf ihren kurzen, stämmigen Beinen sitzt ein gedrungener Körper …

… Bedrohlich wirkt es, wenn es auf die Jungtiere zurennt und hohe, durchdringende Laute ausstößt …

3.2 Texte planen und schreiben: genau beschreiben, um die Beobachtungsgabe zu verfeinern bzw. den Wortschatz zu erweitern

Wortspeicher Tierbeschreibung

Genaue Adjektive:
eifrig, wendig, wollig, schrill, zart, zierlich, gestreift, gedrungen, schlank, zierlich, stumpf, spitz, silbergrau, mächtig, gewaltig, majestätisch, schmal, rotgelb, neugierig, aktiv, drahtig, muskulös, zutraulich, zahm, frech, struppig, rau, glatt, borstig, dicht …

Treffende Verben:
… sie trägt schwarzes Fell, … ihre Schulterhöhe beträgt …, scharren, umhüllen, übersäen, übergehen, aufreißen, blecken, blöken, hocken, kauern, liegen, springen, stützen, grasen, weiden …

Fachbegriffe
… am Hinterteil sitzt der Spiegel …, langer Rüssel, sie trägt graubraun getigertes Fell und ihre Vorderpfoten sind weiß, Borsten, Hufe, Schnauze, Geweih, Maserung, Eckzähne, Gesamtlänge, Schulterhöhe, Gebiss, Hauptgefieder, Tasthaare, Nacken, Pelz, Wolle …

Eine Tierbeschreibung abschließen

1 a) Sammelt Ideen, wie ihr eure Tierbeschreibung abschließen könnt.
b) Entscheidet euch für eine und formuliert den Schluss eurer Beschreibung.
Ihr könnt euch an folgenden Formulierungen orientieren:

Ich freue mich jedes Mal, wenn ich,

Ich hoffe, dass …

Seit ich …, bin ich …

Checkliste

zur Tierbeschreibung:

Inhalt und Aufbau

- Ist ein interessanter Einstieg vorhanden?
- Wurden Aussehen und Verhalten beschrieben?
- Kann sich der Leser das Tier gut vorstellen?
- Wurde ein abschließender Satz formuliert?

Ausdruck und Sprache

- Wurde genau mit Adjektiven und Fachausdrücken beschrieben?
- Treffen die Verben die Bewegungen des Tieres?
- Wurde abwechslungsreich formuliert?
- Sind die Sätze sinnvoll verbunden?
- Habe ich die Beschreibung im Präsens verfasst?

Eine Tierbeschreibung überarbeiten

1 a) Lest die Tierbeschreibung unten.
b) Sprecht darüber, was verbessert werden müsste. Die Korrekturhinweise helfen euch dabei.

2 Seht euch die Fotos und die zusätzlichen Informationen auf der nächsten Seite an. Ihr könnt euch auch den Film zeigen lassen.
|WES-122902-024|

3 a) Sammelt Stichpunkte, wie die Textstellen verbessert werden können.
b) Überarbeite den Aufsatz. Du kannst die Anregungen von Seite 155 nutzen. Wenn du unsicher bist, dann arbeite mit einem Partner.

Das Wildschwein Britta

Text	Korrekturhinweise
Britta ist eine Bache, die ich oft beobachten kann.	*Einleitung zu kurz, denke dir mögliche Situation aus!*
Es ist immer ganz schön was los.	*Inhalt unklar*
Die Rotte besteht aus vielen Tieren. Ich finde die Bache Britta aber sofort. Sie ist mit ihrer Schulterhöhe von etwa 70 cm deutlich größer als die Jungtiere. Sie sucht beharrlich nach Maiskörnern, die Besucher ausgestreut haben.	*W*
Es sieht drollig aus, wenn sie die Jungtiere vertreibt. Sie stößt hohe Laute aus. Ihre silbrig-grauen und teilweise braunen Borsten kann ich gut sehen. Sie hat einen langen Mund und geht auf die Knie. Es quetscht den Kopf unter das Holz.	*A, genauer! Inhalte verbinden, Zusammenhang fehlt Fachausdrücke verwenden, Bz*
Dabei sehe ich gut die kurzen Beine mit vier Zehen, zwei sind hinten in der Luft. Die Augen sind klein und sitzen oben vor den Ohren. Wenn Britta am Boden rumschnüffelt, schlägt dabei ihr kleiner Bürzel hin und her.	*Ungenau, Zusammenhang fehlt, A, weiteres Aussehen, Kopfform, Ohren, weiteres Verhalten?*
Schließlich findet sie nichts mehr in der Erde und scheint sich ausruhen zu wollen. Britta läuft ruhig weg und verschwindet im Gebüsch. Beim nächsten Besuch werde ich sie bestimmt wieder putzmunter erleben.	*Guter Schluss!*

Info

Zusätzliche Informationen

- Wildschweingehege Tierpark
- Futterreste, Mais, von Besuchern am Boden
- Bache = Muttertier
- sucht nach Maiskörnern im Boden
- gräbt, scharrt energisch
- vertreibt Jungtiere aus der Rotte von den Maiskörnern mit hohen, durchdringenden Lauten
- langer Rüssel, der Bürzel (= Schwanz), die Teller (= Ohren), die Schwarte (= Haut)
- zieht sich zurück ins Gebüsch, nachdem alle Körner gefressen sind

Von Tieren lesen:
Federica de Cesco: Das Lied der Delfine

1 a) Lest den Ausschnitt aus dem Jugendbuch.
Diesen Text |WES-122902-025| und die weiteren Ausschnitte auf den Seiten 159-161 könnt ihr euch auch anhören.
b) Erzähle deinem Nachbarn den Inhalt nach und lasse dich, wenn nötig, von ihm verbessern.

… So änderte auch Yuriko die Richtung und schwamm auf den Sandstrand zu. … Plötzlich erblickte Yuriko einen großen Schatten. Er tauchte aus dem Halbdunkel des Meeres mit ruhigen, mühelosen Bewegungen der Helle entgegen. Yurikos Herz klopfte heftig.

Ein HAI? Riesengroß und völlig lautlos glitt der Schatten unter ihr dahin. Ihre Bauchmuskeln verkrampften sich, sie zog unwillkürlich die Beine an. Plötzlich schoss ein Tier wie ein Blitz an die Oberfläche und sprang fast aus dem Wasser. Dicht vor sich sah Yuriko einen gegen vorne gewölbten Kopf mit weit geöffnetem schnabelähnlichem Maul. Sie vernahm einen seltsamen Pfeifton und spürte auf der Haut leichte, wellenartig sich ausbreitende Berührungen – die Schallwellen

2 a) Lest die Info auf der nächsten Seite.
b) Sammelt Ideen, wie die Geschichte weiter verlaufen könnte.

2.2 Literarische Texte nutzen, um Lesefreude zu stärken und den Erfahrungshorizont zu weiten; Handlungsverlauf und Gehalt erschleßen

Info

zum Buch „Das Lied der Delfine":

Das Mädchen Yuriko lebt in einem japanischen Fischerdorf. Täglich nach der Schule geht sie zum Baden an den Strand. Sie ist eine sehr gute Schwimmerin und Taucherin.

Eines Tages wird sie beim Tauchen von einem Delfin besucht, den sie dann täglich trifft. Sie nennt ihn Ruka und kann sich mit ihm verständigen. Sie spielt regelmäßig mit ihm im Wasser und er rettet ihr sogar einmal das Leben.

Delfine gelten bei den Fischern ihres Dorfes aber als Feinde und nachdem eines Tages ein großer Delfinschwarm in der Bucht auftaucht, fürchten die Fischer um ihre Fangbestände. Sie wollen alle Delfine töten. Yuriko überzeugt ihren Freund Kenzo davon, dass sie Ruka und die anderen Delfine retten müssen. Es beginnt eine spannende und tragische Geschichte, in der beide ihr Leben aufs Spiel setzen und in einen erbitterten Kampf mit den Fischern geraten.

3 a) Lest folgenden Ausschnitt. |WES-122902-026|

In der Meerenge wurden häufig Delfinschwärme gesichtet. Die Fischer jedoch sprachen von ihnen wie von Schädlingen, weil auch die Delfine sich von Fischen und anderen Meerestieren ernährten; sie jagten sie deswegen mit der Harpune, veranstalteten richtige Gemetzel.
Das soeben aufgetauchte Tier blickte Yuriko aus einem seiner sanften, braunen Augen an, und als sie lachte, stieß es einen kräftigen Wasserstrahl durch sein Blasloch. Dann ließ es sich wieder absinken und glitt nur in geringer Entfernung von dem Mädchen durch die Fluten. Yuriko rollte sich herum, hielt sich die Nase zu, tauchte den Kopf unter Wasser und schaute in die Tiefe. Sie sah, wie der Delfin einen Kreis zog und dann, umspült von Luftbläschen, wie durch einen lichten Tunnel wieder auf sie zuschoss. Schon tauchte er vor ihr auf, holte schnaubend Luft und lies ein schrilles Schnattern und Klicken hören, was wie eine Lachkaskade wirkte.

b) Sprecht über die im letzten Abschnitt geschilderte Situation. Stellt Vermutungen an, welche Gefühle in Yuriko aufkommen.

c) Warum halten die Fischer Delfine für ihre Feinde?
Vervollständigt die Aussagen mit Begründungen und notiert sie in eurem Heft.

4 a) Stellt Vermutungen an, wie Yuriko zu den Ansichten der Fischer steht.

b) Wie könnte sie ihre Meinung begründen? Notiert in euer Heft mögliche Aussagen und Begründungen.

5 a) Yuriko sucht oft eine alte Priesterin im Dorf auf, von der sie viel lernt. Lest den nächsten Textauszug.
|WES-122902-027|

„Wir begannen, die Tiere des Profits wegen zu töten und unseren Planeten aus Habgier zu verwüsten. Seit dreitausend Jahren rufen die Delfine uns zu: *Wir sind einander ähnlich!*, aber unsere Ohren sind mit Mist verstopft. Wir vergessen, dass unsere Tiere einmal Lehrer waren. Wir haben beobachtet, wie das Hermelin im Winter sein Fell wechselt, wie der Falke sich aus großer Höhe auf den Hasen stürzt, wie Robben auf dem Packeis fischen und wie die Kraniche im Frühling ihren Liebesreigen tanzen. Zwar möchten wir uns von jeher mit der Macht und der Klugheit nichtmenschlicher Wesen verbünden und uns einige ihrer Fähigkeiten aneignen. Doch das Band zwischen ihnen und uns ist für immer durchschnitten ..."
Yuriko verstand nicht alles, was Oshiba sagte, doch sie hörte aufmerksam zu.

b) Yuriko versteht nicht alles, was die ehemalige Priesterin Oshiba ihr erzählte. Sucht die Vorwürfe, die die Priesterin den Menschen macht, im Textauszug oben.

6 a) Lest den nächsten Romanausschnitt:
|WES-122902-028|

Die Fischer waren bereits mehrere Tage auf der Jagd nach den Delfinen. Sie gingen dabei kaltblütig und rücksichtslos vor. Um den Delfinen den Weg abzuschneiden, legten sie ein Fischernetz aus. Weil Yuriko und ihr Freund die Delfine unbedingt retten wollten, durchschnitten sie das Netz. Die Fischer sind nun sehr wütend.

„Weg von hier!“, flüsterte sie. Mit eiligen Stößen kraulten sie auf den Strand zu. Das Geräusch des Motors dröhnte immer näher. Sie hörten das Rauschen der Schraube im Wasser. Endlich fühlten sie Grund unter sich und wateten an Land, als eine wütende Stimme aus dem Lautsprecher brüllte: „Halt! Stehen bleiben! Wer seid ihr?“ Kenzo warf einen verängstigten Blick über seine Schulter, und Yuriko zischte: „Stell dich taub!“, während sie sich hastig ihrer Schwimmflossen entledigte und die Taucherbrille herunterriss. Der Kutter befand sich nur noch wenige Taulängen von den Riffen entfernt; man sah die Fischer an der Reling stehen und aufgeregt gestikulieren. Ohne auf die Drohungen und Befehle aus dem Lautsprecher zu achten, rannten Yuriko und Kenzo den Hang hinauf, zogen sich an den Steinen hoch, stolperten atemlos über spitzkantiges Geröll. ...

b) Yuriko und ihr Freund Kenzo setzen ihr Leben aufs Spiel, um Ruka und die anderen Delfine vor den Fischern zu retten. Versetzt euch in die Lage der beiden und sprecht darüber, wie ihr handeln würdet.

c) Notiert eure Meinung ins Heft und begründet diese. Wenn ihr nicht wisst, wie ihr beginnen sollt, könnt ihr einen der nebenstehenden Sätze vervollständigen.

d) Äußert eure Meinung, ob ihr das Buch gerne ganz lesen würdet.

Ich würde mich anders als Yuriko und Kenzo verhalten, da ...

Ich halte es für notwendig, dass Yuriko und ihr Freund ein großes Risiko eingehen, weil ...

Die Kinder befinden sich in großer Gefahr, denn ...

Ich hätte nicht den Mut, so zu handeln, weil ...

1 Sieh dir die Fotos (und evtl. den Filmausschnitt) von Eri genau an und lies die zusätzlichen Informationen. |WES-122902-029|

2 Lege eine Tabelle für den Hauptteil an und notiere Stichpunkte zum Verhalten und Aussehen des Tieres.

3 Ergänze deine Tabelle mit Fachausdrücken, treffenden Verben und Adjektiven.

4 Überlege dir, wie du in die Tierbeschreibung einsteigen willst und wie du sie abschließen kannst.

Eri – ein Schwarzkopflamm

Info

Zusätzliche Informationen

- Urlaub am Deich, Schafsherde, Mutterschafe und Lämmer, friedliche Tiere
- lebhaftes Schwarzkopflamm Eri
- Schulterhöhe 50 cm
- spielt mit anderen, blökt, rennt, grast ...
- schließt sich ... an und läuft weg

Sucht euch zur Weiterarbeit eine der folgenden Aufgaben aus:

1 a) Sicher habt ihr selbst ein Haustier oder kennt andere, die eines besitzen. Dreht eure eigenen Tierfilme von eurem Lieblingstier, z. B. mit einem Handy (Dauer: etwa 2-3 Minuten).
b) Sprecht mit eurer Lehrkraft, welche Möglichkeiten bestehen, einige dieser Filme gemeinsam im Unterricht anzusehen.
c) Sucht euch euer Lieblingsvideo aus und fertigt eine weitere Tierbeschreibung an.

2 Zeichnet oder malt ein Fantasietier. Achtet darauf, dass man Einzelteile, z. B. die Form des Kopfes, der Ohren oder der Pfoten gut erkennen kann. Ihr könnt auch die Kunstlehrkraft darauf ansprechen.

3 a) Plant einen Unterrichtsgang mit euren Deutsch- und Biologielehrkräften, auf dem ihr Haustiere, Nutztiere oder wildlebende einheimische Säugetiere beobachten und beschreiben könnt. Eure Ergebnisse könnt ihr in selbst gedrehten Filmen oder Plakaten festhalten.
b) Sucht ein Tier aus und macht unterwegs beim Beobachten Stichpunkte zum Aussehen und Verhalten.
c) Fotografiert euer Lieblingstier. Erstellt mit den Fotos und der Beschreibung des Lieblingstieres
- ein Plakat, das ihr im Schulhaus aushängt oder
- eine Ringbuchmappe, für die jeder eine DIN-A4-Seite gestaltet.

Das kann ich jetzt

- ✔ Vorgegebene Tierfotos genau betrachten
- ✔ Zusätzliche Informationen auswählen
- ✔ Stichpunkte zu Aussehen und Verhalten des Tieres notieren
- ✔ Tierbeschreibung mit dem richtigen Aufbau schreiben
- ✔ Fachausdrücke, anschauliche Adjektive und treffende Verben einsetzen
- ✔ Durch Umstellen der Satzglieder auf abwechslungsreichen Satzbau achten und Inhalte sinnvoll verknüpfen

„Flaschenpost für Papa“

In diesem Kapitel befasst du dich mit persönlichen Schreibformen und verfasst selbst persönliche Schreiben.

Info

zum Buch „Flaschenpost für Papa“ von Hubert Schirneck:

Hannas Vater ist Meeresbiologe und auf einer Forschungsreise unterwegs und nicht erreichbar. Weil sie ihn vermisst, schreibt sie ihm mehrere Flaschenpost-Briefe. Dabei ist sie davon überzeugt, dass er ihre Schreiben erhält.

|WES-122902-030|

Lieber Papa!

Am liebsten würde ich dir jeden Tag eine Flaschenpost schicken. Aber das geht leider nicht. Manchmal habe ich keine Zeit und manchmal fällt mir nichts ein. Es gibt Tage, an denen passiert rein gar nichts. In der Schule ist es langweilig, Karoline stellt nichts an, und es fällt kein Komet auf die Erde. Kennst du das: Man hat den ganzen Tag etwas zu tun und trotzdem ist einem langweilig. Das ist ein Rätsel. Bei dir ist es bestimmt nicht langweilig. Ein Meeresforscher hat ja immer was zu tun, nicht wahr? Fische beobachten und Seetang untersuchen. […]

In der Schule geht auch alles seinen Gang. Ich halte mich dezent im Hintergrund, wie immer. Am meisten mag ich Sport. Vor kurzem war es aber doch interessant. Wir hatten einen Aushilfslehrer, ein Student, glaube ich. Der hat lauter komische Sachen gesagt, zum Beispiel: „Liebe Kinder. Das Schulministerium hat vor, ein neues Unterrichtsfach einzuführen. Was würdet ihr davon halten? Habt ihr irgendwelche Vorschläge, wie das Fach heißen könnte?“

Natürlich hatten wir Vorschläge. Das ging von „Feuerwerkskörper basteln“ über „Häkeln“ bis zu „Überleben in der freien Natur“. […]

Ich meldete mich und sagte: „Ich finde Lügen als Unterrichtsfach gut.“ Und dann habe ich ihm erklärt, warum.

Der Lehrer legte den Zeigefinger an die Nase und ging ein paar Mal hin und her. Dann sagte er: „Eine gute Idee. Das probieren wir gleich mal aus.“

Und dann durfte jeder von uns das Blaue vom Himmel lügen, wie man so sagt. Aber du weißt ja, wie das ist, wenn man etwas machen soll, was man sonst sehr gerne macht. Zuerst hat sich niemand getraut, also habe ich mich wieder gemeldet: „In meinem Garten lebt eine richtige Giraffe. Mein Vater ist Meeresforscher im Indischen Ozean. Meine Mutter ist Fachärztin für ungewöhnliche Krankheiten.“

Einige kicherten, aber das hat der Lehrer nicht gemerkt.

„Das war ja schon ganz gut, hat er gesagt. „Dafür bekommst du eine Eins."

Da fingen die anderen auch an. Eine Lügengeschichte nach der anderen. So etwas hat die Schule noch nicht gesehen. […]

Das war endlich mal eine Schulstunde, die Spaß gemacht hat. Aber jetzt musst du selbst entscheiden, ob du das alles glaubst oder nicht. Also ich selbst würde mir nicht immer alles glauben. […]

Jetzt gehe ich ins Bett und morgen geht die Flaschenpost ab.

Eine gute Nacht wünscht

Deine Tochter Hanna

2 An den markierten Stellen wurde der Brief gekürzt.
  a) Sammelt mündlich Ideen für den Inhalt des Briefes.
  b) Füllt eine der Leerstellen, indem ihr euch gegenseitig eure Ideen erzählt.

1 Lest den Text aufmerksam durch.
  a) Beschreibt Hannas Gefühle. Warum erzählt sie ihrem Vater diese Geschichte?
  b) Findet Stellen, an denen Hanna ihren Vater in ihre Erlebnisse miteinbezieht. Sprecht darüber.
  c) Sprecht darüber, warum Hanna ihrem Vater eine Flaschenpost schreibt und nicht auf einem anderen Weg Kontakt zu ihm aufnimmt.

Ab in die Post!

1 Sammelt passende Schreibformen zu verschiedenen Anlässen. Ergänzt die rechts stehende Ideensammlung.

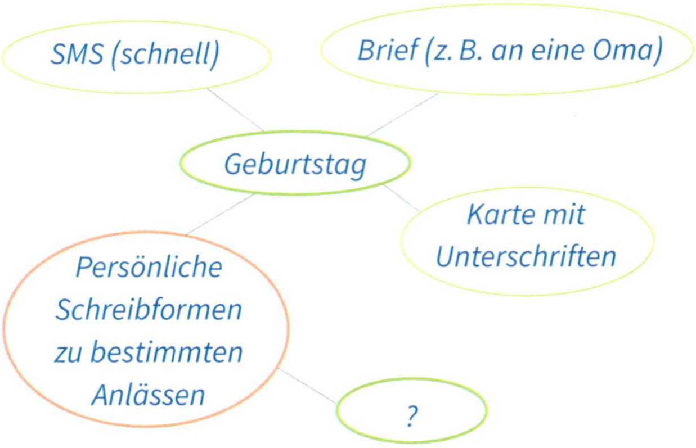

2 Ein persönliches Schreiben – wie es Hanna an ihren Vater schreibt – hat einen bestimmten Aufbau, den du bereits kennst und im Folgenden nochmals wiederholst.

a) Belege mit inhaltlichen und formalen (äußeren) Merkmalen, dass es sich bei dem Text rechts um ein persönliches Schreiben handelt.

b) Nenne Gründe für die gewählte Form des persönlichen Schreibens.

3 a) Ordne dem Brief folgende Bausteine zu:
- Erzählender Teil im Hauptteil
- Anlass für den Brief
- Abschluss des Briefes
- Fragen an den Empfänger

b) Der Absender spricht Pedro direkt an. Findet solche Stellen.

c) Benennt weitere Punkte, auf die bei einem persönlichen Schreiben geachtet werden sollte.

Nürnberg, den 03.08.2015

Lieber Pedro,

wie gefällt es dir in Hamburg? Hast du schon neue Freunde gefunden?
Aber nun werde ich dir erzählen, was seit deinem Umzug hier so passiert ist. Nachdem vor einer Woche die Ferien angefangen haben, spiele ich natürlich viel Fußball. Außerdem haben meine Eltern versprochen, mit mir einen Ausflug zum 1. FCN zu machen, weil meine Noten besser geworden sind. Und du brauchst gar nicht traurig zu sein, weil sie mir nämlich erlaubt haben, dich für die Sommerferien einzuladen! Super, oder?

Melde dich doch, sobald du mit deinen Eltern gesprochen hast.
Herzliche Grüße aus deiner alten Heimat!
Jan

Einen Brief als persönliches Schreiben planen

Spitzname: *Piedro*
Alter: *11*
Ich suche einen Jungen von 11-13 Jahren.
Land: *Deutschland, Bayern*
Ich spreche folgende Sprachen: *Deutsch, Italienisch*
Meine liebste Freizeitbeschäftigung: *Fußballspielen*
Was ich sonst noch sagen wollte: *Ich hätte gerne einen Brieffreund, der ähnliche Hobbys hat, gerne schreibt und mir im Austausch einige Fußballtricks verrät. Ich hätte da nämlich ein paar auf Lager …*
Kontaktdaten: *Adresse*

Spitzname: *Nala*
Alter: *12*
Ich suche einen Brieffreund von 12-14 Jahren.
Land: *Deutschland, Bayern*
Ich spreche folgende Sprachen: *Deutsch, Russisch, Englisch*
Meine liebste Freizeitbeschäftigung: *Lesen, Musikmachen*
Was ich sonst noch sagen wollte: *Ich würde mich gerne über tolle Bücher und Lesetipps austauschen. Außerdem habe ich schon mal … persönlich getroffen und sogar seine Handynummer!*
Kontaktdaten: *Adresse*

1 Lies dir die obigen Freundschaftsanzeigen durch.

a) Verfasse eine ähnliche Anzeige über dich selbst. Überlege dir dafür einen Spitznamen. Denke daran, zwei bis drei Sätze zu ***Was ich sonst noch sagen wollte*** zu formulieren.

b) Stellt eure Steckbriefe im Klassenzimmer aus (natürlich ohne die Urheber zu nennen!). Wem würdet ihr gerne schreiben?

2 a) Wähle eine der ausgehängten Freundschaftsanzeigen aus.

b) Begründe, warum du dich für diese Anzeige entschieden hast.

Du sollst nun ein Antwortschreiben zu der Freundschaftsanzeige verfassen, die du ausgewählt hast.

3 a) Sammle auf einem Stichwortzettel, was deinen Leser interessieren könnte.

gleiches Hobby – Name meines Fußballclubs

meine Sprachen: ebenfalls Italienisch, etwas Französisch

…

b) Ordnet die Stichwortzettel den Freundschaftsanzeigen zu. Begründet eure Entscheidung.

Wie fang ich bloß an? – Das Antwortschreiben einleiten

1 In einer Einleitung soll die Neugier des Empfängers geweckt werden, damit er weiterliest und später eine Antwort verfasst.

a) Lest noch einmal die Einleitung zu Hannas Brief auf Seite 164.

b) Lest auch die folgenden Einleitungen zu Briefen aus Jugendbüchern. Die Cover findest du auf Seite 170.

c) Beschreibt Gemeinsamkeiten und Unterschiede der Einleitungen.
- Wie fangen die Einleitungen an?
- Wie wird der Leser angesprochen?
- Welche Unterschiede fallen euch an der Sprache auf?
- Was möchte der Leser nach diesen Einleitungen erfahren?

d) Bewertet die unterschiedlichen Anreden in den Briefen. Erklärt den Zusammenhang von Leser und Anrede.

Gadds,
heute schreibe ich dir aus dem Krankenhaus. Keine Sorge, es ist alles in Ordnung und ich bin noch am Leben, wenn auch ziemlich erschüttert.
(„Gespenster gibt es doch!“)

Wer immer das liest!
Mein Name ist Ernst Friedrich Geierhahn. Von Beruf bin ich Monsterjäger. Heute wirst du, Leser dieses Briefes, wahrscheinlich sagen: Es gibt weder Monster noch solche, die sie jagen.
Du irrst, Leser!
Du irrst ganz fürchterlich.
(„Die geheimen Briefe des Monsterjägers“)

Hallo Nala,
als ich gelesen habe, dass du gerne liest und Buchtipps suchst, habe ich mich gleich an meinen Schreibtisch gesetzt, weil wir uns sehr ähnlich sind. Ich bin nämlich auch immer auf der Suche nach tollen Lesetipps.

Hallo altes Haus,

Sehr geehrter …,

Lieber …,

Hallo …,

Hi …,

Servus …,

2 Benennt nun die Bestandteile, die in der Einleitung eines persönlichen Schreibens vorhanden sein müssen.

3 Formuliere jetzt die Einleitung zu deinem Antwortschreiben auf die Freundschaftsanzeige von Seite 167.
- Suche dir einen Punkt aus der Anzeige heraus, der dich anspricht.
- Was interessiert dich besonders an der Person hinter der Anzeige? Was möchtest du über sie erfahren?

Mitten hinein – dein persönliches Schreiben weiterschreiben

... Es wäre auch schön, wenn du einmal antworten würdest oder wenn du anrufen könntest. Dann wüsste ich, wie es dir geht. Aber Mama sagt, ihr habt auf dem Boot kein Telefon, sondern nur ein Sprechfunkgerät. Damit könnt ihr nur mit anderen Schiffen sprechen. Und wenn ich auch ein Sprechfunkgerät hätte? Ich werde mal den Herrn Janssen fragen. Der müsste ja eins haben als Seemann, auch wenn er nur Fischer ist und kein Meeresforscher wie du. Mitten auf dem Meer gibt es keine Telefonzellen, das ist leider die Wahrheit. Siehst du, noch etwas, das man mal erfinden müsste. Die Seeleute würden sich freuen, vor allem die Schiffbrüchigen, die auf dem Meer treiben.
Ich möchte dir in jedem Flaschenpostbrief etwas Lustiges schreiben, denn bestimmt seid ihr sehr ernst auf dem Boot, weil die Arbeit ernst ist ...

1 Lest einen weiteren Auszug aus einem Schreiben von Hanna an ihren Vater.
a) Sprecht über seinen Inhalt. Beschreibt, an welchen Stellen die Verfasserin Hanna Fragen stellt und wie sie ihren Adressaten anspricht.
b) Beschreibt, wie Hanna innerhalb des Briefes von einem Thema zum nächsten überleitet.
c) Sammelt gemeinsam weitere Möglichkeiten für euer persönliches Schreiben. Ihr könnt dafür folgende Bausteine als Ideengeber verwenden:

Bücher austauschen
Über meine Stadt erzählen
Geheimtipp für Fußballer

2 a) Bewertet den folgenden Auszug aus einem persönlichen Schreiben.

...Bei unserem letzten Fußballspiel konnten wir unsere Gegner ganz toll an der Nase herumführen. Wir gewannen das Spiel. Meine Mutter hat mir zum Geburtstag einen ganz tollen Kuchen gebacken und wir feierten eine tolle Party...

b) Überarbeite den oben stehenden Textauszug, indem du eine Überleitung zwischen den Themen formulierst.

3 a) Setze dein Antwortschreiben auf die Freundschaftsanzeige von Seite 167 fort. Denke daran, den Leser anzusprechen und Fragen zu stellen.
b) Tauscht eure Texte aus und kontrolliert, ob passende Überleitungen, Ansprachen an den Leser und Fragen vorhanden sind.

Zu guter Letzt – dein Antwortschreiben beenden

1 So haben andere ihre Briefe beendet:

… Du brauchst diesen Brief nicht zu beantworten, Gadds. Ich musste mir nur mal Luft machen. Jetzt geht es mir schon wieder besser. Ich werde an meinem Buch weiterschreiben, sobald sie mich aus dem Krankenhaus entlassen. Voller Zuversicht und mit nur leichtem Humpeln.
Ignaz B. Griesgram („Gespenster gibt es doch“)

… Jetzt gehe ich ins Bett und morgen geht die Flaschenpost ab.
Eine gute Nacht wünscht
Deine Tochter Hanna

… Das war ein langer Antwortbrief auf eine kurze Karte. Vielleicht bekomme ich das nächste Mal auch von Dir einen Brief?
Grüße Deine Riesenfamilie, bleibe vergnügt und schreibe Deinem alten Freund,
den man im Dorf Don Jaime nennt.
(„Briefe an Pauline“)

2 a) Wie werden die Briefe jeweils beendet?
b) Sammelt weitere Ideen, wie man persönliche Schreiben beenden könnte.

3 Beende dein eigenes Antwortschreiben.

4 Gestalte dein Schreiben:
- Überlege, an welchen Stellen du Leerzeilen einfügen kannst, um es übersichtlicher zu gestalten.
- Verschönere es, indem du ein Bild dazu malst.

5 Stecke dein Schreiben in einen Umschlag.
a) Gestalte ihn mit Bildern oder Verzierungen.
b) Verteilt die Briefe an die jeweiligen Freundschaftsanzeigen-Verfasser.

Aus diesen Büchern stammen die Textausschnitte in diesem Kapitel: Vielleicht hast du Lust, eines davon ganz zu lesen?

Weitere persönliche Schreibformen

6 Hier findest zu einige weitere Anlässe. Ergänze diese mit einem Partner:
Urlaubsgrüße, Glückwünsche, Dank, …

7 Dein persönliches Schreiben kann auch eine andere Form haben (z. B. E-Mail, SMS).
a) Benennt die Unterschiede der Schreibformen aus Aufgabe 6 (je einen pro Anlass).
b) Sprecht darüber, welche Mitteilungsform ihr für verschiedene Anlässe wählt.
- Treffen vereinbaren
- Hausaufgaben erfragen …

3.2 Persönliche Schreiben verfassen (persönlicher Brief, auch digitale Formate); 3.1 Eigene Texte logisch strukturieren

Alles klar? – Ein persönliches Schreiben überarbeiten

1 Max will seinem Freund David einen Brief aus dem Urlaub schreiben.

a) Sprecht über das persönliche Schreiben. Als Hilfe für die inhaltlichen Aspekte könnt ihr die Checkliste verwenden.

b) Achtet beim zweiten Durchlesen auf sprachliche Mängel des Schreibens.

c) Wählt aus den Anmerkungen von Max jeweils eine aus und verbessert diese im Schreiben.

d) Tauscht euch über eure Ergebnisse aus und sammelt die Ideen.

e) Schreibe den gesamten überarbeiteten Brief ins Heft.

Nizza, den 15.08.2017	
Hallo David,	
lange nichts mehr gehört! *Ich bin schon seit einer Woche im Urlaub. Ich wollte mich mal wieder melden.*	*Sb* *✓ Wo?*
Ich war erst mal richtig enttäuscht. *Ich wäre am liebsten gleich wieder heimgefahren!*	*Warum? – ✓ Zusammenhang* *✓ Erklärung*
Dann hörte der Regen auf und die Wolken verzogen sich allmählich. Der Himmel war dunkelblau, wie auf einer Postkarte. Dann packten wir unsere Sachen zusammen – und dann ging's auf zum Strand.	*✓ Überleitung* *dann durch andere Konj. ersetzen* *✓ dir. Ansprache, Fragen*
Dort waren viele Jungs unterwegs. Wir waren uns dann schnell einig.	*unklar!*
Wir werden uns wohl verpassen.	*✓*
Dein bester Freund *Max*	*✓ Bitte um Antwort*

Checkliste

Persönliches Schreiben:
- Sind die Zusammenhänge klar?
- Wird der Empfänger direkt angesprochen?
- Sind Fragen an den Empfänger enthalten?
- Wird das Schreiben abgeschlossen?
- Wird um Antwort gebeten?
- Wurden Rechtschreibung und Zeichensetzung kontrolliert?

Karten als persönliche Schreiben planen

1 Du möchtest zu deinem Geburtstag einladen. Entwirf eine ansprechende Einladungskarte.
- Denke an alle wichtigen Informationen (Termin, Ort).
- Überlege dir ein Motto für die Party.
- Gestalte die Karte mit Bildern, Zeichnungen...

2 Leider kannst du die Einladung von deinem Freund (aus Aufgabe 1) nicht annehmen. Entwirf eine Karte, in der du dich bei ihm entschuldigst und ihm zum Geburtstag gratulierst.

3 Du willst einem Freund eine Karte aus dem Urlaub schreiben. Entwirf eine ansprechende Karte.
- Was gefällt dir am besten?
- Gestalte die Karte mit Bildern, Zeichnungen...

Persönliche Schreiben verfassen

1 Verfasse selbst aufgrund der erarbeiteten Bestandteile eine Checkliste für ein persönliches Schreiben. Du kannst dafür die unten stehende Liste „Das kann ich jetzt“ als Grundlage verwenden.

2 Schreibe einen persönlichen Brief zu einem der folgenden Themen.
Natürlich darfst du auch anderes zusätzlich schreiben. Beachte aber: immer glaubwürdig bleiben!

Dein Freund Eren ist mit seinen Eltern nach München umgezogen. Weil du schon einige Monate nichts mehr von ihm gehört hast, schreibst du ihm einen Brief, in dem du dich nach seiner neuen Umgebung erkundigst.

Vorschläge für weitere Inhalte:
neue Schule und Bekannte, Einladung für die Ferien, ...

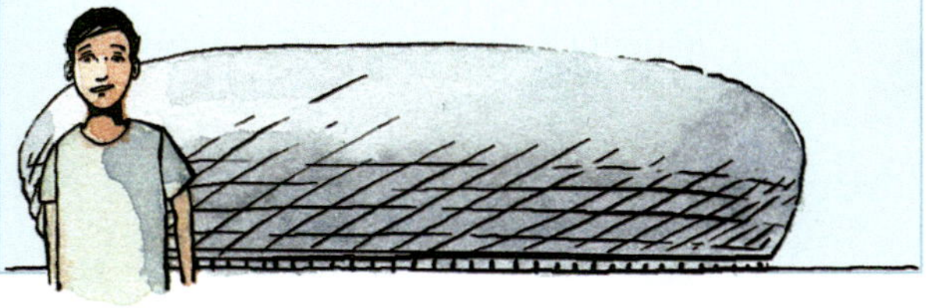

Deine Freundin Ilaria ist mit ihren Eltern in den Sommerferien nach England gefahren; du hingegen bist zu Hause geblieben und unternimmst viel mit deinen anderen Freunden.

Vorschläge für weitere Inhalte:
Erlebnisse in England, Zelten mit Freunden,
...

3 Tausche den geschriebenen Brief mit einem Partner aus.
a) Kennzeichne zwei Stellen, die deiner Ansicht nach überarbeitet werden sollen.
b) Gib Hinweise zur Verbesserung.
c) Suche zwei Stellen aus, die besonders gut gelungen sind.
d) Überarbeite dein eigenes Schreiben mithilfe der Hinweise.

Das kann ich jetzt

- ✔ Korrekte äußere Form eines Briefes einhalten
- ✔ Überleitungen zwischen Anfang, Hauptteil und Abschluss des Schreibens herstellen
- ✔ Im Hauptteil zusammenhängend erzählen
- ✔ Meinen Leser direkt ansprechen, abhängig davon, wie gut ich ihn kenne
- ✔ Fragen stellen
- ✔ Das Schreiben übersichtlich gestalten

Fremdwörter aus dem Englischen

In diesem Kapitel lernt ihr
- die Bedeutung von Fremdwörtern zu erklären,
- Wortarten richtig zu verwenden,
- die verschiedenen Zeitformen korrekt zu gebrauchen,
- Bestandteile von Sätzen zu bestimmen und
- Texte abwechslungsreich zu formulieren.

1 Schaut euch die Bilder an. Was ist hier jeweils schiefgelaufen?

2 Die folgenden Fremdwörter stammen aus dem Englischen.
a) Notiere, welche der drei Erklärungen jeweils richtig ist.
b) Vergleicht eure Ergebnisse. Schlagt im Wörterbuch nach, wenn ihr unsicher seid.

3 Erklärt euch gegenseitig die folgenden Fremdwörter:
Countdown – Job – Outfit – Snack – Dressing

4 Sammelt weitere englische Fremdwörter, denen ihr im Alltag oft begegnet.

1. *Aftershave*
   a) Nachkommen
   b) Rasierwasser
   c) Toilettenpapier
2. *Airbag*
   a) Tasche
   b) Flugzeugtyp
   c) Luftsack in Fahrzeugen
3. *Bodyguard*
   a) Körperschmuck
   b) Waschlotion
   c) Leibwächter
4. *Brunch*
   a) spätes Frühstück
   b) Brotart
   c) Braten
5. *Container*
   a) Müll
   b) Behälter
   c) Metall
6. *Crew*
   a) Maschine
   b) Mannschaft
   c) Ernte
7. *Design*
   a) Süßspeise
   b) Gestaltung
   c) Zeichen
8. *Entertainer*
   a) Unterhalter
   b) Entenzucht
   c) Sportlehrer
9. *Layout*
   a) Auslage
   b) Gestaltung
   c) Zahlung
10. *Limit*
    a) Getränk
    b) Grenze
    c) Zitronenart
11. *Look*
    a) Auswahl
    b) Locke
    c) Aussehen
12. *Match*
    a) Spiel
    b) Schmutz
    c) Ärger
13. *Overall*
    a) Geländewagen
    b) Überflieger
    c) Anzug
14. *Teamwork*
    a) Teefabrik
    b) Gruppenarbeit
    c) Arbeitsplatz
15. *Whirlpool*
    a) Lockenstab
    b) Sprudelbecken
    c) Verwirrung

5 a) Beschreibt die Situationen, in denen hier englische Fremdwörter verwendet werden.
b) Stellt Vermutungen an, warum die Fremdwörter verwendet werden.

6 Diskutiert, ob der Einsatz der Fremdwörter in den jeweiligen Situationen sinnvoll ist.

Wortarten richtig verwenden

Sportart gesucht!

Wir alle kennen dieses (1). Es wird von zwei (2) mit jeweils elf (3) auf einem rechteckigen (4) ausgeführt. Das (5) besteht darin, einen (6) in das gegnerische (7) zu befördern. Die (8), die am meisten (9) schießt, hat am (10) gewonnen.

Neunzig Minuten lang (11) die Teilnehmer einem Ball hinterher. Sie (12) um die Gegner herum und (13) mit viel Kraft in Richtung Tor. Dort (14) allerdings noch ein Torwart. Der (15) sich auf den Boden oder (16) in die Luft, um den Ball noch vor der Torlinie zu (17).

Schießt jemand ein Tor, wird meistens (18) gejubelt. Dann fallen sich elf Personen (19) in die Arme. Das andere Team ist dagegen (20). Manche Spieler reagieren sogar (21) und schreien (22) herum. Andere beschimpfen sogar den (23) Schiedsrichter. Selten läuft dieser schließlich (24) vom Platz.

1 a) Hier wird eine Sportart gesucht. Um welche geht es?
b) Warum ist der Text so schwer zu verstehen?

2 a) Notiere für jede Ziffer ein passendes Wort.
b) Lest euch eure Ergebnisse gegenseitig vor.
c) Stellt fest, welche Gemeinsamkeiten es zwischen den Wörtern eines Absatzes gibt.

3 Übertragt die folgende Tabelle in euer Heft und ordnet eure Wörter ein:

Nomen (Namenwort)	***Verb (Tunwort)***	***Adjektiv (Wiewort)***

4 Ergänzt die Tabelle durch folgende Wörter:
sprinten, groß, Schiedsrichter, ähnlich, passieren, dribbeln, Traum, Angst, warten, Hoffnung, langweilig, Mittellinie, ehrgeizig, rot, fließen.

1. Sie drücken aus, was jemand tut oder was geschieht.

2. Mit diesen Wörtern kannst du etwas ganz genau beschreiben.

3. Die deutsche Bezeichnung heißt: Namenwort.

4. Du kannst sie mit „Wie ist es?“ erfragen.

5. Die deutsche Bezeichnung heißt: Tunwort.

6. Du kannst sie mit „Was tut er/sie?“ erfragen.

7. Sie bezeichnen Lebewesen und Gegenstände, aber auch Gedachtes und Gefühle.

8. Du kannst der, die oder das davor setzen. Sie werden großgeschrieben.

9. Die deutsche Bezeichnung heißt: Wiewort.

5 a) Zu welcher Schublade gehören welche Zettel?

b) Findet für jede Schublade eine passende Überschrift.

6 a) Schreibe die Inhalte der Schubladen mit ihren Überschriften getrennt voneinander auf.

b) Schreibe für jede Schublade noch fünf weitere Beispielwörter auf.

7 a) Zu welcher Wortart gehören folgende Fantasiewörter?
bubberln, Gretschies, quermlig, ergrommelte, Fergilung, lädhaft, Äbkeit, santieren

b) Erkläre, woran du das erkannt hast.

Nomen und ihre Artikel richtig gebrauchen

1 a) Beschreibt die beiden Bilder. Worin bestehen die Unterschiede?
b) Welche sprachlichen Unterschiede gibt es?
c) Klärt folgende Begriffe: bestimmter und unbestimmter Artikel (Begleiter).

> „Heute war **ein** guter Tag“, erzählt **ein** Fußballer aus **dem** kleinen Dorf Hetzles seiner Mutter. „Ich habe zwei Tore geschossen!“
> „Das ist **eine** gute Nachricht!“, ruft **die** Frau. „Wie hoch habt ihr **das** Spiel denn gewonnen?“
> „Wieso gewonnen? **Die** Partie ging 1 zu 1 unentschieden aus.“

2 Seht euch den Witz genau an. Wann wird der bestimmte Artikel (der, die, das, ...) benutzt? Wann wird der unbestimmte Artikel (ein, eine, ...) verwendet? Formuliert gemeinsam eine Regel.

3 a) Schreibt den folgenden Text ab. Ergänzt dabei die fehlenden Artikel. (Manchmal gibt es mehrere Lösungen.)
b) Diskutiert eure Lösungen.

An ⚽ Samstagnachmittag trifft ⚽ Trainer des SC Feucht mit seiner Mannschaft auf ⚽ Fußballplatz ⚽ Nachbarortes ein. Müde betreten ⚽ Männer ⚽ Spielfeld. Als ⚽ Trainer gerade nicht zuhört, meint ⚽ Mittelstürmer zu ⚽ Mitspieler: „Wir können hier sowieso nicht gewinnen, also passt wenigstens auf, dass die Trikots nicht dreckig werden!“ Und so kommt es auch.
Nach ⚽ hohen Niederlage macht ⚽ Trainer mit ⚽ Mannschaft noch ⚽ Rundgang. „So, Jungs“, sagt er, „wo ⚽ Gäste sitzen, wisst ihr ja nun. ⚽ Standort ⚽ Reporter kennt ihr auch – und nun zeige ich euch für ⚽ nächste Mal noch, wo ⚽ Tore stehen!“

4 Beschreibt das Bild. Was ist hier schiefgelaufen?

5 Übertragt die folgende Tabelle in euer Heft. Ordnet die Nomen nach ihrem grammatischen Geschlecht richtig ein.
Speerwurf, Rennpferd, Wettlauf, Kampfsport, Hockeyfeld, Tennisschläger, Hochsprung, Weltmeisterschaft, Siegerehrung, Tänzerin, Pfeife, Laufbahn, Hindernis, Ruderboot

männlich (der)	**weiblich (die)**	**sächlich (das)**
der Speerwurf		

6 Bestimmt das grammatische Geschlecht folgender Nomen. Schlagt dazu im Wörterbuch nach. Was stellt ihr fest?
Kaugummi, Bonbon, Joghurt, Laptop, Akku, Prospekt.

7 Zu manchen Nomen gibt es zwei Artikel, weil sie unterschiedliche Bedeutungen haben. Zeige dies für folgende Nomen:
Kiefer, Band, Tau, See, Tor.
der Kiefer (Körperteil) – die Kiefer (Pflanze), …

8 Vielleicht haben manche eurer Mitschüler und Mitschülerinnen eine andere Muttersprache. Sprecht darüber, ob es auch in ihrer Sprache verschiedene Artikel gibt.

Info

Artikel

Wörter wie *der, die, das* und *ein, eine* begleiten Nomen. Man nennt sie Artikel (Begleiter).

Der, die und *das* sind **bestimmte Artikel**. *Ein* und *eine* sind **unbestimmte Artikel**.

Am Artikel ist erkennbar, ob ein Nomen männlich (*der Torwart*), weiblich (*die Mannschaft*) oder sächlich (*das Tor*) ist.

Nomen im Singular und Plural verwenden

1 a) Schreibt zu den Bildern oben ein passendes Nomen im Singular (Einzahl) und im Plural (Mehrzahl) auf:
der Fußball – die Fußbälle, …

b) Welche Möglichkeiten gibt es, die Pluralform zu bilden? Sprecht darüber.

2 Die folgenden Wörter weisen bei der Singular- und Pluralbildung eine Besonderheit auf. Findet diese heraus und schreibt sie auf.
Regen – Glück – Kosten – Ferien – Eltern – Butter – Vieh– Urlaub – Leute – Mut – Igel

3 Manche Nomen haben ungewöhnliche Pluralformen. Schreibe zu den Bildern rechts passende Nomen mit ihren Artikeln im Singular und Plural auf:
das Aquarium – die Aquarien, …

Info

Nomen

Nomen können im Singular (Einzahl) und im Plural (Mehrzahl) vorkommen:
der Arzt – die Ärzte.

Manche Nomen gibt es nur im Singular (*das Obst*) oder nur im Plural (*die Leute*).

Die vier Fälle eines Nomens richtig anwenden

Hallo Sina,
ich habe gerade ein Junge mit Schlittschuhe unter den Arm gesehen. …
Wo will denn der mit die Schlittschuhe hin? Egal!
Ich schleiche den Jungen mal hinterher! Ob der wohl aus die Gegend kommt?
Übrigens: Dem Jungen seine Schlittschuhe sind pink mit rosa Bänder! Komisch! Bis später!

1 a) Lest den Text laut vor. Was fällt euch auf?
b) Untersucht den Text in Partnerarbeit. Findet heraus, wie viele Fehler er enthält.
c) Vergleicht und begründet eure Ergebnisse in der Klasse.

2 a) Verbessere den Text. Manchmal musst du leicht umformulieren. Unterstreiche die verbesserten Nomen mit ihren Artikeln.
b) Besprecht, wie ihr die unterstrichenen Wörter erfragen könnt. Die Fragewörter am Rand helfen euch dabei.
c) Notiert, in welchem Fall (Kasus) die Nomen jeweils stehen.

Wer oder was?
Wessen?
Wen oder was?
Wem?

3 a) Übertragt die folgende Tabelle in euer Heft. Ergänzt die fehlenden Nomen im richtigen Fall (Kasus).
b) Vergleicht eure Ergebnisse.

Fall (Kasus)	***männlich***	***weiblich***	***sächlich***
1. Fall (Nominativ) *Wer oder was?*	*der Junge*	*die Frau*	*das Kind*
2. Fall (Genitiv) *Wessen?*			
3. Fall (Dativ) *Wem?*			
4. Fall (Akkusativ) *Wen oder was?*			

4 Fertigt die Tabelle auch für die Nomen im Plural an.

Fall (Kasus)	***männlich***	***weiblich***	***sächlich***
1. Fall (Nominativ) *Wer oder was?*	*die Jungen*	*die Frauen*	*die Kinder*

Hi Ramon,
seit vorgestern fallen hier dicke Schneeflocken. Das Auto meiner Mutter ist schon ganz zugeschneit. Ich werde mich jetzt gleich auf den Weg ins Eisstadion machen. Ich soll meiner Schwester die Schlittschuhe hinterherbringen. Sie trifft dort ihre beste Freundin.
Gerade habe ich die Tochter unseres Mathelehrers gesehen. Sie läuft hier planlos durch die Gegend. Ich wollte ihr meine Hilfe anbieten. Aber sie ist mit rotem Kopf weggelaufen. Komisch!
Bis bald!

5 a) Lest die Nachricht.
b) Schreibe auf, in welchem Fall die unterstrichenen Wörter stehen. Notiere dies so:
Wer oder was fällt hier seit gestern?
Dicke Schneeflocken. (1. Fall)

Liebe Sina,
soeben habe ich (eine unglaubliche Geschichte) erlebt. Ich wollte ja (der Junge) mit (die Schlittschuhe) verfolgen. Aber irgendwie habe ich ihn aus (die Augen) verloren. Auf (der Heimweg) habe ich dann (ein Autofahrer) beobachtet. Der Mann hat an (sein Kofferraum) zwei Kinderschlitten befestigt. Anschießend haben sich die zwei kleinen Kinder (der Mann) auf den Schlitten gesetzt. Kurz darauf hat der Vater die Kinder über (die schneeglatte Fahrbahn) hinter sich hergezogen. Das war sehr gefährlich, denn auf (die Straße) fuhren in (beide Richtungen) viele Autos. Einige Fußgänger fotografierten (der Vorfall). Sie informierten die Polizei, die nun auf (die Suche) nach (der Fahrer) ist. Unfassbar, was?
Deine Leonie

6 a) Lest den Brief vollständig vor. Ergänzt dabei die Nomen in Klammern im richtigen Fall (Kasus).
b) Schreibt den Brief vollständig auf. Notiert nach den eingesetzten Nomen immer den Fall.
c) Vergleicht eure Ergebnisse. Begründet eure Entscheidungen mithilfe der Frageproben.

Die Kinder setzen sich **auf den Schlitten**. Timo legt eine Geldmünze **auf seinen Stiefel**. **Auf der Skipiste** ist viel los. Ein Freund wirft Timo Schnee ins **Gesicht**.
Der Junge springt **in die Luft**. Die Münze fällt **in den Schnee**. Ein halbes Jahr später findet ein Wanderer **zwischen blühenden Blumen** ein verrostetes Geldstück.

7 Ordnet die fettgedruckten Wörter aus dem Text oben in folgende Tabelle ein:

Wo?	*Wohin?*

8 In welchem Fall stehen alle Nomen, die mit „Wo?“ erfragt werden?
In welchem Fall stehen alle Nomen, die mit „Wohin?“ erfragt werden?
Formuliert hierzu eine Regel.

Wozu wir Verben brauchen ...

1 Sprecht über das Plakat. Warum erzeugt es bei den Personen unterschiedliche Reaktionen?

2 a) Vervollständigt den Satz auf dem Plakat, indem ihr ein passendes Verb einsetzt.
Die Stadt Wolnzach <u>zerstört</u> hier ein Kino.

b) Lest euch eure Sätze gegenseitig vor. Erratet, zu welchen Personen die Sätze jeweils gehören.

c) Sprecht darüber, warum Verben in unserer Sprache so wichtig sind.

3 a) Lest die Sätze rechts vollständig vor. Setzt dazu jeweils eine passende Verbform aus dem Wortspeicher richtig ein. Begründet eure Wahl.

b) Schreibe die Sätze vollständig auf. Unterstreiche in jedem Satz das Verb und kennzeichne durch einen Pfeil, auf welches Wort es sich jeweils bezieht:
<u>Gehst</u> du gern ins Kino?

- ? du gern ins Kino?
- Jährlich ? viele Personen Kinovorstellungen.
- „Harry Potter“ ? immer noch als einer der erfolgreichsten Filme aller Zeiten.
- Der bisher teuerste Kinofilm ? aber „Fluch der Karibik“.
- Die Produktionskosten dieses Films ? sich angeblich auf 410 Millionen Dollar.
- Ich ? Kriminalfilme.
- ? ihr für Kinobesuche überhaupt Geld aus?

heißt – besuchen – bevorzuge – Gehst – beliefen – Gebt – gilt

es|sen; du isst; du aßest; gegessen; iss!; …

neh|men; du nimmst; ich nahm, du nahmst; genommen; nimm! …

4 a) Schlagt die oben stehenden Verben im Wörterbuch nach. Wie geht ihr dabei vor?
b) Schreibe zu der gebeugten (finiten) Verbform immer die Grundform (den Infinitiv) auf: *meinst – meinen, …*

sein – kamen – isst – leben – nanntest – opferten – gedacht – gefroren – flüsterte – ist – gezeigt – schreien – las – musste – gerannt – wählen – zählen – gewandt – geleert – nähen

5 a) Schreibe von den Verben im Kasten nur die gebeugten (finiten) Formen untereinander auf. Bei richtiger Bearbeitung ergeben die Anfangsbuchstaben ein Lösungswort: *kamen …*
b) Schreibe neben jede gebeugte (finite) Verbform den Infinitiv: *kamen – kommen, …*

6 Schreibe die folgenden Sätze ab und setze immer die richtige finite Verbform ein.
An einem Nachmittag geht …

a) An einem Nachmittag ? Timo mit seinem Freund ins Kino. *(gehen)*

b) Kurz bevor die Vorstellung ?, ? der Junge eine Nachricht in sein Handy: *(beginnen, tippen)*

c) „Mama, du ? mich nicht abholen. Ich ? rumgebracht!" *(müssen, werden)*

d) Danach ? er sein Handy ?. *(ausschalten)*

e) Die erste Minute des Filmes ?, als ein Polizist den Kinosaal ?. *(laufen, betreten)*

f) Er ? allen, den Raum sofort zu verlassen. *(befehlen)*

g) Timo ? seinem Freund einen erstaunten Blick ?. *(zuwerfen)*

h) Erst später ? sich der Vorfall ?. *(aufklären)*

i) Timos Mutter ?: „Ich ? mich wohl verlesen haben." *(zugeben, müssen)*

j) Sie ?, die folgende Nachricht bekommen zu haben: *(meinen)*

k) „Mama, du ? mich sofort abholen. Ich ? umgebracht." *(müssen, werden)*

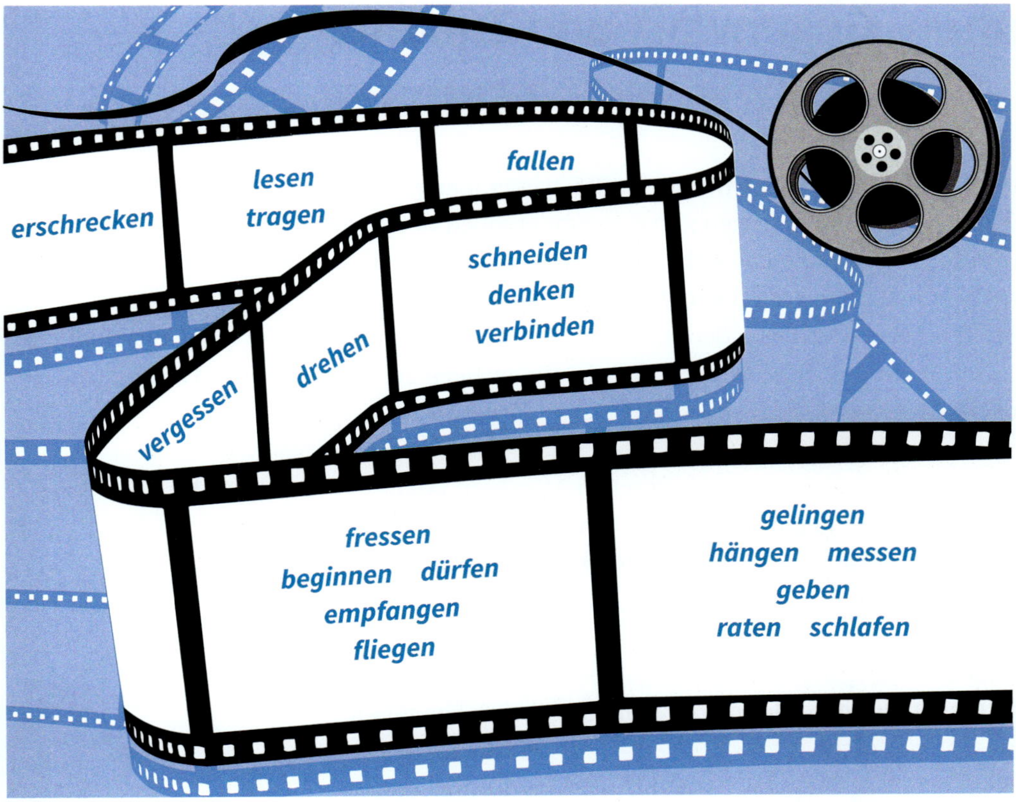

7 Spielt in Gruppen das Verbformenspiel. Ihr benötigt dazu zwei Würfel.
So geht ihr dabei vor:

a) Sucht euch aus der Liste ein Verb aus.
b) Legt durch Würfeln die Person fest (1 =ich, 2 = du, 3 = er/sie/es, 4 = wir, 5 = ihr, 6 = sie im Plural).
c) Würfelt nun und schreibt das Verb in seiner gebeugten (finiten) Form auf.
 *sie erschrecken*
d) Wer die richtige Verbform aufgeschrieben hat, bekommt einen Punkt.
Sieger ist, wer am Schluss die meisten Punkte hat.

Info

Verben

Verben drücken aus, was getan wird oder was geschieht.
Die Grundform des Verbs *(gehen, laufen)* bezeichnet man als **Infinitiv** bzw. **infinite Form**. Wenn du ein Verb im Wörterbuch nachschlagen möchtest, musst du den Infinitiv kennen.
Verben werden in Sätzen meistens in der **gebeugten (finiten) Form** verwendet.
An dieser Form kannst du erkennen, wer etwas wann tut. Deshalb nennt man die finite Form des Verbs auch **Personalform**.

Infinitiv	**Einzahl (Singular)**	**Mehrzahl (Plural)**
sehen	*ich sehe*	*wir sehen*
	du siehst	*ihr seht*
	er, sie, es sieht	*sie sehen*

Vergangenheit, Gegenwart und Zukunft

Früher gaben die Menschen Märchen nur mündlich weiter. Sie versammelten sich an langen Winterabenden vor dem Kamin und trugen sich die wundervollen Geschichten vor. (1) ______.
Zunächst waren es die Erwachsenen, die sich mit Märchen beschäftigten. Vor allem bei einfachen und armen Leuten waren Märchen sehr beliebt, denn (2) _____.
Erst im 19. Jahrhundert begannen die beiden Brüder Jacob und Wilhelm Grimm, die Märchentexte aufzuschreiben. Sie wollten die vielen Geschichten in einem Buch zusammenfassen. Dies hatte große Auswirkungen. (3) ______.

Heute kennt fast jedes Kind einige der Grimmschen Märchen. (4) ______. Auch in der Schule spricht man heutzutage über die fantastischen Erzählungen. Allerdings sind nicht nur die Texte aus den Märchenbüchern bekannt. Ebenso sind Hörversionen sehr beliebt. (5) ______.

1 Probiert aus, welche der folgenden Sätze in welche Zeile passen. Besprecht eure Entscheidungen. Manchmal gibt es mehrere Lösungen, manche Sätze passen gar nicht.

1a) Das macht ihnen viel Spaß
1b) Das machte ihnen viel Spaß.
1c) Das wird ihnen viel Spaß machen.

2a) sie können nicht schreiben und lesen.
2b) sie konnten damals nicht schreiben und lesen.
2c) sie werden damals nicht schreiben und lesen können.

3a) Doch das ahnen sie damals noch nicht.
3b) Doch das ahnten sie damals noch nicht.
3c) Doch das werden sie damals noch nicht ahnen.

4a) Gern sehen sich Kinder heutzutage Märchen auch im Fernsehen an.
4b) Gern sahen sich Kinder Märchen heutzutage auch im Fernsehen an.
4c) Gern haben sich Kinder Märchen heutzutage auch im Fernsehen angesehen.

5a) Sicherlich beschäftigen sich Kinder auch in Zukunft gern mit diesen Erzählungen.
5b) Sicherlich beschäftigten sich Kinder auch in Zukunft gern mit diesen Erzählungen.
5c) Sicherlich haben sich Kinder auch in Zukunft gern mit diesen Erzählungen beschäftigt.

Die Zeitformen Präsens, Präteritum und Perfekt richtig verwenden

Die drei Männlein im Walde (Brüder Grimm)

1 Oben ist der Beginn eines Märchens abgebildet. Beschreibt die Ausgangssituation.

2 a) Untersucht die Verben in den Sprechund Gedankenblasen. In welcher Zeitform wird hier gesprochen? Warum?
b) Schreibt die Verben heraus. Setzt ein passendes Pronomen davor: *sie ist, …*

3 Wie hättest du dich an Stelle der Stieftochter verhalten? Was hättest du zu der Stiefmutter gesagt? Entwirf dazu eine Sprechblase. Verwende das Präsens.

Wir sprechen anders als wir schreiben

Einmal **ist** eine Frau neidisch auf ihre schöne und fleißige Stieftochter **gewesen**. Ihre richtige Tochter war nämlich faul und total hässlich. Ja, und dann **hat** es einen Winter mal richtig stark **geschneit** und alles ist zugefroren. Da hat die Frau der Stieftochter ein Kleid aus Papier genäht. Und äh, … dann hat sie dem Mädchen befohlen, in den Wald zu gehen. Angeblich um Erdbeeren zu sammeln. Und nur ein Stückchen hartes Brot hat sie dem Kind mitgegeben. Sie hat nämlich gehofft, es nie mehr wieder zu sehen.
Ja, … äh, … das brave Mädchen ist dann in den Wald gegangen. Und dann ist es zu einem Häuschen gekommen. Da schauten drei kleine Männchen heraus. … Da hat das Mädchen die drei gegrüßt und hat dann auch gefragt, ob es sich bei ihnen kurz aufwärmen kann. Zum Brotessen. Und also, dann äh, ja dann haben die Männchen sie gebeten, dass sie ihnen was abgibt. Und das Mädchen hat gern geteilt.

Es **war** einmal eine Frau, die war neidisch, weil ihre Stieftochter schön und fleißig, ihre richtige Tochter aber hässlich und faul war. Einmal im Winter **schneite** es und der Boden war steinhart. Da nähte die Frau ein Kleid aus Papier. Dann befahl sie dem Mädchen, in den Wald zu gehen und Erdbeeren zu sammeln. Sie gab ihr noch ein Stückchen hartes Brot und hoffte, sie fortan nie mehr wieder zu sehen.
Das gehorsame Mädchen ging in den Wald und kam bis zu einem Häuschen, aus dem drei kleine Männchen herausschauten. Es grüßte sie und fragte, ob sie sich bei ihnen aufwärmen und ihr Brot essen könne. Die Männchen baten sie, ihnen etwas abzugeben, und das Mädchen teilte gerne.

1 a) Lest die beiden Texte.
b) Einer der beiden Texte wurde mündlich erzählt, der andere wurde aufgeschrieben. Stellt Vermutungen an, welches der mündliche und welches der schriftliche Text ist. Begründet eure Meinungen.
|WES-122902-031|
c) Sucht Textstellen heraus, an denen das Mündliche besonders deutlich wird.

2 a) Schreibt fünf Verbformen heraus, die in beiden Texten vorkommen:
ist gewesen – es war, …
b) Sprecht darüber, welche Zeitformen in welchem Text besonders häufig vorkommen.
c) Setze die folgenden Sätze fort:
Wir verwenden meistens die 1. Vergangenheit (Präteritum), wenn wir …

Wir verwenden meistens die 2. Vergangenheit (Perfekt), wenn wir …

d) Vergleicht eure Ergebnisse.

4.2 Zwischen mündlichem und schriftlichem Sprachgebrauch unterscheiden und so das Sprachbewusstsein vertiefen

Im Wald ***erzählt*** das arme Mädchen den drei Männlein von der bösen Stiefmutter. Es ***zeigt*** ihnen seinen leeren Korb. Die Männlein ***geben*** dem Mädchen einen Besen. Sie ***schlagen vor***, damit hinter dem Haus den Schnee wegzukehren. Als die drei alleine ***sind***, ***beschließen*** sie, ihm etwas zu schenken. Der erste ***schenkt*** dem Mädchen, jeden Tag schöner zu werden. Das Geschenk des zweiten ***besteht*** darin, dass Goldstücke aus ihrem Mund ***fallen***, so oft sie ***spricht***. Und der dritte ***denkt*** an einen König, der kommen und sie zur Frau nehmen ***soll***. Inzwischen ***kehrt*** das Mädchen den Schnee hinter dem Haus ***weg***. Dabei ***findet*** es lauter reife Erdbeeren. Es ***bedankt*** sich schließlich bei den kleinen Männern und ***läuft*** nach Hause. Dort ***erzählt*** es alles. Und bei jedem Wort, das das Mädchen ***spricht***, ***fallen*** ihm Goldstücke aus dem Mund.

3 a) Der Text ist im Präsens verfasst. Setzt den Text gemeinsam ins Präteritum und ins Perfekt.

b) Legt eine Tabelle nach folgendem Muster an. Tragt die markierten Präsensformen aus dem Text ein und ergänzt die Vergangenheitsformen.

Präsens	*es erzählt*
1. Vergangenheit *(Präteritum)*	*es erzählte*
2. Vergangenheit *(Perfekt)*	*es hat erzählt*

Das Märchen geht weiter …

1) Jetzt (1) auch die andere Tochter im Wald Erdbeeren suchen. *(wollen)*
2) Ihre Mutter (2) ihr einen Pelzmantel und (3) ihr Butterbrote (3) *(nähen, mitgeben)*.
3) Das Mädchen (4) auch zu dem Häuschen. *(kommen)*
4) Es (5) in die Stube der drei Männer, (6) sich zum Ofen und (7) seine Brote. *(rennen, setzen, essen)*
5) Die Männlein (8) um etwas Brot, doch es (9) nicht. *(bitten, teilen)*
6) Dann (10) sie: „Kehr bitte vor der Haustür den Schnee fort!“ *(sprechen)*
7) Doch es (11) sich und (12) zur Tür hinaus. *(weigern, laufen)*
8) Die Männlein (13), auch dieser Tochter etwas zu schenken. *(beschließen)*
9) Ein Männlein (14) ihr, jeden Tag hässlicher zu werden. *(schenken)*
10) Das Geschenk des zweiten Männleins (15) darin, dass bei jedem Wort eine Kröte aus ihrem Mund springen (16). *(bestehen, sollen)*
11) Das dritte (17), dass sie sterben solle. *(vorschlagen)*
12) Inzwischen (18) das Mädchen draußen nach Erdbeeren. *(suchen)*
13) Als es aber keine (19), (20) es zornig nach Hause. *(finden, laufen)*
14) Es (21) der Mutter alles und bei jedem Wort (22) eine Kröte aus dem Mund. *(erzählen, hüpften)*

4 a) Schreibt für den Text die richtigen Verbformen im Präteritum auf.

b) Vergleicht eure Lösungen.

c) Erzähle den Fortgang des Märchens noch einmal in eigenen Worten. Behalte die hier gewählte Zeitform bei:
Die faule Tochter ist dann auch in den Wald gelaufen. Von ihrer Mutter hat sie …

5 a) Manche Verben verändern im Präteritum ihren Wortstamm (starke Verben). Besprecht, zu welchen Infinitiven die Verbformen rechts gehören.
b) Ordnet sie in eine Tabelle nach folgendem Muster ein:

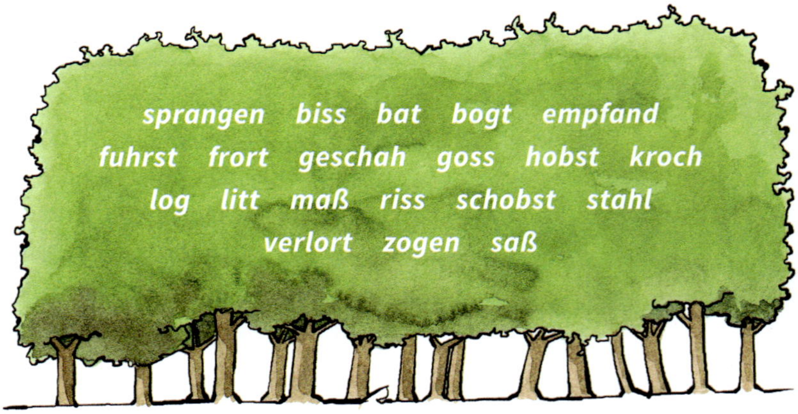

Infinitiv (Grundform)	*1. Vergangenheit (Präteritum)*	*2. Vergangenheit (Perfekt)*
springen	*sie sprangen*	*sie sind gesprungen*

Info

Präsens, Präteritum, Perfekt

Wenn man über etwas spricht oder schreibt, was gerade passiert, gebraucht man die Zeitform **Präsens** (**Gegenwart**):
das Mädchen läuft ...; der Zwerg schreit ...

Wenn man über etwas schreibt, was schon vorbei ist, verwendet man vor allem das **Präteritum** (**1. Vergangenheit**):
das Mädchen lief ...; der Zwerg schrie ...

Wenn man mündlich etwas wiedergibt, was schon vorbei ist, verwendet man das **Perfekt** (**2. Vergangenheit**):
das Mädchen ist gelaufen ...;
der Zwerg hat geschrien ...

Präsens	**Präteritum**	**Perfekt**
ich meine	*ich meinte*	*ich habe gemeint*
du kommst	*du kamst*	*du bist gekommen*
es verliert	*es verlor*	*es hat verloren*

So werden die Zeitformen gebildet:

Viele Verben bilden das Präteritum, indem an den Verbstamm -te angehängt wird (z. B. *sag**te**, mein**te***). Diese Verben nennt man **schwache Verben**.
Bei anderen Verben verändert sich der Wortstamm, wenn sie ins Präteritum gesetzt werden. Diese Verben nennt man **starke Verben** (z. B. *er sah, sie schrie*).

Das Perfekt setzt sich aus einer Form von *haben* oder *sein* und dem Partizip des Vollverbs (z. B. *gesagt, gelaufen, verkauft*) zusammen:
ich habe gemeint; ich bin gekommen.

1) Die böse Stiefmutter ärgerte sich sehr,
   a) denn die Stieftochter wurde immer schöner.
   b) denn die Stieftochter ist immer schöner geworden.

2) Sie wollte dem Mädchen noch mehr Leid antun,
   a) deshalb gab sie ihr eines Tages Garn und eine Axt.
   b) deshalb gibt sie ihr eines Tages Garn und eine Axt.

3) Mit strenger Stimmte bestimmte die Frau:
   a) „Du hast in den gefrorenen Fluss ein Loch geschlagen. Das Garn musste gespült werden.“
   b) „Du schlägst in den gefrorenen Fluss ein Loch. Das Garn muss gespült werden.“

4) Das Mädchen rief:
   a) „Was tat ich, dass du so zornig zu mir warst?“
   b) „Was habe ich getan, dass du so zornig zu mir bist?“

5) Dann rannte es zum See
   a) und schlug gehorsam ein Loch in das Eis.
   b) und hat gehorsam ein Loch in das Eis geschlagen.

6) Da kam der Wagen des Königs vorbeigefahren
   a) und dieser bekam Mitleid mit dem Mädchen.
   b) und dieser bekommt Mitleid mit dem Mädchen.

7) Er sprach zu ihr:
   a) „Ich habe dich schon von weitem gesehen. Wolltest du mit mir fahren?“
   b) „Ich habe dich schon von weitem gesehen. Willst du mit mir fahren?“

8) Das Mädchen antwortete:
   a) „Das möchte ich von Herzen gern“, denn es wollte seine Stiefmutter nie mehr wiedersehen.
   b) „Das möchte ich von Herzen gern“, denn es will seine Stiefmutter nie mehr wiedersehen.

6 a) Hier wurde das Märchen schriftlich fortgesetzt. Lies dir die Satzanfänge 1)-8) durch und notiere anschließend, ob a) oder b) deiner Meinung nach am besten dazu passt. Notiere auch die Zeitform deines ausgewählten Satzes.
b) Vergleicht und begründet eure Lösungen.
c) Lest diesen Teil des Märchens schließlich in der richtigen Form vollständig vor.

Bald wurde auf dem Schloss eine prächtige Hochzeit gefeiert. Als die Stiefmutter und ihre Tochter davon *(hören)*, *(besuchen)* die zwei das Paar im Schloss. Dort *(packen)* sie die schöne Prinzessin und *(werfen)* sie aus dem Fenster in den Fluss. Die hässliche Tochter *(legen)* sich daraufhin ins Bett. Als der König mit seiner Frau sprechen *(wollen)*, *(verkriechen)* sie sich unter der Bettdecke. Bei jedem Wort *(springen)* eine Kröte unter der Decke hervor. Der König *(sein)* entsetzt, doch die Alte *(rufen)*: „Still, still, sie *(sein)* krank.“ In der Nacht aber *(sehen)* der Küchenbursche eine Ente. Die *(schwimmen)* auf dem Fluss und *(sprechen)*: „Was *(machen)* meine Gäste?“ Und weiter: „Sag dem König, dass er sein Schwert dreimal über mir schwingen *(sollen)*.“ Das *(tun)* dieser und beim dritten Mal *(stehen)* seine erlöste Frau vor ihm. Am folgenden Tag *(fragen)* der König das böse Weib: „Was *(sollen)* man mit einem Menschen tun, der einen anderen ins Wasser *(werfen)*?“ Die Alte sprach: „Den *(stecken)* man in ein Fass und *(rollen)* ihn in den Fluss.“ Da *(schreien)* der König: „Du *(?)* dein Urteil für dich und deine Tochter *(sprechen)*.“ So *(geschehen)* es und der König und seine Frau *(leben)* von nun an in Frieden.

7 a) Lest das Ende des Märchens. Setzt dabei die Verben in passende Zeitformen (Präteritum, Perfekt, Präsens).
b) Vergleicht und begründet eure Lösungen.

Die Zeitform Plusquamperfekt

Der Lügenbaron

Baron Münchhausen **saß** an einem regnerischen Sonntag ruhig in einem Ledersessel. Er **fühlte** sich erschöpft von seinem gestrigen Erlebnis, von dem er nun seinen Freunden **erzählte**. Demnach **hatte** er am Tage zuvor in seinem Garten ein riesiges Einhorn **erblickt**. Erst **hatte** er seinen Augen nicht **getraut**. Doch dann **hatte** er das riesige Tier in seiner ganzen Pracht **gesehen**. Aber das Einhorn, das er gestern noch **bewundert hatte**, **war** heute nicht mehr da. Der Baron **stieß** einen tiefen Seufzer aus. Er **bedauerte** dies sehr. Noch am Tage zuvor **war** er an das Tier **herangeschlichen**. Das wunderschöne Wesen **hatte** wütend **geschnaubt**. Doch schließlich **hatte** der Baron es **gezähmt** und **war** auf ihm einige Runden durch den Park **geritten**. Was für ein Abenteuer!

1 a) Vielleicht habt ihr schon einmal vom Baron Münchhausen eine Geschichte gehört. Erzählt euch davon.

b) Was geschah am Sonntag? Was war am Vortag passiert? Tragt die Verben aus dem Text richtig in die Tabelle ein:

am Samstag	***am Sonntag***
er hatte erblickt	*er saß*

2 a) Vergleicht die Verbformen. Wodurch unterscheiden sich die Einträge voneinander?

b) Die Zeitform in der linken Spalte nennt man Plusquamperfekt. Stellt Vermutungen darüber an, wann man es benutzt und wie es gebildet wird. Nehmt dazu den Zeitstrahl zur Hilfe.

3 Schreibe die folgenden Sätze a)–f) ab. Setze die richtigen Vergangenheitsformen ein.

Immer diese Lügengeschichten!

a) Nachdem ich auf meinem Pferd schon einen langen Weg *(zurücklegen)*, kamen wir an eine sumpfige Stelle.

b) Leider mussten wir da hindurch, denn es *(geben)* keinen anderen Weg.

c) Während wir das Hindernis übersprangen, stellte ich fest, dass ich zuvor den ersten Anlauf zu kurz *(berechnen)*.

d) So kehrten wir im Flug wieder um und landeten sicher auf der Stelle, von der aus wir *(abspringen)*.

e) Nachdem wir erneut zum Sprung *(ansetzen)*, landeten wir leider unsanft auf dem morastigen Untergrund.

f) Glücklicherweise konnte ich mich an meinem eigenen Haarschopf aus dem Sumpf ziehen, wobei ich zugleich auch mein treues Pferd *(retten)*.

Info

Plusquamperfekt

Wenn man über etwas spricht oder schreibt, das noch **vor** einem bestimmten Zeitpunkt in der Vergangenheit stattgefunden hat, dann benutzt man das Plusquamperfekt: *Nachdem er das Tier gesehen hatte, ging es ihm besser.*
Für das Plusquamperfekt benötigt man die Präteritumsformen von *haben* oder *sein* und das Partizip des Vollverbs.

Zukünftiges ausdrücken

Sehr geehrte Frau Müller,

in der kommenden Woche werden Sie mich vermissen, denn wir fahren in den Urlaub. Wir werden zunächst zwei Tage bei meiner Oma verbringen. Anschließend gehen wir zwei Tage wandern. Am Donnerstagabend sind wir wieder daheim. Allerdings werde ich den Freitag zu meiner Erholung von den anstrengenden Freizeitaktivitäten brauchen. Somit werde ich zuhause bleiben und kann aus diesem Grunde auch nicht die Schulaufgabe in Deutsch mitschreiben. Auch mein Referat am Freitag muss leider ausfallen.

Bis übernächsten Montag!
Ihr Mayvan

1 a) Lest den Brief. Besprecht, an welchen Stellen hier Ereignisse in der Zukunft beschrieben werden.
b) Sucht alle Verben heraus. Ordnet sie in eine Tabelle nach folgendem Muster ein:

Präsens	***Futur***
wir fahren	*sie werden vermissen*

2 a) Hier liest jemand sein Horoskop. Sieh dir die Bilder an und schreibe dazu den Text. Entscheide jeweils, ob du das Futur oder das Präsens sinnvoll findest.
b) Schreibe für einen Mitschüler/eine Mitschülerin sein/ihr Horoskop der Woche.

Info

Die Zeitform Futur

Wenn man über etwas schreibt oder spricht, das in der Zukunft geschehen wird, verwendet man meistens das Futur 1.
Das Futur 1 wird mit einer Form von *werden* und dem Infinitiv (Grundform) gebildet:
ich werde anrufen, du wirst schlafen.

Wenn klar erkennbar ist, dass etwas Zukünftiges gemeint ist, kann man auch das Präsens verwenden:
Morgen gehe ich in die Stadt.

Mit Adjektiven treffend beschreiben

Bei der Katze, die ich meine, handelt es sich um ein Tier mit einer Figur. Sie hat einen Körper mit vier Beinen und einem Schwanz.
Besonders auffallend ist ihr Kopf mit der Schnauze und den Ohren. Außerdem hat die Katze ein Fell mit Haaren.
Wisst ihr, welche Katze ich meine?

1 a) Lest die Tierbeschreibung vor. Welche der abgebildeten Katzen wird hier beschrieben?
b) Macht Vorschläge, wie ihr die Beschreibung verbessern könnt.
c) Sammelt zu folgenden Überschriften sinnvolle Adjektive:
Größe: ..., *Figur: ...,*
Kopf: ..., *Augen: ...,*
Ohren: ..., *Fell: ...,*

2 a) Wähle dir eine der Katzen aus. Überarbeite die Beschreibung, indem du an geeigneten Stellen passende Adjektive einfügst.
Hinweise findest du auch auf Seite 155.
b) Lies deine Beschreibung vor und lass deine Mitschüler und Mitschülerinnen erraten, welche Katze du ausgewählt hast.

Info

Adjektive

Mit Adjektiven kannst du Eigenschaften von Lebewesen, Dingen und Tätigkeiten beschreiben. Du kannst Adjektive durch die Wie-Frage ermitteln:

Die kleine Katze miaut.
Wie ist die Katze? ***klein***

Die Katze miaut laut.
Wie miaut die Katze? ***laut***

Adjektive werden kleingeschrieben.

Mit Adjektiven vergleichen

Mein Lieblingshund ist nicht am größten, aber auch nicht am kleinsten. Er ist auf jeden Fall kleiner als der Hund, dessen Ohren am längsten sind. Außerdem ist er zierlicher als die meisten anderen Hunde. Er ist schlank, aber nicht am dünnsten. Der Hund, an den ich denke, hat ein dunkles Fell. Es ist aber nicht am dunkelsten. Er gehört wohl zu den Hunden, deren Haare am längsten sind. Jedenfalls sind sie länger als die Haare des Hundes, der am größten ist. Seine Schnauze ist spitzer als die Schnauze des Hundes, der am kräftigsten, aber nicht am größten ist. Seine Beine sind übrigens recht kurz. Vermutlich sind sie kürzer als die der meisten Hunde. Dafür ist aber sein Körper eher etwas länger. Alles klar?

1 a) Lest den Text und findet heraus, welcher Hund hier gemeint ist.
b) Vergleicht eure Ergebnisse.

2 An vielen Stellen wird in dem Text verglichen.
Der Hund ist *groß*.
Der Hund ist *größer*.
Der Hund ist *am größten*.
Findet weitere solche Vergleiche heraus.

3 a) Übertrage die folgende Tabelle in dein Heft und ordne die Adjektive aus dem Text in die richtige Spalte ein.
b) Vervollständige die Tabelle mit den richtigen Steigerungsformen der Adjektive.

Grundstufe	Höherstufe	Höchststufe
groß	*größer*	*am größten*

c) Ergänzt die Tabelle durch die richtigen Formen folgender Adjektive: *gut, viel.*

4 Bildet selbst Sätze, in denen ihr die Hunde miteinander vergleicht.
Der Dackel ist süßer als die Bulldogge.

5 a) Erkläre, warum es nicht sinnvoll ist, folgendes Adjektiv zu steigern:
einzig – ~~einziger – am einzigsten~~
b) Überlegt, bei welchen Adjektiven es nicht sinnvoll ist, sie zu steigern:
schlau – tot – einsam – spanisch – lockig – schwanger – nett – schriftlich – nahe – fertig.

Info

Steigerung von Adjektiven

Die meisten **Adjektive** lassen sich **steigern**. Man kann daher mit Adjektiven vergleichen. Es gibt drei Vergleichsstufen:

Grundstufe	**Höherstufe**	**Höchststufe**
(Positiv)	(Komparativ)	(Superlativ)
schnell (wie)	*schneller (als)*	*am schnellsten*
stark (wie)	*stärker (als)*	*am stärksten*

Pronomen bewusst einsetzen

Haargel selbst herstellen

Haargel lässt sich leicht selbst herstellen.
Du benötigst dazu:

- 10 g Leinsamen (im Bioladen erhältlich),
- 250 ml Wasser,
- ½ TL Honig,
- 1 Kochtopf,
- 1 Sieb,
- 1 Schüssel,
- 1 Glasflasche zur Aufbewahrung.

Zunächst gibst du die Leinsamen ins Wasser und lässt die Leinsamen im Kochtopf kurz aufkochen. Lasse die Mischung fünf Minuten köcheln, bis die Mischung etwas andickt. Anschließend gießt du die Mischung durch ein Sieb in eine Schüssel. Das Sieb darf nicht zu grobporig sein. Das Gel in der Schüssel sollte jetzt so flüssig wie Eiweiß sein.
Nun wird Honig hinzugegeben. Den Honig rührst du vorsichtig unter.
Schließlich füllst du das entstandene Gel in ein Gefäß. Das Gefäß sollte verschließbar sein.

Manchen Personen ist das Gel für ihre Haare zu flüssig. Die Personen bevorzugen dickflüssigeres Gel, da sich das Gel in den Haaren der Personen leichter auftragen lässt. Hierzu musst du die Wassermenge etwas verringern. Manchmal bilden sich dann allerdings klebrige Strähnen. Die klebrigen Strähnen sehen meistens nicht so gut aus.

Bewahre das Gel am besten im Kühlschrank auf. Das Gel ist so länger haltbar.

1 a) Lest die Beschreibung sorgfältig durch. Gebt die Arbeitsschritte in eigenen Worten wieder.
b) Lest den Text laut vor. Was fällt euch beim Zuhören auf?

2 a) Schreibe den unteren Teil des Textes ab. Vermeide dabei Wortwiederholungen, indem du manche Wörter durch Fürwörter (Pronomen) ersetzt. Dies können z. B. sein:
es, sie, sein, ihr, dieses, welches, das, …
Zunächst gibst du …
b) Unterstreiche die Wörter, die du in deinem Text eingefügt hast, um Wortwiederholungen zu vermeiden.
c) Vergleicht eure Ergebnisse. (Es gibt verschiedene Lösungen).

Lernzirkel Pronomen

Auf den folgenden Seiten lernst du verschiedene Arten von Pronomen kennen.
Bearbeite jede Station. Über die Reihenfolge der Stationen kannst du selbst entscheiden.

Station A: Personalpronomen

Für die meisten Menschen sind Haare enorm wichtig. Die Haare werden gewaschen, geschnitten und oft zu schrillen Frisuren geformt. In Namibia z.B verkleben die Frauen ihr Haar mit Lehm, um das Haar in Form zu bringen. Woanders reibt man die Haare mit Holzkohle und Fett ein, damit man den Haaren einen schönen Glanz verleiht. In Japan lässt sich so mancher Mann ein Schriftzeichen ins Haar rasieren, das dem Mann gerade besonders wichtig ist. Und im Senegal flechten Frauen die Haare zu langen Zöpfen, die die Frauen kunstvoll auf dem Kopf anordnen. Diese Anordnung der Zöpfe wird „cornrows" (Maiskornreihen) genannt, weil die Anordnung dem Muster eines Maiskolbens ähnelt.

1 Überarbeite den Text, indem du die unterstrichenen Wörter durch persönliche Fürwörter (Personalpronomen) ersetzt.
Für die meisten Menschen sind Haare enorm wichtig. Sie …

2 Übertrage die folgenden Sätze in dein Heft und ergänze die fehlenden Personalpronomen. (Manchmal sind auch mehrere Lösungen möglich.)

a) Gefallen ? lange Haare?
b) Oder bist ? eher ein Kurzhaar-Typ?
c) Vielleicht überrasche ? ? ja demnächst mit einem Stoppelschnitt.
d) Aber nicht nur die Haarlänge bringt ? zum Nachdenken.
e) Was denkst ? denn über die Haarfarbe?
f) Darf sich ein Jugendlicher die Haare färben? Sollte man ? das erlauben?
g) Wie sieht es bei deinem besten Freund oder deiner besten Freundin aus? Zu welcher Haarfrisur würdest du ? oder ? raten?
h) Vermutlich kann ? ohnehin nichts entstellen! Glückspilze!

Station B: Possessivpronomen

Die Türglocke schrillte. Lisa Knolle betrat den Friseurladen, der sich direkt neben Lisas Wohnung befand. Lisas Nachbar Timo arbeitete hier als Friseur und heute hatte er Lisa eine ganz außergewöhnliche Frisur versprochen. Freudestrahlend kam Timo auf Timos Freundin zu. „Ich möchte aber nicht, dass du mir Ollis Haarschnitt verpasst“, spottete sie und zeigte auf Timos glatzköpfigen Kollegen. Timo grinste Timos Mitarbeiter an. „Lass das mal Ollis und meine Sache sein! Uns wird Sache schon etwas Tolles einfallen.“

Schmunzelnd begannen die Männer mit Timos und Ollis Arbeit. Lisa lehnte sich entspannt zurück. Nach zwei Stunden stand Lisa schließlich in bester Laune auf, um Lisas neue Frisur zu bewundern. Als Lisa vor den großen Spiegel trat, traute sie Lisas Augen kaum. „Nein! Hilfe! Was habt ihr mit Lisas Haaren angestellt!“, schrie sie. Sie konnte einfach nicht glauben, was sie entdeckt hatte. Voller Panik und Angst sah sie nur eines: Lisas Haar war grün! Grasgrün! Ein sattes, saftiges, kräftiges Grasgrün!

1 In dem Text tauchen viele Wiederholungen auf. Überarbeite den ersten Abschnitt des Textes, indem du die unterstrichenen Wörter durch passende besitzanzeigende Fürwörter (Possessivpronomen) wie z. B. mein, dein, ihre, ... ersetzt.
Notiere die Possessivpronomen mit den dazugehörigen Nomen.

2 Überarbeite nun den zweiten Abschnitt des Textes. Überlege dir dazu, welche Wörter durch Possessivpronomen ersetzt werden könnten. Schreibe den überarbeiteten Text auf.

Station C: Demonstrativpronomen

A: Ich hätte gern eine Frisur wie die Frisur da!

B: Meinen Sie die Frisur? Die Langhaarfrisur?

A: Nein, die Frisur hier!

B: Ach, Sie sprechen von dem Haarschnitt da drüben. Der lockige Haarschnitt mit dem Pony.

A: Ganz falsch. Ich meine den Haarschnitt dort!

B: Den Haarschnitt von der Dame mit den langen Haaren?

A: Den Haarschnitt doch nicht! So eine Frisur steht mir gar nicht. Ich spreche von der Frisur rechts davon. Die Frisur mit dem Scheitel.

B: Die Kurzhaarfrisur? Aber die Frisur ist doch eine Jungenfrisur!

A: Ich bin ein Junge!!!!

1 Schreibe auf, welche zwei Wörter in dem Text zu oft vorkommen.

2 Ersetze manche häufig vorkommenden Wörter durch passende hinweisende Fürwörter (Demonstrativpronomen) wie z. B.
der, die, das / dieser, diese, dieses / jene, jener, jenes/ derjenige, diejenige, dasjenige / solcher, solche, solches, ...
Ich hätte gern eine Frisur wie die da! ...

3 Suche dir einen Mitschüler und lest das Gespräch mit verteilten Rollen laut vor. Betont die eingesetzten Wörter.

4 Schreibe den Text ab und setze passende Demonstrativpronomen ein.

Station D: Pronomen im Überblick

Haarige Angelegenheiten

- Haare bestehen aus Keratin. Wusstest **(1)** **(2)**?
- Jeder Mensch hat auf **(3)** Kopf ca 100.000 Haare.
- Blondinen sind **(4)** mit den meisten Haaren, dagegen wachsen **(5)** bei Rothaarigen am spärlichsten. Da haben **(6)** Pech gehabt!
- **(7)** verlieren täglich ca. 100 Haare. **(8)** ist erwiesen.
- Übrigens wächst **(9)** Haar ständig. Pro Jahr wächst **(10)** ca 12 cm.
- In dem Märchen Rapunzel spielen Haare eine besondere Rolle. Kennst **(11)** **(12)**?
- Allerdings müsste Rapunzel aufgrund **(13)** Haarlänge eigentlich mehrere hundert Jahre alt sein.
- Und **(14)** noch zum Schluss: Die längsten Haare der Welt trägt zurzeit eine Amerikanerin durch die Gegend. Die Länge **(15)** Haare beträgt fast vier Meter!

Wortspeicher:

sie (2) – wir – du (2) – das (3) – unser – es – diejenigen – seinem – ihrer (2) – dieses

1 Notiere, welche Pronomen hier eingesetzt werden können. Der Wortspeicher hilft dir dabei. (Manchmal gibt es mehrere Lösungen.) *1) du, 2) …*

2 Benenne die einzelnen Pronomen.

Info

Pronomen

Personalpronomen (persönliche Fürwörter)

Personalpronomen sind Wörter, die Nomen ersetzen können. Hierzu gehören im Singular:
ich, mir, mich /
du, dir, dich /
er, ihm, ihn / sie, ihr, / es, ihm

Im Plural:
wir, uns / ihr, euch / sie, ihnen

Possessivpronomen (besitzanzeigende Wörter)

Possessivpronomen geben an, wem etwas gehört. Sie begleiten meistens ein Nomen

Hierzu gehören z. B.
mein, meines, meinem, meinen
dein, deines, deinem, deinen
sein, seines, seinem, seinen
unser, unseres, unserem, unseren
euer, …

Demonstrativpronomen (hinweisende Fürwörter)

Demonstrativpronomen weisen auf eine bestimmte Person oder Sache hin.

Hierzu gehören:
der, die, das / dieser, diese, dieses /
derjenige, diejenige, dasjenige / jener, jene, jenes / solcher, solche, solches

***Diese** Frisur gefällt mir. **Die** sieht gut aus.*

Adverbien bewusst einsetzen

Glibberhand für gruselige Stunden

Die heiße Flüssigkeit lasst ihr (2) etwas abkühlen. (E)

(1) müsst ihr den Wackelpudding entsprechend der Packungsbeschreibung in einem Kochtopf zubereiten. (G)

Für sechs Stunden sollte sie (5) bleiben. (E)

(4) knotet ihr die Öffnung mit einem Bindfaden zu und legt die Hand in den Gefrierschrank. (P)

(3) haltet ihr die Öffnung des Handschuhs nach (4) und gießt die noch warme Flüssigkeit vorsichtig hinein. (S)

(7) muss die Hand nur noch auftauen. Einige Mandeln können als Fingernägel aufgelegt werden. (ST)

Die „Haut" könnt ihr (6) einritzen und den Handschuh abziehen. (N)

1 a) Bringt die Arbeitsschritte zur Zubereitung einer Glibberhand in eine sinnvolle Reihenfolge. (Die Buchstaben in Klammern ergeben ein Lösungswort)
b) Vergleicht eure Ergebnisse.

2 a) Setzt die Adverbien (Umstandswörter) aus dem Kürbis an passender Stelle für die Nummern ein.
b) Sprecht darüber, warum die Adverbien in diesem Rezept hilfreich sind.

Info

Adverbien

Adverbien (Umstandswörter) geben im Satz z. B. darüber Auskunft, **wo** und **wann** etwas geschieht. Adverbien sind unveränderbar und lassen sich im Satz umstellen.

Beispiele:
zunächst, anschließend, nun, schließlich, …
hier, da, überall, dort, oben, unten, draußen, …

Numerale gebrauchen

Sei ehrlich! Wann hattest du in der Schule zum letzten Mal einen Kaugummi im Mund? Vermutlich gar nicht, denn schätzungsweise an neun von zehn Schulen ist dies verboten.

Dafür gibt es ein paar verständliche Gründe: So kauen viele Schüler so laut, dass dies die gesamte Klasse stört. Außerdem machen Kaugummis viel Schmutz, denn nicht gerade wenige Schüler kleben sie schließlich irgendwo hin.

Aber es gibt auch zahlreiche Personen, die meinen, dass das Kaugummikauen gut für unsere Gesundheit sei. Als ersten Grund könnte man nennen, dass dadurch unsere Zähne gepflegt werden. Das gilt natürlich nur, wenn du zuckerfreie Kaugummis kaufst. Greife also nicht wahllos ins Regal, sondern schaue dir die fünf oder sechs Sorten erst einmal genauer an. Das zweite Argument, das für das Kaugummikauen spricht, ist, dass durch die Bewegung der einzelnen Kaumuskeln die Blut- und Sauerstoffversorgung unseres Gehirns angeregt wird. Mehrere Forscher meinen sogar, dass Schüler, die Kaugummi kauen, dreißig Prozent mehr lernen als ihre nicht kauenden Klassenkameraden. Wenn das nicht Argumente gegen die schimpfenden Erwachsenden sind!

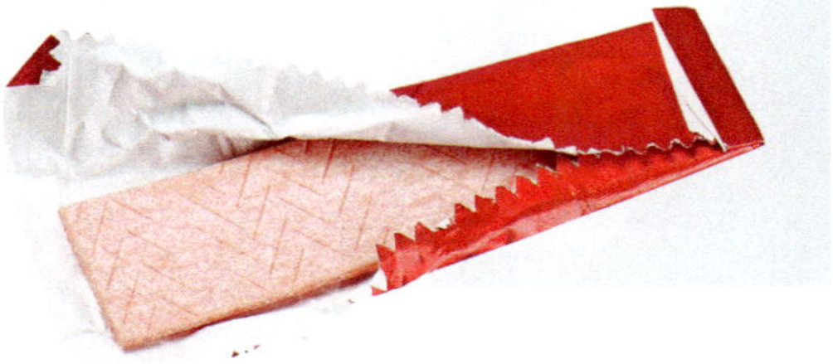

1 Lest und sprecht über den Text.

2 a) In dem Text tauchen viele Zahlwörter (Numerale) auf. Sucht sie heraus.
b) Übertrage die folgende Tabelle in dein Heft und ordne die Numerale aus dem Text richtig zu:

Bestimmte Zahlwörter	***Unbestimmte Zahlwörter***
letzten	*ein paar*
neun	*viele*

3 Ordne auch die folgenden Numerale der richtigen Spalte zu:
der Fünfte – die Zehn – unzählige – eine Sechs – tausend – etliche

Info

Numerale

Bei den **Zahlwörtern (Numeralen)** können wir zwischen bestimmten und unbestimmten unterscheiden:

Bestimmte Zahlwörter geben eine genaue Auskunft auf die Fragen *wie viel?* oder der/die *Wievielte?*
eins, zwei, drei, ..., erste, zweite, letzte ...

Unbestimmte Zahlwörter geben nur eine ungefähre Menge an:
viel, wenig, zahlreich, ganz, ein paar, ...

Satzglieder ermitteln

1 Welcher Satz lässt sich mit diesen Wortschildern bilden? Schreibe deinen Satz auf einen langen Papierstreifen.

2 Vergleiche deinen Satz mit denen deiner Mitschüler. Sicherlich habt ihr unterschiedliche Möglichkeiten gefunden, einen Satz zu bilden.

3 a) Stelle nun deinen Satz um. Dazu musst du den Papierstreifen an einigen Stellen mit einer Schere durchtrennen. Schreibe den neuen Satz auf.
b) Stelle deinen Satz noch zweimal um. Nimm die Schere zur Hilfe, wenn du sie brauchst. Schreibe die neuen Sätze immer auf.
c) Vergleiche schließlich deine drei Sätze. Kreise die Wörter ein, die sich einzeln oder zusammen umstellen lassen. Sie bilden ein Satzglied.

Vor der Sportstunde kriecht der Schüler unbemerkt in einen Schrank.

Wegen einer Stundenplanänderung betritt der strenge Rektor wenig später die Sporthalle.

4 a) Stelle die Sätze jeweils dreimal um. Schreibe die neuen Sätze auf.
b) Kreise jeweils die Satzglieder ein.

Info

Satzglieder

Ein Satz besteht aus **Satzgliedern**. Diese können aus einem einzelnen Wort oder auch aus mehreren Wörtern bestehen.
Satzglieder kannst du durch die **Umstellprobe** ermitteln: Die Wörter, die auch beim Umstellen des Satzes zusammenbleiben, bilden ein Satzglied.

Subjekt und Prädikat erkennen

1 Das Bild zeigt ein Klassenzimmer vor über 100 Jahren. Welche Unterschiede zu heute stellt ihr fest?

1. Die Schulglocke läutete.
2. Etwa 40 Kinder in einem Raum.
3. Die Schüler auf engen Holzbänken.
4. Manchmal die Jungen einen eigenen Schulhof.
5. Die Stunde begann.
6. hielt einen Stock in der Hand.
7. kamen in Kleidern und Schürzen zur Schule.
8. schrieben auf Schiefertafeln.

2 a) Nur zwei der oberen Sätze sind vollständig. Welche?
b) Welche Satzglieder fehlen? Findet sie durch Fragen heraus.

3 a) Vervollständigt die Sätze mithilfe der folgenden Satzglieder:
Die Kinder *Mancher Lehrer* *Mädchen*
lernten *saßen* *hatten*
b) Vergleicht eure Lösungen.

4 a) Kreist in den Sätzen alle Prädikate (Satzaussagen) ein.
b) Unterstreicht jedes Subjekt (Satzgegenstand).
c) Vergleicht eure Ergebnisse.

Info

Subjekt und Prädikat

Ein vollständiger Satz enthält mindestens ein Prädikat (Satzaussage) und ein Subjekt (Satzgegenstand). Das Prädikat sagt aus, was jemand tut oder was geschieht. Es wird mit Verben gebildet.

Das Subjekt kannst du mit der Frageprobe „Wer oder was?“ ermitteln.

Die Schüler schreiben einen Brief.
Was tun die Schüler? Schreiben (= Prädikat)
Wer oder was schreibt einen Brief?
Die Schüler (= Subjekt)

1. Die Schüler besuchen am Vormittag die Schule.
2. Sie sitzen in einem Klassenraum.
3. Der Lehrer betritt rechtzeitig das Klassenzimmer.
4. Nur selten kommt jemand zu spät.
5. Manchmal macht ihnen das Lernen Spaß.
6. In der Pause erholen sich die Schüler vom Unterricht.

5 Schreibt die Prädikate heraus.

Schule der Zukunft

6 a) Schaut euch die Abbildung an. Wie wird die Schule wohl in 100 Jahren aussehen? Schreibe hierzu fünf Sätze auf.
b) Kreise jeweils die Prädikate ein.
c) Lest euch die Sätze gegenseitig vor. Benennt jeweils die Prädikate.

1. Heute die Klassenräume ganz anders als früher. *(aussehen)*
2. Die Räume heute größer als damals. *(ausfallen)*
3. Die Schulen statten die Klassenräume meistens mit Einzeltischen. *(ausstatten)*
4. Fließendes Wasser in jedem Klassenraum. *(vorkommen)*
5. In vielen Klassen es heute neben der Tafel auch einen Computer. *(geben)*
6. Noch immer die Kinder gelegentlich ihre Lehrer. *(ärgern)*

7 a) Schreibe die Sätze vollständig auf. Setze dazu das Prädikat in Klammern ein.
b) Kreise die Prädikate in jedem Satz ein. Achtung: Vier Prädikate bestehen aus zwei Teilen:
*Heute **sehen** die Klassenräume ganz anders als früher **aus**.*

Info

Prädikat

Manchmal besteht das Prädikat aus zwei Teilen:

- *weglaufen, läuft ... weg,*
- *ist ... angekommen, hat ... gesagt, wird ... bleiben*
- *wurde ... entdeckt, wird ausgelacht*
- *soll/muss/kann/darf ... wissen, ...*

? schreibt von einem Mitschüler ab.

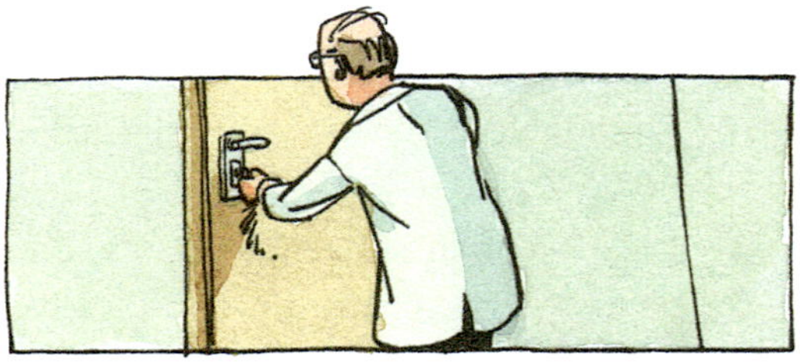

Das Lehrerzimmer schließt ? ab.

Seit gestern trägt ? eine neue Frisur.

Die ? ist im Unterricht eingeschlafen.

Heimlich spielt ? an ihrem Handy.

1 a) Lest die Sätze mithilfe der Bilder vollständig vor.
b) Mit welcher Frage könnt ihr die fehlenden Satzglieder ermitteln?
c) Um welches Satzglied geht es immer?
d) Schreibt die Sätze vollständig auf.
e) Unterstreicht alle Subjekte.

2 a) Lest euch den Brief unten durch und sprecht über den Inhalt.
b) Warum wird hier kein harmloser Schülerstreich beschrieben?

3 Schaut euch die Sprache des Briefes genauer an. Warum wirkt der Text manchmal etwas eintönig? Sammelt Überarbeitungstipps.

Liebe Oma,

ich muss dir unbedingt von meiner neuen Schule erzählen. Ich besuche seit Montag die Realschule in Forchheim. Ich kenne dort nur wenige Schüler aus meiner Klasse. Ein Schüler kommt seit gestern nicht mehr. Der Junge wollte vermutlich einen besonders guten Eindruck machen. Der Schüler hat nach dem Sportunterricht ein Deo benutzt. Der Junge hat damit allerdings so herumgesprüht, dass von dem Gas der Feuermelder losging. Der Junge staunte nicht schlecht, als kurz darauf die Feuerwehr auftauchte. Er hat natürlich großen Ärger bekommen. Seine Eltern mussten zum Rektor kommen. Die Eltern müssen eine hohe Strafe bezahlen. Der Schüler wurde seitdem nicht mehr gesehen. Unglaublich, was?

Viele Grüße,
deine Maja

4 Schreibe den Brief in verbesserter Form auf. Stelle dazu in einigen Sätzen die Satzglieder um. An manchen Stellen lassen sich Satzglieder durch neue Wörter ersetzen, um Wortwiederholungen zu vermeiden.

Dativ- und Akkusativobjekte unterscheiden

Am kommenden Samstag veranstaltet unsere Klasse ?.

Diese tolle Idee haben wir ? zu verdanken.

Bis spät in die Nacht werden wir ? gegenseitig ? vorstellen.

Für die Übernachtung haben wir ? eingerichtet.

Natürlich haben wir auch ? Bescheid gesagt.

Wir hoffen, dass es ? gefallen wird.

1 a) In jedem Satz fehlt mindestens ein Satzglied. Überlegt, wie ihr jeweils danach fragen müsst. Wählt anschließend aus der Liste ein passendes Objekt aus.

uns
unserem Hausmeister
allen Beteiligten
unserer Deutschlehrerin

unsere Lieblingsbücher
den kleinen Gymnastikraum
eine Lesenacht

b) Schreibt die Sätze vollständig auf. Unterstreicht die Dativ- und Akkusativobjekte mit unterschiedlichen Farben.

2 Dativ- oder Akkusativobjekt? Bestimmt die unterstrichenen Satzglieder.

a) Tina möchte ihren Freunden die neuesten Krimis vorstellen.
b) Den Lehrern wird Kevin einige lustige Comics zeigen.
c) Ihrer besten Freundin trägt Chantal ihre Lieblingsgeschichte vor.
d) Emil liest der Klasse Ulis geheimes und sehr privates Tagebuch vor.
e) Für immer wird ihn Uli dafür hassen.

3 a) Schreibt die folgenden Sätze ab und fügt für jedes ♥ ein sinnvolles Dativ- oder Akkusativobjekt ein.

b) Unterstreiche die Dativ- und Akkusativobjekte mit unterschiedlichen Farben.

1. Am Ende der Lesenacht schreiben die Kinder ♥.
2. Der Hausmeister übergibt ♥ ♥.
3. Manche Schüler bringen ♥ mit.
4. Zuhause erzählen die Kinder ♥ sofort ♥.

Info

Objekte

Die Satzglieder, die das Prädikat ergänzen, heißen **Objekte**.

Dativobjekte (3. Fall) erfragst du mit *„Wem?"*.

Akkusativobjekte (4. Fall) erfragst du mit *„Wen oder was?"*.

4 a) Besprecht, ob nach den Verben ein Dativ- oder ein Akkusativobjekt oder sogar beide stehen können. Bildet dazu Sätze.

Ich leihe dir ein Buch aus.
(Dativ- und Akkusativobjekt)

b) Nennt euch gegenseitig Verben. Überprüft, welche Fälle sie verlangen.

Lesenacht mit Schrecken

Am gestrigen Abend fand in der Gräfenberger Realschule eine Lesenacht statt. Die Schüler und Lehrer einer fünften Klasse hatten diese Veranstaltung sorgfältig vorbereitet. Doch leider endete der Abend anders als geplant.
Gegen 19 Uhr betraten die Kinder die Schule. Sogleich konnte die Veranstaltung beginnen. Viele Schüler lasen interessante Buchausschnitte vor. Andere erzählten ihren Klassenkameraden von ihren Lieblingsbüchern. In einem anderen Raum wurden Hörbücher abgespielt. Doch dann kam der Schreck. Kurz vor Mitternacht fehlte ein Schüler. Lehrer und Schüler suchten das ganze Schulgebäude ab. Vergeblich! Schließlich wurden die Eltern des Jungen alarmiert. Wenig später traf die Polizei ein. Entwarnung gab schließlich der gesuchte Schüler selbst. Der rief seine herbeigeeilten Eltern nämlich über Handy an. Offenbar hatte dem Jungen kein Buch gefallen. Aus diesem Grunde war er wortlos nach Hause gegangen. Dort hatte er sich unbemerkt ins Bett gelegt.

5 Schreibe aus dem Text alle Prädikate, Subjekte, Dativ- und Akkusativobjekte heraus.
Lege dazu am besten eine Tabelle an.

Temporal- und Lokaladverbiale richtig verwenden

Ein Gespräch unter Gaunern

Bolle: Hallo Ede! Es ist so weit. Der Countdown für den Einbruch läuft.

Ede: Wahnsinn! Endlich!

Bolle: Wir haben uns ein geeignetes Objekt ausgesucht. Der Laden hat eine ideale Lage. Natürlich bleibt alles geheim.

Ede: Ja, ist klar! Was ist noch zu tun?

Bolle: Ede, ganz wichtig ist, dass wir uns rechtzeitig treffen.

Ede: Kein Problem, Chef!

Bolle: Du bist der Fahrer. Achte darauf, dass du den Wagen parkst! Wenn Udo und ich rauskommen, muss alles schnell gehen!

Ede: Logisch! Wird gemacht!

Bolle: Also dann! Sei pünktlich!

1 a) Lest das Gespräch mit verteilten Rollen vor.
b) Welche Fragen wird sich Ede stellen?

2 a) Überarbeitet das Gespräch, indem ihr passende Orts- und Zeitangaben ergänzt.
b) Tragt euch den Text nun noch einmal vor.

3 a) Sammelt eure Orts- und Zeitangaben.
b) Übertragt die Tabelle in euer Heft und ordnet die gesammelten Adverbialie richtig ein.
c) Ordnet auch die folgenden Adverbiale in eure Tabelle ein.
dann – hier – vor zwei Stunden – dort – aus dem Norden – jetzt – nach Italien – auf dem Baum – zu Weihnachten – für drei Tage
d) Vergleicht eure Ergebnisse.

Zeitangabe (Temporaladverbiale)	*Ortsangabe (Lokaladverbiale)*

Info

Adverbiale Bestimmungen

Satzglieder, die Angaben über die Zeit und den Ort eines Geschehens machen, heißen **Adverbiale.** Du kannst sie durch folgende Fragen ermitteln:

- **Temporaladverbiale** (Zeit)
  Wann? Seit wann? Wie lange?
- **Lokaladverbiale** (Ort)
  Wo? Woher? Wohin?

Bolles Abschiedsparty

Liebe Jungs,

hiermit lade ich euch  zu meiner Abschiedsparty ein.

Wie einige von euch ja bereits wissen,
werde ich in Kürze in ein fernes Land umziehen.

Daher möchte ich mich  mit einem großen Fest von euch verabschieden.

Die Feier beginnt pünktlich  und findet  statt.

Ich erwarte euch. Bitte gebt mir  Bescheid, ob ihr kommen werdet.

Ich freue mich auf euch!

Euer Bolle

4 a) Bolles Einladungsschreiben muss überarbeitet werden. Warum?

b) Schreibe den Text ab und ergänze für jede  ein passendes Temporal- oder Lokaladverbial.

c) Unterstreiche die Temporal- und Lokaladverbiale mit unterschiedlichen Farben.

5 Suche aus dem folgenden Text alle Temporal- und Lokaladverbiale heraus. Schreibe sie getrennt voneinander auf.

Einbruch im Tierheim

Am letzten Donnerstag ereignete sich in der Kellerstraße 1 ein merkwürdiger Zwischenfall. Kurz vor 12 Uhr stürmten zwei maskierte Männer in das Gebäude. Mit schnellen Schritten liefen sie in die Eingangshalle. Dort angekommen, warfen sie eine große Tasche auf den Tresen und forderten die Angestellte auf, diese mit Schmuck zu befüllen. Offenbar hatten die Männer nicht mitbekommen, dass sich das Schmuckgeschäft schon lange nicht mehr in dem Gebäude befand. Seit drei Jahren wurde das Haus ausschließlich als Tierheim genutzt. Sofort klärte die Tierpflegerin die Männer über dieses Missverständnis auf, woraufhin diese sogleich in Richtung Hintereingang stürmten und Hals über Kopf flohen. Offenbar waren die Männer so schockiert, dass sie ihren Komplizen vergaßen, der mit heulendem Motor vor der Tür parkte. Die Polizei konnte den Mann wenig später verhaften.

Sätze nach Plänen aufschreiben

1 a) Beschreibt das Bild. Erklärt den Titel des Bildes.
b) Bestimme die Satzglieder der beiden folgenden Sätze:
Gestern planten zwei Männer einen Banküberfall.
Sie wollten eine Bank überfallen.

2 Bestimme die Satzglieder der folgenden Sätze:
a) *Der Verbrecher erklärte früh am Morgen seinem Gehilfen den Plan.*
b) *Bei der Bank kamen die beiden Männer gegen sechs Uhr an.*
c) *Eine Pistole überreichte der Gehilfe Ede dem Anführer vor dem Gebäude.*

3 Forme die Sätze a) bis c) aus Aufgabe 2 nach den neuen Bauplänen um:
a) Neuer Bauplan für a):
Temporaladverbiale – Prädikat – Subjekt – Dativobjekt – Akkusativobjekt.
b) Neuer Bauplan für b):
Temporaladverbiale – Prädikat – Subjekt – Lokaladverbiale – Prädikat.
c) Neuer Bauplan für c):
Lokaladverbiale – Prädikat – Subjekt – Dativobjekt – Akkusativobjekt.

4 Schreibt zu dem Bild eigene Sätze nach folgenden Satzbauplänen auf.
Ihr könnt dazu jeweils die Verben in Klammern verwenden:
a) Temporaladverbiale – Prädikat – Subjekt – Akkusativobjekt – Prädikat. *(abbrechen)*
b) Subjekt – Prädikat – Akkusativobjekt – Lokaladverbiale – Prädikat. *(liegen lassen)*
c) Subjekt – Prädikat – Akkusativobjekt – Prädikat. *(vergessen)*

Satzarten unterscheiden

Richter: Die Gerichtsverhandlung ist eröffnet
Führt die Angeklagten herein
Erster Angeklagter, treten Sie vor
Was haben Sie getan

Erster Angeklagter: Gnade, Herr Richter, ich habe den Stein in den Fluss geworfen

Richter: Was haben Sie Den Stein in den Fluss geworfen Sie sind freigesprochen

Erster Angeklagter: Jipiiee

Richter: Zweiter Angeklagter, treten Sie vor
Was haben Sie getan

Zweiter Angeklagter: Gnade, Herr Richter, ich habe geholfen, den Stein in den Fluss zu werfen

Richter: Was haben Sie Sie haben geholfen, den Stein in den Fluss zu werfen
Das sind Kindereien Auch freigesprochen
Der Richter bittet den dritten im Bunde vorzutreten. Warten Sie, lassen Sie mich raten
Sie haben zugeschaut, wie die beiden den Stein in den Fluss geworfen haben

Dieser antwortet: Nein, Herr Richter, ich heiße Stein

Richter: Hinterher

1 a) Lest den Sketch mit verteilten Rollen.
b) Was erschwert euch das Vortragen?

2 a) Überlegt in Partnerarbeit, ob die Sätze als Frage, als Ausruf, Aufforderung oder als einfache Aussage gemeint sind.
b) Welche Satzschlusszeichen müssten am Ende jedes Satzes stehen?
Sprecht darüber.

3 Bereitet den Sketch zum Vorspielen vor.
So geht ihr dabei vor:
- Teilt euch in Vierergruppen auf.
- Verteilt untereinander die Rollen.
- Nun bereitet jeder seine Sätze vor: Überlegt, um welche Satzart es sich jeweils handelt und wie ihr die einzelnen Sätze sprechen wollt (als Frage, Ausruf, Aufforderung oder als einfache Aussage).
- Macht euch dazu Notizen.
- Übt das Spielen in der Gruppe.
- Tragt den Sketch in der Klasse vor.

Besuch mit Folgen

In den letzten Ferien hat uns unser Onkel Rudi besucht. Zu Anfang war es ganz schön, aber allmählich wurde es ihm bei uns zu langweilig. Eines Morgens rief er: „ “ Deshalb kam meine Mutter auf die Idee, Onkel Rudi eine Aufgabe zu geben. So bat sie ihn, die Hecke 10 cm zu schneiden. Sie meinte: „ “ Sogleich rief Onkel Rudi: „ “ Während wir unterwegs waren, machte sich mein Onkel an die Arbeit. „ “, sprach er leise zu sich selbst. Als wir wiederkamen, trauten wir unseren Augen kaum. Mutter fragte mit entsetzter Stimme: „ “ Onkel Rudi hatte einen Großteil der Hecke bis auf 10 cm komplett heruntergeschnitten. Meine Mutter war wütend und schimpfte: „ “. Onkel Rudi aber verstand den ganzen Ärger nicht. Traurig fragte er: „ “ Danach zeigte er mit dem Zollstock, dass er die 10 cm exakt eingehalten hatte. Er flüsterte: „ “, und schlug vor: „ “.

4 Lest den Text durch. Gebt den Inhalt in eigenen Worten wieder.

5 a) Sammelt mögliche Sätze, die bei einem in die Geschichte hineinpassen könnten.

b) Schreibt die Sätze auf. Achtet auf richtigen Satzschlusszeichen. Beachtet dazu auch den Infokasten auf Seite 261.
Ausrufesätze: „Rudi, du musst uns helfen!“, rief Mutter.
Fragesätze: ...
Aufforderungssätze: ...

6 Tragt euch die Geschichte in der überarbeiteten Fassung vor.

Info

Satzarten

In der mündlichen Sprache erkennen wir die unterschiedlichen Satzarten an der Betonung. In geschriebenen Texten werden die Satzarten durch Satzschlusszeichen gekennzeichnet.

Aussagessätze verwenden wir, wenn wir etwas feststellen oder anderen etwas mitteilen wollen. Nach einem Aussagesatz steht ein Punkt:
*Ich mag gerne Sketche***.**

Fragesätze verwenden wir, wenn wir etwas wissen wollen. Nach einem Fragesatz steht ein Fragezeichen:
*Findest du das witzig***?**

Aufforderungssätze verwenden wir, wenn wir jemanden dazu bewegen wollen, etwas Bestimmtes zu tun. Nach einem Aufforderungssatz steht ein Ausrufezeichen:
*Lass das bitte***!**

Ausrufesätze verwenden wir, wenn wir Gefühle oder Wünsche ausdrücken. Nach einem Ausrufesatz steht ein Ausrufezeichen:
*Das ist aber witzig***!**

Mit Haupt- und Nebensatz abwechslungsreich formulieren

Version A

Vor zwei Tagen erlebte ich etwas, das einfach unglaublich war. Ich war gerade auf dem Weg nach Hause. In unserem Dorf fiel mir ein altes Gebäude auf. In dem Haus flackerte ein Licht. Das Haus wurde schon lange nicht mehr bewohnt. Irgendwie wusste ich es gleich. Da stimmte etwas nicht. Ich hatte ein mulmiges Gefühl. Ich schlich mich an das Gebäude heran. Nun hörte ich auch leise Stimmen. Die kamen aus dem Innern des Hauses. Vorsichtig kletterte ich auf eine alte Kiste. Ich schaute durch ein zerbrochenes Fenster. Und ich hatte mich nicht geirrt. Ich konnte zwei Männer erkennen. Die versteckten zahlreiche Geldstapel in einem Krug. Viele Gedanken gingen mir durch den Kopf. Ich stellte mich auf die Zehenspitzen. Ich konnte noch besser sehen. Die Kiste kippte mit einem lauten Krachen plötzlich um...

Version B

Vor zwei Tagen erlebte ich etwas, das einfach unglaublich war. Ich war gerade auf dem Weg nach Hause, als mir in unserem Dorf ein altes Gebäude auffiel. In dem Haus, das schon lange nicht mehr bewohnt wurde, flackerte ein Licht. Irgendwie wusste ich gleich, dass da etwas nicht stimmte. Obwohl ich ein mulmiges Gefühl hatte, schlich ich mich an das Gebäude heran. Nun hörte ich auch leise Stimmen, die aus dem Innern des Hauses kamen. Nachdem ich vorsichtig auf eine alte Kiste geklettert war, schaute ich durch ein zerbrochenes Fenster. Und ich hatte mich nicht geirrt. Ich konnte zwei Männer erkennen, die zahlreiche Geldstapel in einem Krug versteckten. Viele Gedanken gingen mir durch den Kopf. Ich stellte mich auf die Zehenspitzen, weil ich so noch besser sehen konnte. Doch dann kippte die Kiste mit einem lauten Krachen plötzlich um...

1 Lest die beiden Textversionen laut vor. Worum geht es?

2 Welche Textversion hört sich besser an? Begründet.

3 Schaut euch die beiden Texte genau an. Worin bestehen die Unterschiede?

Ich war gerade auf dem Weg nach Hause. In unserem Dorf fiel mir ein altes Gebäude auf.

⬇

Ich war gerade auf dem Weg nach Hause, als mir in unserem Dorf ein altes Gebäude auffiel.

4 a) Vergleicht die Sätze miteinander. Wie wurden sie verändert?
b) Findet ähnliche Beispiele aus den beiden Textversionen.

Hauptsatz	***Nebensatz***
Irgendwie wusste ich gleich,	*dass da etwas nicht stimmte.*
Ich schlich mich an das Gebäude heran,	*obwohl ich ein mulmiges Gefühl hatte.*
Nun hörte ich auch leise Stimmen,	*die aus dem Innern des Hauses kamen.*
Ich schaute durch ein zerbrochenes Fenster,	*nachdem ich vorsichtig auf eine alte Kiste geklettert war.*

5 Welche Unterschiede gibt es zwischen Haupt- und Nebensätzen?
a) Erforscht dies in Gruppen. Seht euch dazu die Beispielsätze in der Tabelle genau an. Achtet auf die Stellung des gebeugten (finiten) Verbs sowie auf einleitende Wörter.
b) Haltet eure Gruppenergebnisse schriftlich fest.
c) Diskutiert die Ergebnisse in der Klasse.

6 Schreibt aus den beiden Textversionen jeweils drei weitere Beispiele für einen Hauptsatz und für einen Nebensatz heraus.

7 a) Wie könnte die Geschichte ausgehen? Sammelt dazu Ideen.
b) Schreibe zu der Geschichte ein passendes Ende. Formuliere abwechslungsreich, indem du auch Nebensätze verwendest.

Satzreihen und Satzgefüge bilden und verwenden

Meine Schulfreunde

In meiner Klasse befinden sich 22 Schüler. Mit fast allen komme ich gut aus.
Mein bester Schulfreund heißt Jonas. Sina ist auch sehr nett.
Tim bezeichnet sich als Sportskanone. Er schafft immer noch keine Vorwärtsrolle.
Etwas komisch ist es mit Alena. Sie lacht ununterbrochen. Sie heult bei jeder Kleinigkeit.
Tobi faltet jedes Arbeitsblatt zu einem Papierflieger. Das stört nur unseren Lehrer.
Nicht sehr beliebt bei manchen Mitschülern ist leider Dario. Er bohrt immer in der Nase.

1 Lest den Text laut vor. Sprecht darüber, wie er klingt. Woran liegt das?

2 a) Überarbeitet den Text, indem ihr manche Sätze miteinander verbindet. Folgende Bindewörter (Konjunktionen) können euch dabei helfen:

und   oder   aber   denn   doch

Achtet auf die Kommasetzung (siehe Seite 264-266).

b) Vergleicht eure Lösungen. (Mehrere Lösungen sind möglich.)

3 a) Kreist in jedem Hauptsatz das Prädikat ein.

In meiner Klasse befinden sich 22 Schüler, und mit fast allen komme ich gut aus.

b) Sprecht darüber, an welcher Satzgliedstelle die gebeugte (finite) Form des Prädikats meistens in den Hauptsätzen steht.

4 Verfasse nun über deine Schulfreunde einen kurzen Text. Überlege dir, über wen du etwas schreiben möchtest. (Wer ist lustig, witzig, nett, interessant ...?)
Verbinde dabei manche Hauptsätze miteinander zu Satzreihen.

Aus meiner Klasse kenne ich Justin besonders gut, denn er saß schon in der Grundschule neben mir.

4.2 Die Funktion von Satzreihe und Satzgefüge nutzen, um den eigenen Sprachstil zu verbessern

> An alle Schüler und Eltern!
>
> Wir haben einen Wasserschaden. Die Schule bleibt heute geschlossen.
> Es ist sehr kurzfristig. Wir müssen alle Schüler wieder heimschicken.
> Anrufe können wir nicht entgegennehmen. Wir mussten den Strom abstellen.
> Sie hören von uns. Der Schaden ist dann behoben.
>
> Die Schulleitung

5 Sprecht über das Plakat. Was fällt euch auf?

6 a) Verbinde immer zwei Sätze miteinander. Verwende dazu Bindewörter (Konjunktionen). Achte auf die Kommasetzung:

da obwohl weil wenn

Da wir einen Wasserschaden haben, bleibt …

b) Bearbeite alle Nebensätze: Kreise immer die Konjunktion ein und unterstreiche die gebeugte (finite) Form des Prädikats. Nutze dazu auch die Info auf Seite 185.

c) Sprecht darüber, an welcher Stelle sich die finite Form des Prädikats im Nebensatz immer befindet.

Info

Satzreihe

Im **Hauptsatz** steht die gebeugte (finite) Form des Prädikats meistens an zweiter Satzgliedstelle.

Hauptsätze können zu einer **Satzreihe** miteinander verbunden werden. Meistens werden sie durch Kommas voneinander getrennt:

Die Schule fällt aus, die Schüler bleiben daheim.

Die Schüler bleiben daheim, denn die Schule fällt aus.

Schule geschlossen!

1. An einer Regensburger Schule gab es großen Ärger. Einige Schüler hatten sich einen Scherz erlaubt.
2. Heimlich hatten sie die Meldung verbreitet. Die Schule fällt aus.
3. Schüler und Eltern waren sehr verwundert. Zwei Wochen später wurde wieder ein Schulausfall angekündigt.
4. Diesmal sollten die Schüler zuhause bleiben. In der Schule war ein übler Gestank bemerkt worden.
5. Alle Eltern schickten ihre Kinder zur Schule. Sie rechneten wieder mit einem Schülerstreich
6. Diesmal stimmte die Meldung jedoch. Sie klang sehr komisch.

nachdem - dass - als - da - weil - obwohl

7 Verbinde die Sätze zu Satzgefügen. Wähle dazu unterschiedliche Konjunktionen aus dem Wortspeicher aus.

Lieber Luca,
wie du weißt, waren wir im Urlaub. Als wir gestern wieder zuhause ankamen, passierte etwas Unglaubliches. Zunächst wollten wir unsere Koffer ins Haus tragen. Nachdem wir unser Auto leer geräumt hatten, gingen wir schwer bepackt in Richtung Haustür. Obwohl ich schon sehr müde war, half ich brav mit. Schnell holte mein Vater den Schlüssel aus der Tasche. Weil es draußen kalt war, stürmten wir sogleich ins Haus. Obwohl ich mich beeilt hatte, war meine Mutter vor mir drinnen. Damit wir alle sehen konnten, tastete sie nach dem Lichtschalter. Doch im Haus blieb es dunkel. Während mein Vater und ich warteten, lief meine Mutter die Treppen zum Keller hinunter. Sie wollte nach dem Sicherungskasten schauen. Als ich plötzlich einen schrillen Schrei hörte, blieb ich erschrocken im Hausflur stehen. Dann vernahm ich ein lautes …

Bis bald!
Dein Marlon

8 Lest den Text. Besprecht, wo hier Nebensätze vorkommen.

9 a) Lest den Text laut vor. Achtet auf die Stellung der Nebensätze. Was fällt euch auf?
b) Überarbeitet den Text, indem ihr manchmal die Stellung der Nebensätze verändert.

10 a) Besprecht, wie die Geschichte enden könnte.
b) Betrachtet die Bilder. Welcher Schluss gefällt euch am besten?
c) Schreibt zu der Geschichte ein passendes Ende. Verwendet abwechslungsreiche Satzgefüge.

Info

Satzgefüge

Einen **Nebensatz** erkennst du an folgenden Merkmalen:
- Ein Nebensatz ergibt allein keinen Sinn.
- Am Anfang steht meistens eine Konjunktion (Bindewort): *als, nachdem, weil, während, dass, wenn …*
- Am Ende des Nebensatzes befindet sich die gebeugte (finite) Form des Prädikats.

Haupt- und Nebensatz bilden ein **Satzgefüge**. Sie werden durch Kommas voneinander getrennt.

Vorangestellter Nebensatz: Wenn die Schule ausfällt, *bleibe ich daheim.*

Nachgestellter Nebensatz: *Ich bleibe daheim,* **wenn die Schule ausfällt.**

Eingeschobener Nebensatz: *Ich bleibe,* **wenn die Schule ausfällt,** *daheim.*

Relativsätze verwenden

Er heißt eigentlich Archibald

Er sieht übrigens etwas ungepflegt aus.

Das Pony kam gleich auf mich zu.

as Pony hört auf en Namen Rosa.

Rosa ist nur 70 cm hoch.

In den letzten Ferien fuhren wir zu meinem Onkel Archie. Ich hatte ihn noch nie besucht, denn unser Onkel ist bei meinen Eltern nicht sehr beliebt. *Das liegt wohl daran, dass Onkel Archie anders als der Rest der Familie ist.* Davon konnte ich mich dann auch gleich selbst überzeugen. *Denn mein Onkel hält in seinem Haus am Waldrand ein Zwergpony.* Welche Meinung man auch immer zu Onkel Archie haben mag: *In das Pony habe ich mich sofort verliebt. Rosa hat braunes wuscheliges Fell und eine helle Mähne.* Sie ist sehr anhänglich und will den ganzen Tag gestreichelt werden. Das Eigenartige war allerdings, dass Rosa nicht in einem Stall, sondern bei Onkel Archie im Haus lebt. *Durch eine Seitentür kann das Tier das Haus jederzeit betreten und verlassen. Rosa schläft in der Waschküche.* Tagsüber läuft sie oft im Obstgarten herum. Aber komisch war es schon, am Abend manchmal ein Pony im Wohnzimmer vorzufinden. Ob diese Tierhaltung so erlaubt ist, glaube ich eher nicht. Aber das Pony sieht glücklich aus und unser Archie auch.

Die Tür hat Onkel Archie selbst eingebaut.

Rosa ist leider nicht stubenrein.

Die Küche war mit Stroh ausgelegt.

1 Lest den Text. Überlegt, wie ihr die Informationen am Rand hinzufügen könnt.

2 Überarbeitet die kursiv gedruckten Sätze, indem ihr die Randbemerkungen zu einem Nebensatz umformuliert. Ihr könnt diesen Nebensatz mit folgenden Wörtern beginnen: *der, die, das, dem, den, welche, welcher, welches.* Denkt an die Kommasetzung zwischen Haupt- und Nebensatz.

3 a) Lest den überarbeiteten Text noch einmal vor. Welche Textversion gefällt euch besser?

In den letzten Ferien fuhren wir zu meinem Onkel Archie, der eigentlich Archibald heißt.

Das liegt wohl daran, dass Onkel Archie, welcher übrigens …

b) Kreist in den Nebensätzen die einleitenden Wörter (Relativpronomen) ein. Unterstreicht die gebeugte (finite) Verbform am Ende des Nebensatzes.

Info

Relativsatz

Eine Sonderform des Nebensatzes ist der **Relativsatz**. Er dient meistens dazu, ein vorangegangenes Nomen genauer zu beschreiben.
Relativsätze beginnen immer mit einem **Relativpronomen** (z. B. *der, die, das, dem, den, welche, welcher, welches*) und enden wie jeder Nebensatz mit einer gebeugten (finiten) Verbform.

Das Zwergpony, das im Garten stand, *heißt Rosa.*
Relativsatz

Mit Wortzusammensetzungen genauer formulieren

Ich: Guten Tag! Ich hätte gerne einen Bannentaum.

Sie: Tordmannnanne oder Taublanne?

Ich: Haben Sie auch Katschenliefer?

Sie: Katschenliefer nur mit Kachswerzen, wollen Sie einen Bannentaum mit Kachswerzen?

Ich: Nein, danke, das ist mir zu gefährlich. Gibt es keinen mit einer Kichterlette? Ach, was! Dann geben Sie mir halt eine Tordmannnanne mit Kachswerzen.

Sie: Gerne, das sind übrigens echte Konigherzen, wenn Sie gut aufpassen, kann die Weuerfehr zuhause bleiben.

Ich: Keine Sorge, ich habe gar kein Zeuerfeug.

Sie: Auch keine Heichströlzer?

Ich: Weder Zeuerfeug noch Heichströlzer.

Sie: Na dann nehmen Sie doch lieber den Bannentaum mit Kichterlette!

1 a) Lest den Dialog mit verteilten Rollen.
b) Sprecht darüber, warum der Text so komisch klingt.
c) Schreibt die Unsinnswörter in ihrer richtigen Form auf: *der Tannenbaum, die Nordmanntanne …*

2 a) Lest den Dialog noch einmal mit den richtigen Wörtern vor.
b) Vergleicht den Text mit dem Originaldialog. Wie gefällt euch der Text nun?

3 a) Untersucht den Artikel der zusammengesetzten Wörter. Nach welchem Teil des Wortes richtet er sich?

der Tannenbaum

Bestimmungswort → *Tannen* · *Grundwort* → *baum*

b) Erklärt mithilfe der Abbildung die beiden Wörter *Bestimmungswort* und *Grundwort*.

4 a) Wie viele zusammengesetzte Nomen mit dem Grundwort Baum findet ihr noch? Schreibt sie auf: *Apfelbaum, …*
b) Suche zu den folgenden Grundwörtern immer fünf Bestimmungswörter. Schreibe die zusammengesetzten Nomen auf:
die Tür, der Hund, das Buch, der Ball, das Spiel,
z.B. *Haustür, Hoftür …*

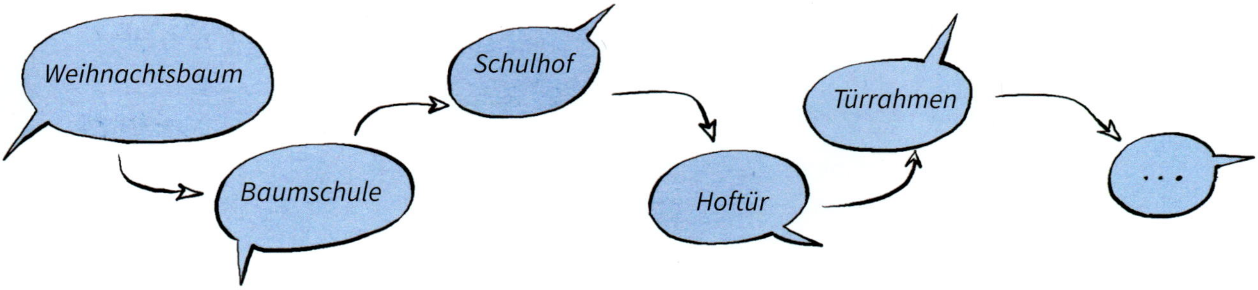

5 Spielt dieses Wortkettenspiel.

Zwei Tage später

Ich: Guten Tag! Ich war ja neulich da wegen meiner Katschenliefer und der Kichterlette.

Sie: Ja, jetzt wollen Sie bestimmt noch etwas Schmaumbuck dazu. Möchten Sie lieber Klasgugeln oder silberne Zannentapfen? Vielleicht auch eine schöne Splasgitze?

Ich: Splasgitze? Und wenn die runterfällt?

Sie: Haben Sie Beppichtoden?

Ich: Leider nicht.

Sie: Dann nehmen Sie vielleicht lieber die Ohstrengel. Ich gebe Ihnen auch noch ein paar passende Herzenkalter und schunderwöne Konigherzen, da freut sich Ihr Beppichtoden.

Ich: Haben Sie Ohstrengel mit Scheiligenhein?

Sie: Nehmen Sie lieber Ohstrengel mit nandbreuen Schilbersleifen.

Ich: Ok, aber fast hätte ich es vergessen: Ich habe auch keinen guten Staumbänder.

Sie: Was soll es denn sein? Ein schwerer aus Ussgeisen oder ein lederfeichter Stastikpländer?

Ich: Ich nehme den Stastikpländer mit einem giesenroßen Tasserwank, damit der Badelnaum nicht so schnell schlapp macht.

Sie: Alles klar!

6 a) Lest den Dialog mit verteilten Rollen.
b) Auch in diesem Text sind die Wortzusammensetzungen durcheinandergeraten. Schreibt die zusammengesetzten Nomen in der richtigen Form mit ihrem Artikel heraus: *die Latschenkiefer, ...*
c) Unterstreicht jeweils das Grundwort.
d) Besprecht eure Ergebnisse.

7 a) In dem Dialog tauchen neben den Nomen noch weitere Wortzusammensetzungen auf. Schreibt sie auf.
b) Verbindet die folgenden Wörter zu zusammengesetzten Adjektiven. Beachtet die Kleinschreibung der Adjektive.
Eis – Pfeil – Riesen – Stroh – Bären – Hunde – stark – schnell – müde – kalt – groß – dumm

Wunschliste einer Fünfzehnjährigen

In diesem Jahr wünsche ich mir neue Schuhe für den Sport. Ich brauche auf jeden Fall Schuhe für die Halle. Natürlich müssen sie schön wie ein Wunder sein. Am besten sollten sie grün wie Gras aussehen. Hoffentlich bekomme ich von Tante Trulli nicht wieder Socken aus Wolle und Servietten aus Stoff.

Ansonsten wünsche ich mir noch, dass ich meine Spange für die Zähne bald nicht mehr tragen muss und dass ich endlich meinen Stift für die Lippen benutzen darf, der übrigens rot wie Feuer ist. Mein größter Wunsch wäre es allerdings, endlich meinen Prinzen wie aus einem Traum kennenzulernen!

8 a) Lest den Text vor. Was fällt euch auf?

b) Verbessert den Text, indem ihr manche Wörter durch zusammengesetzte Wörter ersetzt:
In diesem Jahr wünsche ich mir neue Sportschuhe.

c) Vergleicht eure Ergebnisse.

d) Sprecht darüber, wie sich der Text durch die Wortzusammensetzungen verändert.

Info

Wortzusammensetzungen

Wortzusammensetzungen bestehen aus mindestens zwei Wörtern. Das hintere Grundwort legt die Grundbedeutung der Zusammensetzung fest. Bei Nomen richtet sich auch der Artikel nach dem ***Grundwort***.

der <u>Garten</u>*zwerg* → **Bestimmungswort** | **Grundwort**

<u>eis</u>*kalt* → **Bestimmungswort** | **Grundwort**

Das <u>**Bestimmungswort**</u> gibt die genaue Bedeutung der Zusammensetzung an.
Mit zusammengesetzten Wörtern kann man etwas genauer ausdrücken.

Von Stammformen ableiten

wohnen
wohnst
gewohnt
wohnte
wohnlich
Wohnung
bewohnbar
verwohnt

1 a) Oben links und oben rechts ist je eine Familie abgebildet. Erklärt, woran ihr das erkennt.

b) Schreibt die grün hinterlegte Wortfamilie ab und kreist ihr gemeinsames Merkmal, den Wortstamm, ein.

c) Ergänze den Wortstamm WOHN durch weitere verwandte Wörter.

		Löhne	*befahrbar*
lohnen	*Gefahr*	*fährst*	*Belohnung*
fertig	*belohnten*	*Umfahrung*	*Ferse*
vorgefahren	*belohnt*	*fahren*	*gelohnt*
Lohn	*fahrend*	*lohnte*	*Fahrt*

2 a) Bei den blau umrandeten Wörtern sind zwei Wortfamilien durcheinandergeraten. Sprecht darüber, welche Wörter zusammengehören. (Achtung: Zwei Wörter gehören nicht dazu!)

b) Schreibt die Wörter nach der Wortfamile getrennt voneinander auf. Markiert den gemeinsamen Wortstamm immer farbig.

3 Bilde Wortfamilien zu folgenden Wörtern:
kaufen, träumen, laufen

4 a) Sammelt verwandte Wörter mit dem Wortstamm *STELL*.

b) Schreibt die verwandten Wörter so auf, dass der Wortstamm immer untereinander steht.

um/ stell/ en
Be/ stell/ ung

c) Markiert alle vorangestellten Wortbausteine (Präfixe) und alle nachgestellten Bausteine (Suffixe) mit unterschiedlichen Farben:

Be/stell/ung

d) Das Wort „anstellen“ kann unterschiedliche Bedeutungen haben. Erkläre sie, indem du verschiedene Sätze bildest.

5 Bilde mit den Wortbausteinen aus dem Bild mindestens zwanzig Wörter. Schreibe diese auf. (Die Artikelprobe hilft dir bei der Groß- und Kleinschreibung, siehe Seite 253.)

Familienordnung

1. *Wer zu früh *steht, putzt die Wohn*.*
2. *Jeder hat seine Aufgaben *bildlich zu erledigen.*
3. *Wer seinen Dienst nicht *führen kann, lässt sich von einem Familienmitglied *treten.*
4. *Zum Essen hat jeder pünkt* zu *scheinen.*
5. *Hat jemand etwas *gestellt, wird dies natürlich nicht mit Fäusten *getragen.*
6. *Acht*! Niemand darf unsere Regeln *achten.*

6 Überarbeitet den Text, indem ihr die markierten Wörter durch Präfixe und/oder Suffixe ergänzt.

Info

Wortfamilie

Zu einer Wortfamilie gehören alle Wörter mit einem gemeinsamen **Wortstamm**.
Der Wortstamm hilft dir bei der Schreibung verwandter Wörter:
*fa**h**ren – Fa**h**rer – fu**h**r*

4.2 Ableitung unter Verwendung von Fachbegriffen beschreiben: Wortstamm, Wortfamilie, Präfix, Suffix

An Suffixen die Wortart erkennen

Sehr geehrter Herr Schnuppel!!

Hiermit möchte ich Sie um Entschuldigkeit bitten. Leider ist in der letzten Woche einiges schiefgelaufen. Wegen einer Krankschaft konnte ich auf unseren Kater nicht aufpassen. Ich litt unter Übelheit und musste im Bett bleiben. Zu meiner Verärgernis hat sich unser Carlo einmal in der Etage geirrt. Vermutlich hat sich das Tier dann heimlich in Ihre Wohnschaft geschlichen. Carlo hatte großen Hunger. Das war wohl auch der Grund dafür, dass er Ihren Wellensittich verspeist hat. Der Käfig war für Carlo kein Hindertum. Die ganze Angelegennis tut mir sehr leid. Das Ganze war ein tierischer Irrung. Ich bitte Sie um Verzeihnis und hoffe sehr, dass unser gutes Verhältung durch diesen Vorfall nicht gestört ist.
Weiterhin auf eine gute Nachbarheit!

Ihr Max Baldauf

1 a) Lest den Text laut vor. Was ist hier missglückt?
b) Lest den Text nochmal richtig vor, indem ihr manche Wörter verändert: *Hiermit möchte ich Sie um Entschuldigung bitten.*
c) Schreibt die überarbeiteten Nomen heraus. Achtet dabei auf ihre Nachsilben (Suffixe).

-heit	-keit	-ung	-tum	schaft	-nis
		Entschuldigung			

d) Ergänzt jede Spalte durch drei weitere Beispiele.

dumm, gesund, wahr, freundlich, heiter, wichtig, achten, üben, enden, reich, irren, besitzen, erben, verwandt, erkennen, bedürfen, wild

-heit, -keit, -tum, -schaft, -ung, -nis

2 Bilde aus den Wörtern mithilfe der Suffixe Nomen. Denke an die Großschreibung.

Atem Macht Maß
Mühe Wache Laune
Dank Furcht Wunder
Regen Typ Tier
Nebel Trauer Fleiß
Freund Kind Glück

-los -isch
-sam -bar
-ig -lich

3 a) Verwandele die Nomen mithilfe der Nachsilben (Suffixe) in Adjektive (Wiewörter): *launisch, …* .
Achte auf die Kleinschreibung der Adjektive.

b) Schreibe weitere 15 Adjektive mit diesen Suffixen auf.

4 Schreibe den Brief ab. Ergänze dabei die Adjektive durch passende Nachsilben (Suffixe).

Liebe Familie Baldauf,

es reicht uns endgült___! Nach furcht___ Wochen möchten wir Sie nun höf___ bitten, unser Haus zu verlassen. Nach Ihrem Einzug haben wir keinen ruh___ Tag mehr verbracht. Die Wände wackeln von Ihrem ständ___ Krach. Ihre schmutz___ Müllsäcke werfen Sie acht___ über den Balkon und nun auch noch das grau___ und traur___ Erlebnis mit unserem Hansi. Es reichte Ihrem Kater offen___ nicht, unseren Wellensittich genüss___ zu verspeisen! Zuvor hat er in unserer Wohnung noch unser mod___ Ledersofa zerkratzt und meine Briefmarkensammlung rest___ zerbissen. Ich bin fassungs___! Bitte ziehen Sie so schnell wie mög___ aus!

Hochachtungsvoll Theodor Schnuppel

Info

Mit dem gleichen Wortstamm lassen sich durch vorangestellte und nachgestellte Wortbausteine viele Wörter bilden:

Wortstamm
vor stell *bar*

vorangestellter Wortbaustein (Präfix) ← → nachgestellter Wortbaustein (Suffix)

Mit den Wortbausteinen *-heit, -keit, -ung, -tum, -schaft* und *-nis* werden Nomen (Namenwörter) gebildet: *Freund**schaft***.
Adjektive (Wiewörter) erkennst du an den Wortbausteinen *-bar,-ig, -isch, -lich, -los* und *-sam*: *freund**lich***.

Wortfelder nutzen

1 Lest den Text laut vor. Was fällt euch auf?

2 Sprecht darüber, wie ihr den Text verbessern könntet.

Freundschaft?

Ich erwachte mitten in der Nacht von einem ohrenbetäubenden Lärm. Schnell ging ich die Treppen hinunter. Mit großer Geschwindigkeit ging ich wenig später über den Hof. Doch ich konnte niemanden erblicken. Langsam ging ich in mein Zimmer zurück und legte mich auf die Lauer. Um Mitternacht war das Geräusch wieder da. Im Affentempo ging ich durch die Gänge des alten Hauses. Auf Zehenspitzen ging ich schließlich an eine halb offen stehende Tür heran. In dem Raum erblickte ich meinen Schulfreund Jonas, der in meiner Sporttasche kramte. Als er mich sah, ging er sofort weg. Wie ein geübter Läufer ging ich meinem Freund hinterher und riss ihm etwas aus der Hand. Ich verletzte mich am Fuß und ging im Dunkeln zurück ins Haus. Ruhig ging ich in mein Zimmer und schaute entsetzt in meine Hand. Unglaublich! Jonas hatte …

3 Spielt euch die Verben, die alle zum Wortfeld „gehen“ gehören, pantomimisch vor. So geht ihr dabei vor:
- a) Schreibt jedes Verb auf einen Zettel. Legt die Zettel verdeckt auf den Tisch.
- b) Ein Schüler kommt nach vorn, wählt einen Zettel und spielt nun den anderen das Verb vor. Es darf dabei nicht gesprochen werden.
- c) Die Schüler versuchen herauszufinden, welches Verb dargestellt wird.
- d) Wer die richtige Lösung nennt, darf den nächsten Zettel ziehen und das entsprechende Verb vorspielen.

4 Sortiert die Verben des Wortfeldes „gehen“ in „schnell gehen“ und „langsam gehen“. Ergänzt weitere Beispiele.

5 Übertragt das Wortfeld „gehen“ auf ein Plakat, das ihr zur Erinnerung in der Klasse aushängt.

6
- a) Verbessert den Text oben, indem ihr für das Verb *gehen* immer ein anderes Verb des Wortfeldes wählt.
- b) Die Geschichte bricht abrupt ab. Was könnte der Ich-Erzähler entdeckt haben? Schreibe ein passendes Ende auf.
- c) Vergleicht eure Lösungen.

„Lass uns sprechen!“, flüsterte der wütende Alex seinem Freund Jonas schon von Weitem entgegen. „Was sollte das gestern, Jonas?“, petzte er laut. Mit hochrotem Kopf blieb der Junge stehen und erwähnte: „Wieso? Was meinst du?“ „Du bist gestern Abend über die Hintertür in unser Haus eingedrungen“, laberte Alex mit lauter Stimme. „Ich habe dich erkannt!“ „Äh, ich, …, ja, al… also“, erzählte der Junge zögerlich. „Du wolltest aus meiner Sporttasche etwas stehlen!“, fragte Alex nun mit entsetzter Stimme. „Nämlich die Schiedsrichterpfeife, die mir unser Trainer nach dem letzten Spiel geschenkt hat.“ Alex schluckte ein paar Mal und plauderte weiter: „Du weißt genau, dass ich stolz darauf bin. Warum machst du das?“ Jonas schaute seinen Freund für einen kurzen Moment an, dann drohte er: „Weil ich sie auch verdient habe. Ich spiele auch in deiner Mannschaft!“ Alex blieb der Mund offen stehen. Er wollte gerade noch etwas quatschen, als sein Freund lallte: „Außerdem solltest du mal in deiner Tasche nachschauen. Ich habe Geld reingelegt, damit du dir eine neue Pfeife kaufen kannst. Du brauchst dich also gar nicht so aufzuregen!“ Mit diesen Worten drehte sich der wütende Jonas um und ließ seinen Freund stehen.

7 Lest die Fortsetzung der Geschichte von Seite 227 laut vor. Sprecht über Jonas` Verhalten.

8 Tauscht euch darüber aus, was euch an dem Text noch auffällt.

9 Sucht aus dem Text alle Verben zum Wortfeld „sagen“ heraus. Ordnet sie gemeinsam in folgendes Schaubild richtig ein. (Manche Verben passen an mehrere Stellen.)

10 a) Übertrage das Schaubild mit den Verben aus dem Text oben in dein Heft.
b) Ergänze das Schaubild durch weitere Verben des Wortfeldes „sagen“.

11 a) Ersetzt die unterringelten Verben aus dem Text oben durch passende Verben des Wortfeldes „sagen“.
b) Vergleicht eure Ergebnisse.

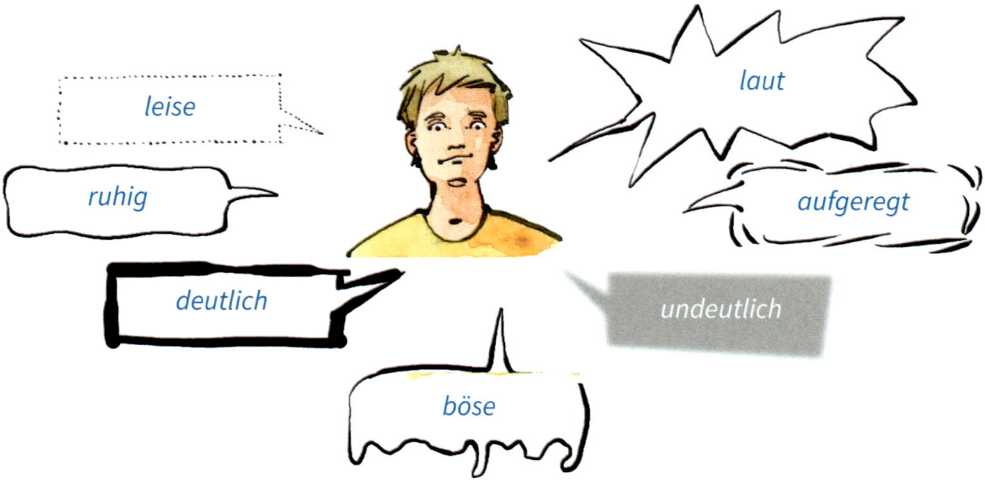

In diesem Kapitel lernt ihr:

- Wörter richtig zu schreiben, indem ihr auf die Vokallänge achtet und Wörter verlängert,
- s-Laute korrekt zu schreiben,
- wie ihr herausfinden könnt, wann Wörter klein- und wann großgeschrieben werden,
- Satzzeichen richtig zu setzen.

Strategie: Ich achte auf die Vokallänge

1 a) Findet heraus, warum die Wörter oben in zwei Gruppen aufgeteilt sind. Sprecht dazu die fett gedruckten Vokale deutlich aus.

b) Findet weitere Wortbeispiele und ordnet sie richtig zu.

2 a) Lege eine Tabelle nach folgendem Muster an.

Langer Vokal	*Kurzer Vokal*
Schal	*denn*
Nase	

b) Kennzeichne alle langen Vokale mit einem Strich und alle Kurzvokale mit einem Punkt: *Schal, denn*

c) Lies die folgenden Wörter laut und deutlich vor. Ordne sie dann in die Tabelle ein:
Knall – Draht – Fee – offen – Lehm – Lippe – Brille – Dose – froh – satt – Sieb – Pferd

3 a) Auf den beiden Zetteln sind Fehler unterlaufen. Welche Dinge wurden falsch zugeordnet?

b) Schreibt zu den Bildern die Wörter geordnet auf:
Wörter mit langem Vokal: …
Wörter mit kurzem Vokal: …

c) Markiert die Langvokale durch Striche und die Kurzvokale durch Punkte.

Schreibung nach Kurzvokal

ZIRKUS

Wenn mächtige Tiger ganz laut brüllen
und Menschenmassen die Sitzreihen füllen,
wenn Kindermünder offen stehen
und auch Große sich kaum satt sehen,
wenn Akrobaten durch brennende Reifen springen
und Beifallrufe durch die Manege klingen,
wenn es vor Tieren nur so wimmelt
und der Clown mit seiner Rassel bimmelt,
wenn sich alles dreht um diese Welt,
dann bist du im ____________.

1 a) In dem Gedicht fehlt das letzte Wort. Überlege, welches Wort hier passen könnte.
b) Lest das Gedicht mit eurer Lösung vor. Vergleicht eure Vorschläge.

2 a) In dem Gedicht kommen viele Wörter mit Doppelkonsonanten (Doppelmitlauten) vor. Schreibt diese Wörter heraus und kreist die Doppelkonsonanten ein:
brüllen, …
b) Macht euch durch deutliches Sprechen klar, dass vor den Doppelkonsonanten immer kurze Vokale stehen. Kennzeichnet sie immer mit einem Punkt: *brüllen.*
c) Sucht aus dem Gedicht fünf Wörter mit kurz gesprochenem Vokal heraus, auf den zwei unterschiedliche Konsonanten folgen: z. B. *Kindermünder, …*

3 a) Ordne die Wörter nach ihren Doppelkonsonanten. Kennzeichne immer den kurzen Vokal vor dem Doppelkonsonanten durch einen Punkt:
Wörter mit ff: Affe, …
Wörter mit ll:
Wörter mit …
b) Stelle zu zwei Wörtern aus dem Podest Wortfamilien zusammen.
schwimmen, Schwimmer, geschwommen, verschwommen, schwimmt, …

4 Schreibt ein ähnliches Gedicht wie oben, in dem viele Doppelkonsonanten vorkommen. Suche dir dazu einen der folgenden Gedichtanfänge aus:

Im Kino
Wenn im Saal die Leinwand flimmert
und ...

Pause
Wenn die Schüler zur Türe rennen
und...

5 Fünf Wörter aus der Sammlung oben gehören jeweils zu einer Wortfamilie. Schreibe die Wortfamilien getrennt voneinander auf. Markiere immer die Doppelkonsonanten. (Achtung: Drei Wörter gehören zu keiner der Wortfamilien.)

6 a) In der Schlange befinden sich sieben Adjektive. Schreibe sie untereinander auf. Kennzeichne jeweils ihren Doppelkonsonanten. Markiere den Kurzvokal davor mit einem Punkt.

b) Schreibe die Steigerungsformen der Adjektive auf: *toll – toller – am tollsten, …*

7 In dem Text rechts fehlen einige Wörter mit Doppelkonsonanten. Schreibe den Text vollständig in dein Heft. Unterstreiche alle Doppelkonsonanten.

Bei herrlichem  *schein besuchte ich am* (Wochentag) *eine Zirkus* (Nomen zu vorstellen). *Über hundert Tiere* (sollen in der Vergangenheit) *der Zirkus haben. An der*  *wurde meine Oma* (bl…), *denn es war nicht gerade* (Gegenteil von teuer). *Das Zelt* (füllen in der Vergangenheit) *sich* (Gegenteil von langsam). *Dann* (beginnen in der Vergangenheit) *es: Ein*  *kam in die Manege und ließ einen Hund über eine*  *springen. Danach* (rennen in der Vergangenheit) *zwei Clowns durch das Publikum und erzählten Witze. Das war nicht gerade sp…* (Gegenteil von langweilig). *Aber wo blieben die vielen Tiere? Wir* (müssen in der Vergangenheit) *nicht lange warten, denn schon bald gab es eine Pause. Nun* (können in der Vergangenheit) *wir eine*  *familie und eine Taubenzucht bewundern. Das war a…* (Gegenteil von nichts). *Die vielen Tiere hatten wir uns anders* (Verbform von vorstellen).

Info

Schreibung nach kurz gesprochenem Vokal

Nach kurz gesprochenem Vokal (Selbstlaut) folgen immer zwei Konsonanten (Mitlaute): *der Kọpf, die Rạtte.*

Ich verwende tz und ck

Der Zirkus Saranasi vermisst eine Raubka**~~zz~~**e.
Das Tier hat rosa Ta**~~zz~~**en. (Das ist kein Wi**~~zz~~**!)
Wer es erbli**~~kk~~**t, sollte sich verste**~~kk~~**en.
Sofern ihr Glü**~~kk~~** habt und nur mit einem
Schre**~~kk~~**en davonkommt, ruft bitte die Polizei!

1 a) Sprecht über den Text oben. Macht Verbesserungsvorschläge.
b) Schreibt die fehlerhaften Wörter richtig auf. Wenn ihr unsicher seid, schlagt im Wörterbuch nach.
c) Vergleicht eure Ergebnisse.
d) Untersucht die fett gedruckten Vokale (Selbstlaute) in den Wörtern. Wie werden sie immer ausgesprochen?

Wecker backen Decke Dackel trocken pflücken Rock gucken sckmecken Schreck Zucker lecker Satz verletzen schmatzen putzen Blitz Plätze witzig schmutzig schwitzen Katze witzig Netz

2 a) Schreibt die Wörter mit *ck* und *tz* aus der Sammlung getrennt voneinander auf.
b) Markiert die kurzen Vokale vor *ck* und *tz* durch einen Punkt: *Wẹcker.*
c) Ergänzt eure Wortsammlungen durch weitere Wortbeispiele.

3 Schreibe zu den folgenden Verben verwandte Wörter mit dem gleichen Wortstamm auf:
packen – trocknen – verletzen – erhitzen
packen: Packung, eingepackt …

4 Schreibe das Gedicht vollständig auf:

Der Panter he🐾t über Sto🐾 und Stein,
er verste🐾t sich unter Brü🐾en
je🐾t holt ihn niemand mehr ein.
Doch dann we🐾t ihn ein Bli🐾
Angst si🐾t ihm im Na🐾en.
Wird ihn der Donner pa🐾en?
Die Ka🐾e hat genug von dieser
schre🐾lichen Welt,
geschwind kehrt sie zurü🐾 ins vertraute
Zirkuszelt.

Info

tz und ck nach Kurzvokal

In deutschen Wörtern gibt es kein *zz* und kein *kk*. Deshalb wird nach einem kurzen Vokal immer *tz* und *ck* geschrieben:
pụtzen, Kạtze; wẹcken, Bạ̈cker.

Schreibung nach Langvokal
Wörter mit ie

1 a) Hier sind viele Gegenstände abgebildet, in denen ein lang gesprochenes i vorkommt. Schreibe möglichst viele Wörter auf.
b) Vergleicht eure Ergebnisse. Wer hat am meisten Wörter gefunden?

2 Bilde Reimwörter und schreibe sie in dein Heft.

3 Hier werden Wörter mit ie gesucht. Schreibe zu jedem Wort drei verwandte Formen auf: *siegen: Sieg, siegreich, …*

Ein Tag am Badesee

a) Gestern (1) ich mit meinem Freund bis zum Abend am See. *(bleiben)*
b) Wir (2) uns den ganzen Tag im Wasser (2). *(herumtreiben)*
c) Dann (3) Timo (3), dass er noch Hausaufgaben machen musste. *(einfallen)*
d) Ich (4) ihm gleich loszugehen. *(raten)*
e) Mir (5) es am Badesee sehr gut. *(gefallen)*
f) Schließlich (6) ich zu den Duschen. *(laufen)*
g) Als ich aus der Dusche wieder herauskam, (7) ich vor Schreck. *(schreien)*
h) Ich (8): „Wo ist meine Kleidung?“ *(rufen)*
i) Jemand (9) mir einen Streich zu spielen. *(scheinen)*
j) Doch ich (10) die Nerven und radelte nur mit einem Handtuch bekleidet heim. *(behalten)*

4 Hier fehlen Verbformen im Präteritum (1. Vergangenheit). Schreibe die fehlenden Verbformen auf. Markiere immer *ie* im Wortstamm.

5 a) Finde zu den folgenden Nomen verwandte Verben, die auf *-ieren* enden: *Probe – probieren*

Diktat – Marsch – Spaziergang – Buchstabe – Telefon – Note – Studium – Funktion – Kontrolle – Reparatur – Sorte

b) Finde selbst weitere Beispiele.

Info

Wörter mit ie

Hörst du ein deutsches Wort mit lang gesprochenem *i*, dann schreibst du meistens *ie*: *Wiese, lief, riesig.*

Wenn ein Nomen im Wortstamm mit *ie* geschrieben wird, dann werden auch davon abgeleitete Wörter mit *ie* geschrieben: *Liebe, lieben, lieblich.*

6 Hier sind mindestens 20 Wörter mit *ie* versteckt. Suche sie und schreibe sie auf.

D	P	J	F	O	P	L	B	I	E	S	E	N	F	X
N	P	D	Z	I	E	M	L	I	C	H	S	K	E	S
E	V	G	E	F	R	I	E	R	E	N	C	E	B	P
V	C	L	D	S	S	R	T	I	S	E	H	A	E	B
X	C	F	G	B	C	S	J	E	C	N	R	Y	W	O
O	S	O	N	T	H	P	V	S	H	Q	I	X	I	G
I	I	S	I	W	L	A	I	E	L	U	E	I	E	D
V	E	K	E	B	I	Z	E	H	I	I	B	S	S	B
D	B	R	M	I	E	I	L	Y	E	E	I	C	E	U
M	E	I	A	E	F	E	L	Z	ß	T	E	H	N	I
I	N	E	N	G	E	R	E	I	L	S	N	I	T	O
E	M	G	D	U	N	G	I	E	I	C	E	E	D	L
T	T	E	C	N	P	A	C	L	C	H	O	L	I	D
E	C	N	E	G	L	N	H	E	H	E	R	E	E	U
T	M	E	X	W	G	G	T	F	A	N	X	N	B	O

Wörter mit -h

1 a) Lest den Text oben laut vor. Was wisst ihr noch über Robin Hood?
b) Nennt aus dem Text alle Wörter, bei denen im Wortstamm ein *-h* vorkommt.
c) Sprecht die Wörter deutlich aus. Was stellt ihr fest?
d) Schreibt zu jedem Wort noch ein verwandtes Wort auf. Markiert immer das *-h*:
ihm – ihr, stehlen – …

2 a) Rechts sind viele Wörter einer Wortfamilie abgebildet. Nur zwei Wörter gehören nicht dazu. Welche sind es? Erklärt, woran ihr das erkannt habt.
b) Schreibt die verwandten Wörter auf. Markiert ihren gemeinsamen Wortstamm: wohnen, ...
c) Ergänze die Sammlung durch weitere Wortbeispiele.

3 Finde zu den Wortstämmen seh, fahr und lehr verwandte Wörter. Schreibe sie getrennt voneinander auf:
seh: sieht, Sehstärke, …
fahr: Fahrrad, verfahren, …; lehr: lehrreich, …

4 Schreibe den Text rechts ab. Ergänze dabei folgende Wörter an passenden Stellen:
ablehnte Anführer bestehen erzählt
festnehmen floh Gefährten Jahrhunderten
umgehen

Seit werden Geschichten über Robin Hoods Taten . Da er als und Beschützer der Armen viele Gesetze , wollte der Sheriff ihn . Doch der Räuberhauptmann mit seinen in den Wald. Gut konnte er mit Pfeil und Bogen . So war er in der Lage, schließlich im Kampf für die Gerechtigkeit zu .

Häufig vorkommende Wörter mit -h:

ähnlich, allmählich, Belohnung, berühmt, blühen, ehrlich, erzählen, fahren, Floh, froh, fröhlich, fühlen, führen, gefährlich, gehen, geschehen, gestohlen, gewohnt, ihm, ihn, ihr, Jahr, lahm, Lehrerin, mehr, mühelos, nehmen, ohne, Reihe, Schuhe, sehen, sehr, ungefähr, Verkehrsschild, Wahl, wahr, während, Weihnachtsfest, wohl, wohnen, Zahl, Zahn, ziehen

5 Übe die häufig vorkommenden Wörter mit *-h*. Suche dir dazu zwei der folgenden Aufgaben aus:

a) Lasse dir die Wörter diktieren.

b) Schreibe zu jedem Wort noch ein verwandtes Wort auf: *ähnlich – ähneln, …*

c) Schreibe fünf kurze Sätze auf, in denen möglichst viele der Wörter vorkommen. Unterstreiche diese anschließend.

d) Bilde mit einigen Wörtern Reimpaare: *sehr – mehr, …*

e) Lege eine Tabelle an und ordne die Wörter ein:

Nomen	*Floh*
Verben	*belohnen*
Adjektive	*ähnlich*
Andere Wörter	*allmählich*

f) Schreibe alle Nomen im Singular und im Plural auf: *die Belohnung – die Belohnungen, …*

g) Schreibe die Verben in der Er/Sie- oder Es-Form auf: *blühen – es blüht, …*

6 Schreibe die folgenden Sätze ab. Füge an passenden Stellen folgende Wörter ein: *ihm* (2x), *ihn* (2x), *ihnen*, *ihr*, *ihre*.

a) Ihr kennt ? alle: Robin Hood.

b) Aber wusstet ? auch, dass ? eine Frau besonders nahe stand?

c) So wird von ? erzählt, dass er in Lady Marian verliebt war.

d) Immer wieder suchte er ? Nähe.

e) Aber auch sie mochte ? sehr gern.

f) Dass auch der Sheriff diese Dame heiraten wollte, bereitete ? daher große Probleme.

Info

Wörter mit -*h*

In manchen Wörtern folgt nach einem lang gesprochenen Vokal ein -*h*: fliehen, gehen.

Da du das -*h* meistens nicht hören kannst, musst du dir diese Wörter gut einprägen.

Wenn du nicht sicher bist, ob ein Wort mit -*h* geschrieben wird, dann hilft dir der Vergleich mit der Wortfamilie: *wohnen, Wohnung; fahren, fährst; sehen, siehst.*

Wörter mit Doppelvokalen

1 a) Diese Dinge haben in ihrer Schreibung eine Gemeinsamkeit. Welche?
b) Schreibt zu jedem Bild ein Nomen mit dem Artikel auf. Markiere immer den Doppelvokal: der Klee, ...
c) Lest die Wörter deutlich vor. Wie werden die Vokale immer ausgesprochen?

2 Bilde mit den Wörtern Wortzusammensetzungen. Schreibe diese auf:
Klee – Kleeblatt, Haar – Haarband, ...

3 a) Hier werden Wörter mit Doppelvokalen gesucht. Schreibe die Lösungswörter auf. Achte auf die richtige Groß- und Kleinschreibung.
1. Gegenteil von voll
2. Koffeinhaltiges Getränk
3. Gewässer
4. Niederschlag im Winter
5. Plötzlicher Gedanke
6. Gerät zum Wiegen
7. Ozean
8. Mit Bäumen bewachsene Straße
9. Großer Raum
10. Sumpfgebiet
11. Märchenwesen
12. Straßenbelag
13. Schlangenartiger Fisch
14. Tierpark
15. Süße Frucht
16. Aufgussgetränk
17. Kopfbewuchs
18. Dort pflanzt man Gemüse an
19. Wasserfahrzeug
20. Zwei, die zusammengehören

b) Vergleicht eure Ergebnisse.

4 Die folgenden Wörter sind falsch zusammengesetzt. Schreibe die zusammengesetzen Nomen richtig auf.
Kleebeutel Schneeband Moosmann Teeboot Speersaal Kaffeepaar Haarautomat Ruderbelag Festspitze Liebesblatt

Info

Wörter mit Doppelvokal

Wenige Wörter werden mit Doppelvokal geschrieben: *See, Moor, Saat*.
Bei diesen Wörtern wird der Vokal immer lang gesprochen.

Schreibung von s-Lauten

Von meinem besten Freund/meiner besten Freundin erwarte ich:

- ☺ Kuss zur Begrüßung
- ☺ darf mich nie vergessen
- ☺ sollte meine Eltern grüßen
- ☺ darf nicht hässlich sein
- ☺ muss meine Feinde hassen
- ☺ sollte Spaß verstehen
- ☺ ein großes Herz
- ☺ muss interessant sein
- ☺ genießt jede freie Minute mit mir
- ☺ lässt mich nie im Stich

1 Lest laut vor, was hier zum Thema „Freundschaft“ notiert wurde. Sprecht über die einzelnen Notizen.

2 a) In dem Text kommen viele Wörter mit *ss* und *ß* vor. Sucht die Wörter heraus und tragt sie in eine Tabelle nach folgendem Muster ein:

Wörter mit ss	***Wörter mit ß***
Kuss	*Begrüßung*
hässlich	
…	

b) Lest die Wörter laut vor. Achtet dabei besonders auf den Vokal (Selbstlaut), der vor *ss* und *ß* steht. Welche Regelmäßigkeit fällt euch auf?

c) Kennzeichnet die kurzen Vokale im Wortstamm durch einen Punkt und die langen Vokale durch einen Strich:

Kuss, Begrüßung, …

d) Ergänzt die folgenden Merksätze:

*Ich schreibe **ss**, wenn der Vokal davor …*
*Ich schreibe **ß**, wenn der Vokal davor …*

3 Sprecht die Wörter zu den Abbildungen deutlich aus. Sprecht darüber, wie hier der s-Laut geschrieben wird (*ss* oder *ß*).

Die Schreibung ss

1 a) Hier sind Nomen und Verben durcheinandergeraten. Schreibe sie getrennt voneinander auf. Kennzeichne den kurz gesprochenen Vokal immer mit einem Punkt:

Nomen: Nụsse, Kụsse, …

Verben: hạssen, …

b) Schreibe zu den Pluralformen der Nomen immer den Singular (Einzahl) auf:

Nüsse – die Nuss, Küsse – der Kuss, …

c) Ergänze bei den Verben immer die Er-, Sie- oder Es-Form:

hassen – er hasst, …

2 a) Überlegt in Partnerarbeit, welche Wörter in dem Brief fehlen. Lest den Text danach vollständig vor.

b) Notiere alle fehlenden Wörter. Markiere alle Wörter mit ss.

Liebe Lola,

gestern war ich mit einem Freund aus meiner  *5c im Zoo. Leider ist Fabio immer ein b… tollpatschig. Deshalb p… ihm oft komische Sachen. Gleich zu Anfang ist er in eine W…*  *getreten. Deshalb hatte er den ganzen Tag*  *Socken. Wenig später ist er gegen ein*  *gelaufen. Daher m… er den Rest des Tages humpeln. Leider wurde er dann auch noch von einer Ziege* *. Auch beim*  *hatte Fabio Pech: Seine volle*  *ist in die Tasche einer Dame gefallen und das*  *brach ihm ab. Das Schlimmste ereignete sich aber bei den Elefanten. Fabio hatte einen*  *herausgeholt. Plötzlich r… ihm der Elefant diesen mit seinem* 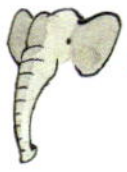 *aus der Hand. Das werde ich nie v…!*

Gruß und *,*

deine Nena

Die Schreibung ß

Liebe Maja,
ich habe für dich Glückskekse gebacken.
Aber iss sie in Massen / Maßen.
Du bekommst
sonst Bauchweh!
Deine Katharina

1 Lest den Brief laut vor. Überlegt gemeinsam, welches Wort hier verwendet werden muss. Begründet eure Entscheidung.

2 a) Mit den folgenden Silben lassen sich 12 Nomen zusammensetzen. Schreibe die Nomen untereinander auf.
Flö – Fü – Grü – Klö – Ma – Spie – Spä – Stö – So – Stra – Sträu – Grö – ße – ße – ße – ße – ße – ße – ße – ße – ßen – ßen – ße – ßen

b) Markiere bei den Nomen immer das ß. Kennzeichne die langen Vokale vor ß immer mit einem Strich: *Klöße, …*

c) Schreibe zu jedem Nomen die Form im Singular (Einzahl) auf: *Klöße – Kloß, …*

3 a) Ergänze die folgenden Reime. Schreibe die Reimwörter auf: *beißen – heißen, …*

b) Markiere bei den Verben immer das ß. Kennzeichne die langen Vokale oder Doppellaute (z. B. ei) vor dem *ß*.

Sprüche für Glückskekse

4 a) Lest die Sprüche laut vor. Welcher gefällt euch am besten?

b Besprecht, ob ihr in die Lücken ss oder ß einsetzen müsst. Achtet dazu auf die Länge des davor stehenden Vokals.

c) Notiert die Wörter in der richtigen Schreibung. Markiert immer die langen Vokale mit einem Strich und die kurzen Vokale mit einem Punkt: *groß, Flüsse, …*

gießen | gegossen | Guss | goss | Gießkanne

5 a) Besprecht, warum in derselben Wortfamilie der s-Laut manchmal mit ss und manchmal mit ß geschrieben wird.

b) Schreibe zu folgenden Verben verwandte Wörter mit ss und mit ß auf:
essen – genießen – lassen – reißen – beißen – fließen.
essen: esse, isst, aß, gegessen, essbar, …

Info

Wann schreibt man ss und wann ß?

1. Das ss steht nur **nach einem kurz gesprochenen Vokal** (Selbstlaut):
   Kuss, küssen.
2. Das ß steht immer **nach einem lang gesprochenen Vokal** oder nach einem Doppellaut (au, äu, ei, eu):
   Gruß, er aß, Strauß
3. Innerhalb einer Wortfamilie kann sich die Schreibweise ändern:
   essen – aß – iss! – gegessen.

Wörter mit einfachem s

leise – Besen – Weise – Wiese – Dose –
rasen – Nase – speisen – Reise – lesen –
niesen - eisig – umkreisen – Pause –
beweisen – Speise – grinsen – Preise

1 Alle diese Wörter werden mit einem einfachen **s** geschrieben. Diese s-Laute werden von norddeutschen und süddeutschen Personen unterschiedlich ausgesprochen. Hört euch dazu die Audiodatei an. Welche Unterschiede stellt ihr fest? |WES-122902-032|

2 Lest die Wörter nun selbst laut vor. Wie sprecht ihr die s-Laute aus?

Scharf zischend (stimmlos)
oder
weich summend (stimmhaft)?

3 Solltest du die s-Laute in den Wörtern wie alle s-Laute stimmlos (also zischend wie eine Schlange) aussprechen, musst du dir ihre Schreibung gut einprägen. Suche dir dazu zwei der folgenden Möglichkeiten aus:
a) Lasse dir die Wörter oben diktieren.
b) Schreibe zu jedem Wort noch ein verwandtes Wort auf.
c) Schreibe alle Nomen und ihre Pluralformen auf.
d) Schreibe alle Verben in der dritten Person auf.
e) Schreibe fünf kurze Sätze auf, in denen möglichst viele der Wörter vorkommen.

4 a) Solltest du die s-Laute in den Wörtern stimmhaft (also summend wie eine Biene) aussprechen, dann kannst du bei der Schreibung solcher Wörter eine Regel anwenden. Schreibe dazu die folgende Regel vollständig auf:
Ich schreibe immer ein einfaches s, wenn ich ________ höre.
b) Notiere weitere Wörter mit einem stimmhaften (weich summenden) s-Laut.
c) Vergleicht und überprüft eure Ergebnisse.

Ich schreibe Glas mit einfachem s, weil es von Gläser kommt.

d) Erkläre auch die Schreibung folgender Wörter: *Hals → Hälse, …*
Hals – Gras – Los – Moos – Eis – liest – löst – saust – verreist – beweist

Info

Wörter mit einfachem s

Manche Wörter werden nur mit **s** geschrieben: *die Häuser, verreisen, …*

Wenn ein Wort mit s geschrieben wird, werden auch alle verwandten Formen mit s geschrieben: *lesen, lies!, er las, …*

Wenn du den stimmhaften, gesummten s-Laut nicht sprichst, dann musst du dir Wörter mit einem einfachen s gut einprägen. Auch die Verlängerung des Wortes kann dir dabei helfen, die richtige Schreibung herauszufinden.

Das oder dass?

dass

das
dies
dieses
welches

1 a) Beschreibt das Bild.
b) Welcher Zettel gehört in welche Lücke? Begründet.
c) Sprecht darüber, warum auf dem einen Zettel drei Wörter stehen.
d) Formuliert gemeinsam eine Regel, wann *das* geschrieben werden muss.
*Ich schreibe **das**, wenn ich dafür auch …*

2 In jedem der folgenden Sätze taucht das Wort *das* auf. Ersetze es immer durch *dieses* oder *welches*. Schreibe die neuen Sätze auf.

Der Fuchs und der Hase, Teil 1

a) Ein Fuchs und ein Hase trafen im Winter ein Mädchen, das in einem Korb Semmeln bei sich trug.
b) Der Fuchs rief: „Hase, das ist unsere Chance! Stelle dich tot! Die Kleine wird zu dir niederknien und ich werde das ausnutzen und den Brotkorb stehlen."
c) Das gelang auch.
d) Schnell liefen sie mit dem Korb davon und ließen das Kind, das vor Schreck weinte, auf dem Weg zurück.

Der Fuchs ist gemein.

Der Hase muss aufpassen.

Es wird Streit geben.

Der Fuchs wird den Hasen bestimmt noch betrügen.

Der Fuchs will das Essen bestimmt nicht teilen.

Die Geschichte wird für den Hasen gut ausgehen.

3 Schreibe mit einem *dass*-Satz auf, was die Schüler *finden, vermuten, meinen, glauben, denken* oder *hoffen*. Schreibe in der Ich-Form. Beachte die Kommasetzung.
*Ich **finde, dass** der Fuchs gemein ist.*

Der Fuchs und der Hase, Teil 2

Nachdem Fuchs und Hase einen Korb voller Semmeln gestohlen hatten, überlegte sich der Fuchs **(1)** Vorhaben anders.
Er erklärte, **(2)** er nicht mehr teilen wollte.
Dem Hasen gefiel **(3)** gar nicht.
Nahe einem Weiher schlug er vor, **(4)** sie noch Fische fangen könnten.
Der Hase meinte, **(5)** der Fuchs seinen Schwanz in **(6)** Wasser, **(7)** eiskalt war, halten sollte.
Die Fische sollten denken, **(8)** **(9)** ein Köder wäre, und anbeißen.
Der Fuchs tat **(10)** sogleich.
Zu spät erkannte er, **(11)** sein Schwanz einfror und **(12)** er nun nicht mehr wegkam.
So kam es, **(13)** der Hase **(14)** Essen, **(15)** sich im Korb befand, ganz für sich allein hatte.

1

2

3

4 a) Lest das Ende der Fabel.
b) Viele Fabeln haben eine Lehre. Besprecht, wie sie für diese Fabel heißen könnte.
c) Überlegt gemeinsam, ob in die Lücken *das* oder *dass* eingesetzt werden muss. Die Ersatzprobe mit *dieses* und *welches* hilft euch dabei.
d) Schreibt die richtigen Lösungen in euer Heft.
e) Vergleicht eure Ergebnisse. So geht ihr dabei vor: Jeder beschriftet eine grüne Karte mit *dass* und eine gelbe mit *das*. Nun liest ein Schüler einen Satz der Fabel langsam vor und alle anderen Mitschüler halten bei einer Lücke die Karte mit der richtigen Lösung in die Höhe.

5 a) Schreibt zu jedem Bild rechts ein bis zwei Sätze, in denen *das* oder *dass* vorkommt.
b) Vergleicht eure Ergebnisse. Besprecht auch die Schreibung von *das* und *dass*.
Eine Hyäne durchstreifte das Kornfeld. …

Info

Schreibung von *das* oder *dass*

Wenn du nicht sicher bist, ob du *das* oder *dass* schreiben musst, dann mache die **Ersatzprobe**: Kannst du dafür auch *dieses* oder *welches* einsetzen, dann schreibst du *das*:
*Ich weiß **das** (dieses) ganz genau.*
*Ich kenne **das** (dieses) Tier, **das** (welches) du mir gezeigt hast.*

Aber: *Ich weiß, **dass** du es kannst.*

Strategie: Ich spreche Wörter deutlich mit

1 a) Sprecht über den Cartoon. Wer hat hier etwas falsch gemacht?
b) Wie müsste es richtig heißen und geschrieben werden?

So ein Unsinn!
Was macht der Handel im Dorf und die Hantel im Torf?
Der Postbote packt im Paddelboot die geprüften Briefe.
Gerade kriecht die Krabbe durch die Grube.
Am Tatort parkt ein dreckiger Gabelstapler mit geladenen Kabeln.
Ein Unwetter vernichtete den Nistplatz über dem Mistplatz.

2 a) Lest die Sätze aus dem Text links laut vor.
b) Diktiert euch die Sätze gegenseitig. Lest sie euch dazu abschnittsweise vor. Sprecht die Wörter beim Aufschreiben deutlich mit.
c) Kontrolliert die Schreibung.

i oder ü?
br?llen Br?llen K?rsche K?rche Spr?chwort
B?ndnis Geb?rge w?rklich zw?schen
erw?schen w?rgen w?rken M?schung
Str?mpfe S?mpfe B?rken b?cken

3 Welche Buchstaben fehlen hier? Sprich jedes Wort deutlich aus und schreibe es auf. Setze dazu für den fehlenden Laut den entsprechenden Buchstaben ein.

Wörter mit b, d, g

1 a) Hier stimmt etwas nicht! Schaut euch die beiden Plakate genau an und findet den Fehler. Begründet eure Meinung.
b) Sprecht darüber, warum dieser Fehler vermutlich gemacht wurde. Lest dazu die Sätze, die auf beiden Plakaten vorkommen, laut vor.
c) Formuliert, wie ihr in diesem Fall zur richtigen Schreibung gelangen könnt.

Korb Stab Dieb Urlaub Sieb
Raub bleibt schreibt treibt lebt
hebt gibt gelb lieb halb

Mund Rad Wald Geld Rad
Abschied Grund Jagd Jugend
mild Wind Kind lädt fremd
gesund rund wütend

2 Mache dir die Schreibung der Wörter aus den Wortwolken klar, indem du sie verlängerst:
a) Schreibe alle Nomen heraus. Schreibe sie mit ihren Pluralformen auf:
*der Korb – die Kör**b**e, …*
b) Schreibe alle Verben heraus. Schreibe immer die Infinitive (Grundformen) dazu:
*liegt – lie**g**en, …*
c) Schreibe alle Adjektive heraus. Finde mindestens eine verwandte Form, bei der du den Buchstaben gut hörst:
*mild – mil**d**er – die Mil**d**e, …*

Weg Krieg Schlag Zweig Zwerg
Erfolg liegt wagt fliegt lügt
trägt schräg klug

3 Schreibe zu jedem Wort oben einige verwandte Wörter auf:
Freund: freundlich, anfreunden, …

b oder p? d oder t? g oder k?

Zün?kerze Hu?konzert Bin?faden Star?bahn
Pum?werk Die?stahl Klu?heit Far?topf
Schrei?schrift Trin?becher Rau?tier
Fun?gerät Lan?schaft Han?schuh
Wu?ausbruch Hal?zeit

4 Suche zu den Wörtern oben ein Wort, das die Schreibweise erklärt. Schreibe die Wortpaare auf: *Zün**d**kerze wegen zün**d**en, …*

5 Überlege dir, wie die markierten Wörter im Text rechts geschrieben werden. Schreibe den Text vollständig auf.

Ein blinder Mann unternahm eine Flu?reise. Ausnahmsweise durfte er seinen Blindenhun? mit in das Flu?zeu? nehmen. Eigentlich werden Tiere in einem Käfi? außerhalb der Kabine befördert. Wegen des Die?stahls eines Gel?beutels kam es zu einer Verspätun?. Deshalb fra?te der Mann eine Flu?begleiterin, ob jeman? mit dem frie?lichen Hun? nochmal Gassi gehen könnte. Der Pilot selbst führte das Tier aus, da er ohnehin einen kurzen Kontrollgan? um den Flieger machen wollte. Als die Passagiere durch ihre Wan?fenster den Piloten mit dem Blindenhun? sahen, brach unter den Reisenden eine le?hafte Unruhe aus.

während
Adler Erbse
hübsch
Krebs Obst
Herbst

6 Diese Wörter sind Merkwörter, da man ihre Schreibung nicht durch Verlängerung ableiten kann.
Schreibe zwei Sätze auf, in denen möglichst viele dieser Wörter vorkommen:
Während der hübsche Adler …

Info

Wörter mit b, d, g

Ob ein Wort mit *b*, *d* oder *g* geschrieben wird, hörst du, wenn du das Wort verlängerst:
Tag – Tage; schreibt – schreiben; täglich – Tage

Wenn ein Wort im Wortstamm mit *b*, *d*, *g* geschrieben wird, werden alle verwandten Wörter mit *b*, *d*, *g* geschrieben:
*run**d** – Run**d**e – überrun**d**en – run**d**lich*

Strategie: Ich beachte den Wortstamm

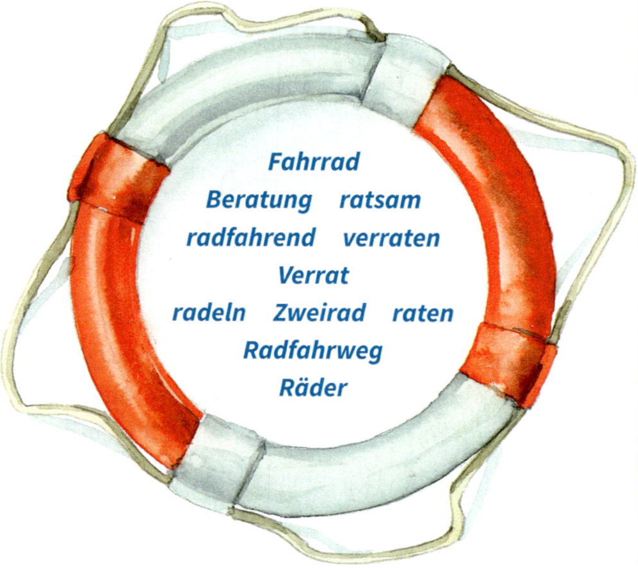

1 a) Wie viele Wortfamilien sind hier durcheinander geraten? Besprecht, woran ihr das erkennt.
b) Schreibe die Wortfamilien getrennt voneinander auf. Kennzeichne in jeder Wortfamilie den gemeinsamen Wortstamm:
Fahrrad, …

2 a) Ergänze in den Sätzen rechts die fehlenden Reimwörter. Schreibe die Reimpaare auf. Achte dabei auf die richtige Groß- und Kleinschreibung. Nutze dazu auch die Hinweise auf Seite 253-255.
b) Markiere in den Reimpaaren immer den gemeinsamen Wortstamm:
Schläuche – Schlauch, …

Schläuche kommt von Schlauch,
und **Sträucher** kommt von … .

Er **läuft** kommt von …,
und **säuft** kommt von … .

Fläche kommt von …,
und **krächzen** kommt von … .

Zähmen kommt von …,
und **gelähmt** passt zu … .

Klebrig kommt von …,
und **schwebt** kommt von … .

Er **lädt** kommt von …,
und **schädlich** kommt von … .

Siegreich kommt von …,
und **wiegt** kommt von … .

Er **wandte** passt zu der …,
und …lich kommt von **ENDE**!

c) Schreibe mit folgenden Wörtern weitere Verse auf:
tobt – Lob, lügt – Pflug, Wärme – ärmlich, …

3 Entscheidet, wie die folgenden Wörter geschrieben werden. Sprecht dazu über den Wortstamm jedes Wortes:
Fun?büro – Abschie?sbrief – Sin?vogel – Sprun?brett – Schrei?heft – Armban?uhr

Wörter mit ä/äu

1 a) Sprecht über das Bild. Wie fühlt sich der Junge? Begründet.

b) Überlegt euch in Partnerarbeit, wie die Aufforderung besser formuliert werden könnte, damit sie nicht peinlich wirkt. Macht euch Notizen. Tragt eure Texte schließlich der Klasse vor.

c) Zu allen Wörtern mit *ä/äu*, die du im Bild findest, gibt es ein verwandtes Wort mit *a/au*. Schreibe die Wortpaare auf: *Kläuschen – Klaus, …*

d) Formuliert gemeinsam eine Regel, wann man ein Wort mit *ä/äu* schreibt.

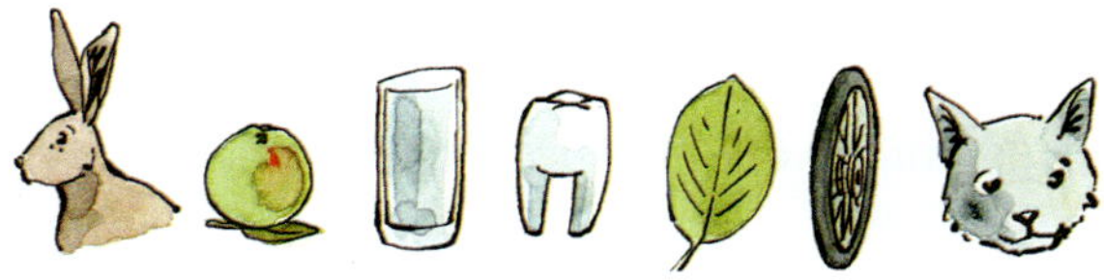

2 Schreibe zu jedem Bild ein Wort und dessen Verkleinerungsform auf. *Hase – Häschen, …*

3 a) Schreibe die Wörter aus der Wolke, die zu einer Wortfamilie gehören, zusammen auf: *fangen, fängt, …*

b) Markiert ihren gemeinsamen Wortstamm: *fangen, fängt, …*

fangen – Verhältnis – Abhang – erhältlich – gräbt – Behälter – Gefängnis – haltbar – Fänger – Graben – Fänge – Gräber – hältst – vergräbt – Begräbnis – fängt – Anhängsel – anhänglich – Behang – halten – Behältnis

Ein japanischer Tourist fährt nach München. Dort l?sst er sein Auto an einem Straßenrand stehen. Er schl?ndert durch die Innenstadt und bewundert die kleinen G?sschen, die vielen H?ndler und die schönen Pl?tze. Doch am Tages?nde findet der Mann seinen Wagen nicht mehr. Aufger?gt durchk?mmt er die Innenstadt, aber ohne ?rfolg. ?ngstlich spricht er schließlich zwei Polizisten an und erkl?rt ihnen seine Lage. Dabei zeigt er den M?nnern einen Z?ttel, auf dem er sich den Namen der Straße verm?rkt hatte. Die Beamten lesen „Einbahnstraße“ und müssen l?cheln.

4 Schreibe den Text vollständig auf. Überlege dabei genau, ob du die Wörter mit *e* oder *ä* schreiben musst. Scheibe sie nur dann mit *ä*, wenn du ein verwandtes Wort mit *a* kennst.

Merkwürdige Schlagzeilen

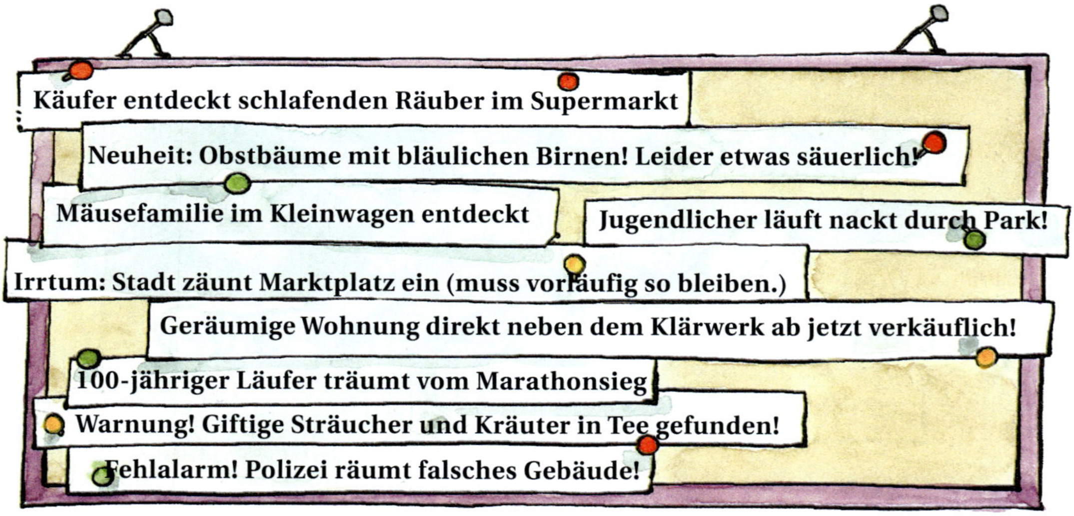

1 a) Lest die Schlagzeilen. Sucht gemeinsam alle Nomen mit *äu* heraus: *Käufer, …* Sprecht darüber, warum die Wörter mit *äu* geschrieben werden.

b) Schreibe alle Nomen mit *äu* sowie ein verwandtes Wort mit *au* auf: *Käufer – Kauf, …*

c) Schreibe alle Verben mit *äu* sowie ein verwandtes Wort mit *au* auf: *läuft – laufen, …*

d) Schreibe alle Adjektive mit *äu* sowie ein verwandtes Wort mit *au* auf: *geläufig – laufen, …*

2 Schreibe zu jedem Bild ein Nomen und dessen Pluralform auf: *Traum – Träume, …*

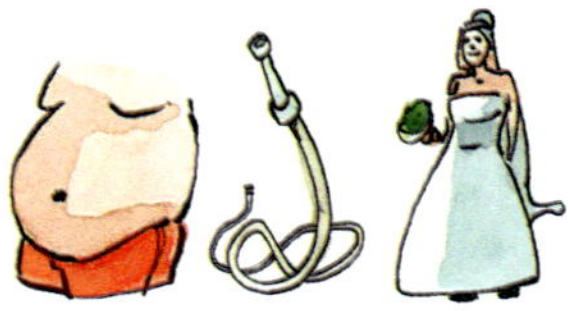

äu oder eu?

H♪te habe ich Fr♪lein Schmidt getroffen. Sie wohnt am Ortsende in einem br♪nlichen Geb♪de und l♪ft oft an den H♪sern unserer Straße vorbei. Die Dame fr♪t sich immer, wenn sie mich und meine Fr♪nde sieht. Allerdings ist sie anders als andere L♪te. Sie tr♪mt nämlich von einer Karriere als Popstar. Schon von weitem sind ihre Singger♪sche zu hören. Manche bleiben wie bet♪bt stehen. Vorl♪fig wird ihr Traum wohl nichts werden. Denn ihr Gesang hört sich sch♪ßlich an!

3 Schreibe den Text vollständig auf. Überlege genau, ob du die Wörter mit *eu* oder *äu* schreiben musst. Schreibe sie nur dann mit *äu*, wenn du ein verwandtes Wort mit *au* kennst.

Info

Wörter mit ä und äu

Schreibe ein Wort dann mit *ä* oder *äu*, wenn du ein verwandtes Wort mit *a* oder *au* kennst:
Ärzte → Arzt, ängstlich → Angst;
Träume → Traum, käuflich → kaufen.

Häufige Vor- und Nachsilben richtig schreiben

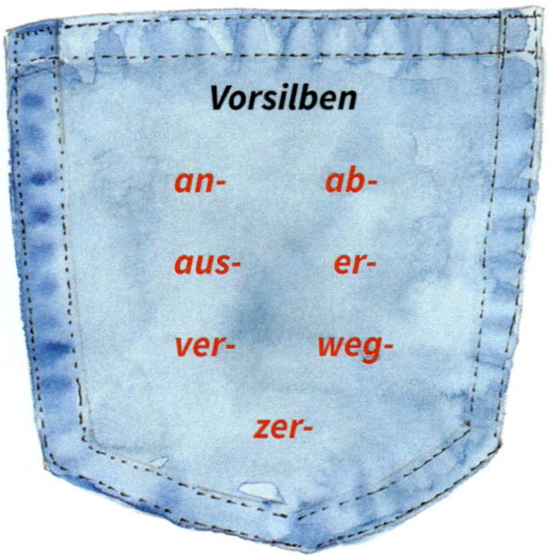

1 a) Mit diesen Vorsilben und den Stammwörtern können viele Wörter gebildet werden. Schreibe mindestens 15 Wörter auf.

b) Überprüfe, ob bei deinen Wörtern zwei Buchstaben aufeinandertreffen. Markiere solche Stellen im Wort: *annehmen.*

2 a) Im Text rechts hat der Schreiber bei einigen Wörtern einen Buchstaben vergessen. Finde diese Wörter und schreibe sie richtig auf.

b) Kennzeichne in den verbesserten Wörtern immer die Vorsilbe farbig: *aussehen, …*

Info

Vorsilben richtig schreiben

Viele Wörter bestehen aus einer Vorsilbe und einem Stammwort:
Verkauf, **ab**geben.
Denke daran, dass bei der Verbindung zwischen Vorsilbe und Stammwort manchmal zwei Buchstaben aufeinandertreffen:
*unte**rr**ühren, ve**rr**ichten, ….*

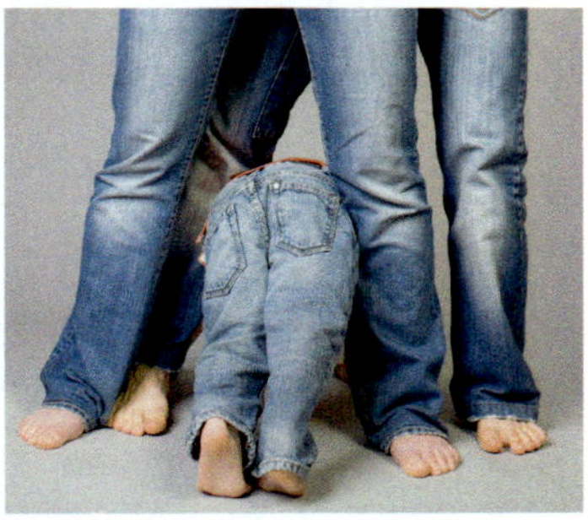

Jeansmode

Heutzutage meinen viele Jugendliche, dass Jeans von allen Hosen am besten ausehen. Die Erfolgsgeschichte dieses Kleidungsstückes ist schon oft veraten worden: Im Jahre 1870 beschwerte sich eine Kundin, dass die Arbeitshosen ihres Mannes immer so schnell zereißen würden. Der Ladenbesitzer musste sich der Sache anehmen. Zukünftig wollte er die Hosentaschen nun nicht mehr nur anähen, sondern sie auch durch Kupfernieten verstärken. Die Arbeit war schnell verichtet und die Kunden waren von diesen neuen Hosen begeistert. Dies war der Beginn der Jeanshosen, nach denen sich viele Menschen vor Begeisterung die Köpfe verenkten.

3 Schreibe zu den folgenden Verben passende Nomen auf. Markiere immer die Vorsilbe:
abbilden – die Abbildung, …
abbilden – annähern – aussäen – aussprechen – errichten – verraten – verriegeln – zerreiben

Unglaubig!
Lässisch, modig und gemütlisch zugleich! Mit diesen Worten wurde kürzlig im Internet eine 80 Jahre alte Damenjeans versteigert.
Der glücklige Höchstbietende zahlte eine riesische Geldsumme.
Allerdings handelt es sich um einen 95-jährlichen Mann.
Dies ist etwas komig! Ob er die Damenjeans wohl zukünftlich tragen wird?

4 a) Lest den Text laut vor. Besprecht, warum der Text überarbeitet werden muss.
b) Macht für einzelne Wörter Verbesserungsvorschläge.
c) Schreibt die Wörter untereinander richtig auf.
d) Überprüft eure Ergebnisse, indem ihr die Adjektive verlängert, um die Endungen deutlich zu hören:
unglaublich – unglaubliche Geschichte …

5 Übertrage die folgende Tabelle in dein Heft. Ordne die Adjektive aus der Zeichnung unten nach ihren Endungen ein.
Wenn du nicht sicher bist, wie die Adjektive enden, verlängere sie:
ruhig → ruhige Schüler.

Adjektive auf -ig	***Adjektive auf -isch***	***Adjektive auf -lich***
ruhig		

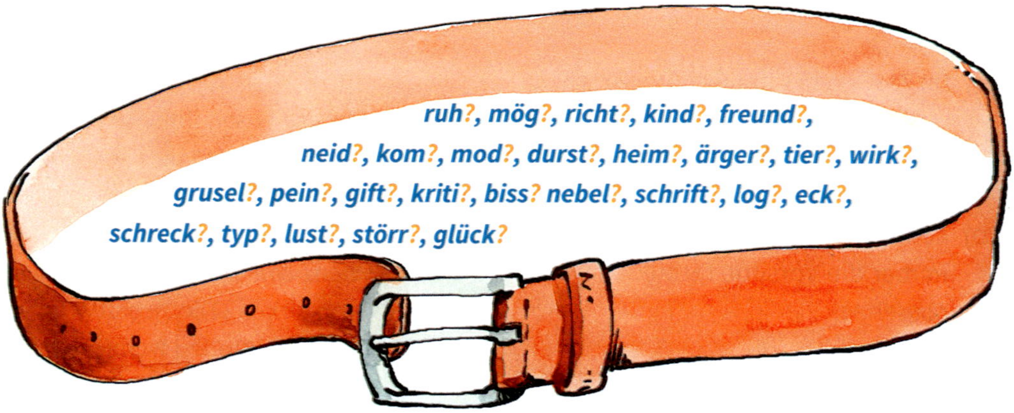

Info

Nachsilben richtig schreiben

Wenn du nicht sicher bist, ob ein Adjektiv auf *-lich*, *-ig* oder *-isch* endet, dann mache die Verlängerungsprobe: *lustig – lustige* (Kinder), *neidisch – neidischer*.
Dadurch kannst du hören, wie die Wörter am Ende geschrieben werden.

Strategie: Ich wende die Artikelprobe an

ZIEGENBOCK ZU VERKAUFEN

WIR VERKAUFEN EINEN ALTEN ZIEGENBOCK. LEO IST IN DIE JAHRE GEKOMMEN. ER LAHMT AUF EINEM BEIN UND HAT LEIDER VIEL ZU VIEL AUF DEN RIPPEN. AUSSERDEM IST ER AUF DEM LINKEN AUGE BLIND. DAS RECHTE KNICKOHR VERLEIHT IHM EINEN INTERESSANTEN ANBLICK. KÜRZLICH HAT ER DIE LETZTEN BEIDEN ZÄHNE VERLOREN. ANSONSTEN IST ER ABER NOCH TOPFIT. WER AN DEM BOCK INTERESSE HAT, SOLL BITTE ANRUFEN!

1 a) Schreibt aus der Anzeige alle Nomen heraus. Wenn ihr bei einem Wort nicht sicher seid, dann überprüft, ob ein Artikel (Begleiter) davor steht oder davor stehen könnte: *(Ein) Ziegenbock zu verkaufen*

b) Vergleicht eure Ergebnisse.

ARBEIT LIEB REICHTUM SCHWACH ZORNIG TENNIS INSEL TROTZDEM KROKODIL ABER SCHWEBTE UNTER EHRGEIZ LIEBE SPARSAM PFLICHT SINGEND RADIESCHEN ODER OBER VERWENDET BEACHTUNG ENTDECKUNG

2 Schreibt von den Wörtern oben nur die Nomen untereinander auf. Wenn ihr nicht sicher seid, überlegt, ob ihr einen Artikel (Begleiter) davor setzen könnt. (Bei richtiger Lösung ergeben die Anfangsbuchstaben von oben nach unten ein Lösungswort.)

WIR SUCHEN EINE REITBETEILIGUNG. IHR SOLLTET AUSDAUER HABEN, DENN UNSER PONY WIRFT REITER IM MOMENT GERNE AB.

SEIT MONTAG VERMISSEN WIR EINE VOGELSPINNE. SOLLTE SIE EUCH ÜBER DEN WEG ODER SOGAR ÜBER DIE FINGER LAUFEN, HABT IHR PECH GEHABT!

ICH SUCHE EINE STELLE ALS TIERPFLEGERIN. ALLERDINGS HABE ICH ANGST VOR TIEREN UND AUCH NUR AM MITTWOCH UND AM FREITAG ZEIT.

ZOODIREKTOR ERTEILT SCHWIMMUNTERRICHT. WIR TREFFEN UNS AM BECKEN DER EISBÄREN.

3 Schreibt die Anzeigen in richtiger Groß- und Kleinschreibung ab. (Achtung: Manchmal ist der Artikel versteckt: *im = in dem, am = an dem, …*)

Großschreibung von Nomen

Es stand nach einem Schiffsuntergange
Eine Briefwaage auf dem Meeresgrund.
Ein Walfisch betrachtete sie bange.
Beroch sie dann lange.
Hielt sie für ungesund.
Ließ alle Achtung und Luft aus dem Leibe.
Senkte sich auf die Wiegescheibe
Und sah - nach unten schielend - verwundert
Die Waage zeigte über Hundert.

1 a) Lest das Gedicht laut vor. Warum macht der Wal so ein betrübtes Gesicht?
b) Sucht aus dem Text alle Nomen heraus. Woran habt ihr sie erkannt?
c) Schreibe die Nomen mit ihrem Artikel (Begleiter) auf: *ein Schiffsuntergang, ...* (Achtung: An zwei Stellen steht kein Artikel davor.)

2 Übertragt die folgende Tabelle in euer Heft. Ordnet die Nomen aus dem Text unten in die richtige Spalte ein. (Achtung: Manchmal ist der Artikel versteckt: *im = in dem, ans = an das, ...*)

Nomen mit Artikel	***Nomen ohne Artikel***	***Nomen mit verstecktem Artikel***
der Blauwal	*Blauwale*	*am Land*

DER BLAUWAL

VON DEN TIEREN, DIE AM LAND, IN DER LUFT UND IM WASSER LEBEN, IST DER BLAUWAL DAS GRÖSSTE UND SCHWERSTE GESCHÖPF. ALLEIN DIE ZUNGE IST SO SCHWER WIE EIN GANZER ELEFANT UND DAS HERZ EINES AUSGEWACHSENEN BLAUWALS IST SO GROß WIE EIN KLEINES AUTO. BLAUWALE FUTTERN TÄGLICH MASSEN VON PLANKTON, KREBSEN UND FISCHEN. MEISTENS BEKOMMT MAN EINEN BLAUWAL AN DER WASSEROBERFLÄCHE ZU GESICHT, WENN ER ZUR ATMUNG AUFTAUCHT. DENN DIE TIERE TAUCHEN REGELMÄßIG AUF, UM LUFT ZU HOLEN. DABEI ENTSTEHT EINE 9M HOHE FONTÄNE, DIE FÜR DIE MEERESSÄUGER TYPISCH IST. MEIST SIEHT MAN JEDOCH NUR EINEN KLEINEN TEIL DES RÜCKENS.

ans | beim | im | zum | ?

3 a) Hier sind Präpositionen abgedruckt, in denen ein Artikel versteckt ist. Schreibe dazu immer die verlängerte Form auf:
ans = an das, …

b) Sammelt weitere Präpositionen mit verstecktem Artikel.

c) Schreibe fünf Sätze auf, in denen Nomen mit verstecktem Artikel vorkommen. Unterstreiche immer die Nomen mit dem versteckten Artikel:
Vom Strand aus beobachten wir Wale im Meer.

EIN WAL,
EIN ALTER WAL,
EIN ALTER, MÄCHTIGER WAL,
EIN ALTER, MÄCHTIGER, FRECHER WAL
FRAß

EINEN KREBS,
EINEN KLEINEN KREBS,
EINEN KLEINEN, VERÄRGERTEN KREBS,
EINEN KLEINEN, VERÄRGERTEN, TRAURIGEN KREBS.

4 a) Lest das Treppengedicht laut vor. Sprecht darüber, wie es aufgebaut ist.

b) Schreibe das Treppengedicht ab. Denke an die Großschreibung der Nomen.

c) Markiere durch einen Pfeil, auf welches Nomen sich der Artikel immer bezieht. Was stellst du fest?

d) Schreibe selbst ein Treppengedicht auf. Nutze auch die Hinweise zur Kommasetzung bei Aufzählungen auf Seite 262-263.

rekorde im tierreich

das riesenkänguru gilt als ein weitspringmeister. es springt fast 15 m weit und schafft über 3 m in die höhe. im vergleich zu der geringen körpergröße ist aber der floh der beste springer im gesamten großen tierreich. er ist zwar ein winzling, dennoch kann er die meisten 50 cm breiten hindernisse locker überspringen. natürlich müssen auch noch die starken, unsagbar kräftigen geschöpfe im tierreich angesprochen werden. ein ausgewachsener, gesunder, männlicher gorilla kann 900 kg stemmen. das entspricht ungefähr dem gewicht eines durchschnittlichen, mittelgroßen wohnwagens.

5 a) Schreibe den Text oben in der richtigen Schreibweise auf. Denke dabei an die Großschreibung am Satzanfang und an die Großschreibung der Nomen.

b) Zeichne Hinweispfeile vom Artikel zum Nomen: Rekorde im Tierreich …

Info

Großschreibung

Wann wird großgeschrieben?

1. Am Anfang eines Satzes wird das erste Wort großgeschrieben.
2. Namen werden großgeschrieben: *Anna, Timo, …*
3. Nomen (Namenwörter) werden großgeschrieben.

Du erkennst ein Nomen daran, dass ein Artikel davor steht oder davor stehen könnte: ***das** Tier, **einem** Wal, **im** (in dem) Gewässer.*

Großschreibung der Höflichkeitsanrede

1 a) Die Frau sagt auf beiden Bildern das Gleiche. Dennoch handelt es sich um unterschiedliche Situationen. Erklärt dies.
b) Woran kann der Leser erkennen, wer gemeint ist?

HABEN SIE PROBLEME?
WIR BERATEN SIE IN ALLEN LEBENSFRAGEN! RUFEN SIE EINFACH AN ODER SCHREIBEN SIE UNS! WIR KÜMMERN UNS UM IHRE PROBLEME!
FIRMA SORGENFREI Tel.: 98472

2 Übertrage die Anzeige in dein Heft. Denke daran, dass neben Satzanfängen und Nomen auch Höflichkeitsanreden wie „Sie" und die dazugehörigen Formen (Ihre, Ihren, Ihnen, ...) großgeschrieben werden.

Lieber Herr Sorgenfrei,
ich habe ? Anzeige gelesen und hoffe, dass ? mir ein paar wichtige Fragen beantworten können. Zunächst möchte ich von ? wissen, ob ich in meiner Klasse bei den Mädchen beliebt bin. Außerdem wäre ich ? dankbar, wenn ? mir sagen könnten, ob ich in diesem Jahr sitzen bleibe. Sicherlich können ? sich denken, dass diese Fragen für mich sehr wichtig sind.
Bitte teilen ? mir ? kostenlose Antwort schnell mit.
Vielen Dank, ? Nico Friedel

3 Ergänze im Text die fehlenden Höflichkeitsanreden. Schreibe die Sätze vollständig auf.

Info

In der **Höflichkeitsanrede** werden „Sie" und die dazugehörigen Formen (Ihre, Ihrem, Ihren, Ihnen) großgeschrieben:
*„Guten Morgen, Herr Schaller! Haben **Sie** gut geschlafen? Wie geht es **Ihnen** und **Ihrer** Familie heute?"*

Strategie: Ich präge mir schwierige Schreibweisen ein

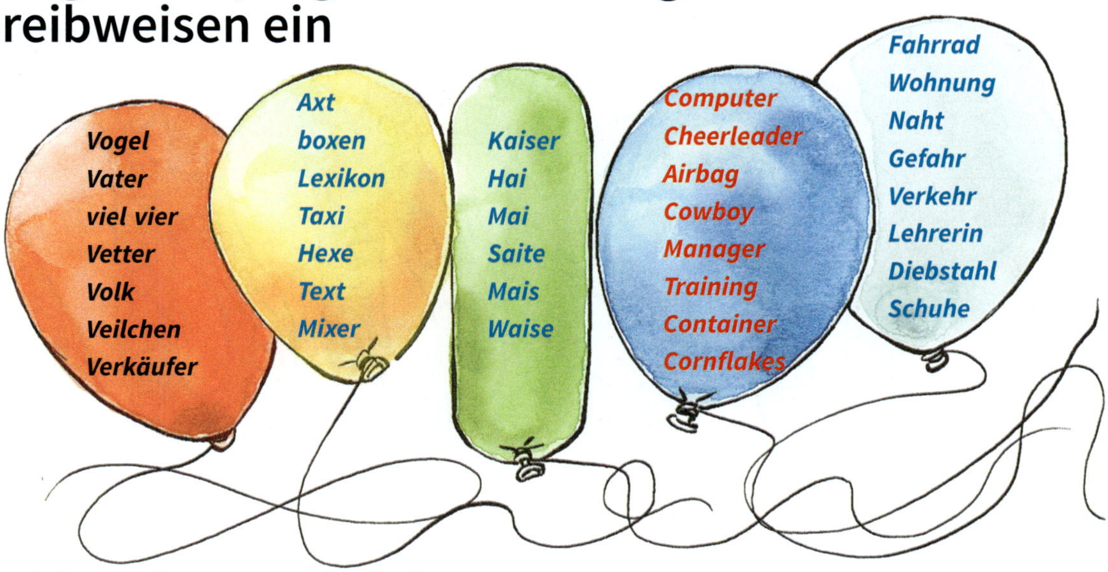

1 a) Bei diesen Wörtern musst du dir die Schreibweisen gut merken. Sprecht darüber, welche Besonderheit die einzelnen Wortgruppen haben.

b) Suche dir für jede Wortgruppe eine der folgenden Übungen aus:

1) Schreibe zu dem Merkwort noch ein verwandtes Wort auf: *Cheerleader – Cheerleaderinnen, …*
2) Schreibe die Wörter mit Silbentrennungsstrichen auf: *Fahr-rad, …*
3) Ordne die Wörter nach dem Alphabet und schreibe sie auf.
4) Schreibe lustige Sätze auf, in denen möglichst viele der Wörter vorkommen.

2 Lege für die Merkwörter eine Rechtschreibkartei an. So gehst du dabei vor:
- Schreibe jedes Wort auf eine kleine Karteikarte.
- Lass dir die Wörter regelmäßig diktieren. Die Wörter, die du richtig schreibst, legst du zur Seite.
- Übe mit den anderen Wörtern weiter, bis keines mehr übrig bleibt.

Computer	*viel*		
		Verkehr	

3 Spielt mit den Wörtern Wörter-Bingo. So geht ihr dabei vor:
- Jeder von euch wählt 16 Merkwörter aus und schreibt diese auf einen Spielplan mit 4 mal 4 Feldern.
- Ein Schüler übernimmt die Spielleitung und liest seine Wörter vor.
- Die anderen überprüfen, ob sie diese Wörter auch notiert haben, und streichen diese auf ihren Listen durch.
- Gewonnen hat, wer zuerst eine Reihe von oben nach unten oder von links nach rechts auf seinem Spielplan weggestrichen hat.

Fremdwörter richtig schreiben

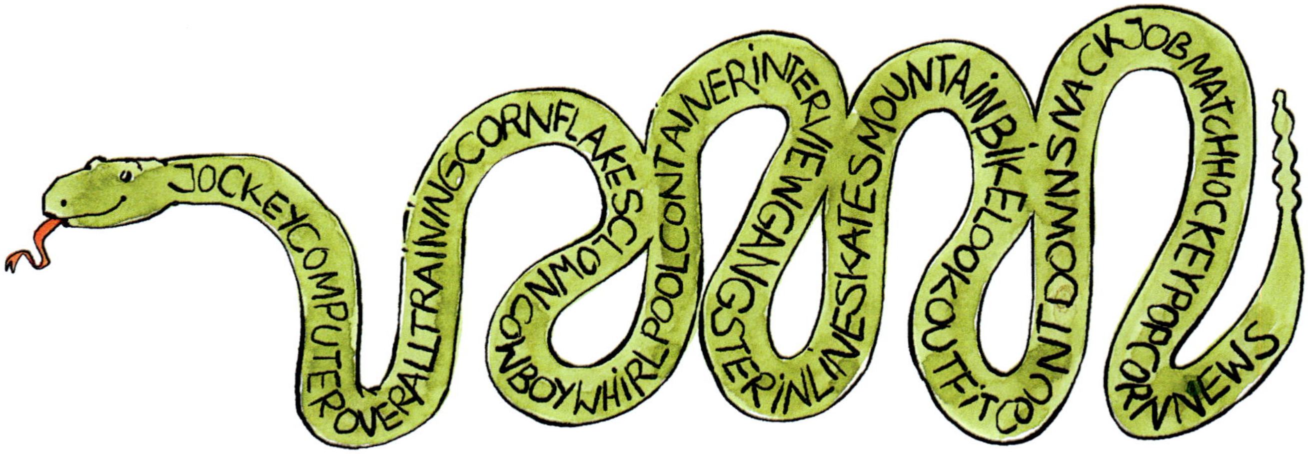

1 a) Hier sind 22 englische Fremdwörter versteckt. Schreibt sie richtig auf.
b) Sprecht über die Bedeutung der einzelnen Wörter.

2 Welche der Fremdwörter aus der Wörterschlange werden hier gesucht? Schreibe sie untereinander auf. (Ihre Anfangsbuchstaben ergeben, von oben nach unten gelesen, ein Lösungswort.)

1) Zwischenmahlzeit 2) Sprudelbecken
3) Befragung 4) Anderes Wort für Spiel
5) Geländerad 6) Rollschuhe
7) Neuigkeiten, Nachrichten 8) Verbrecher
9) Nascherei aus Mais 10) Ganzkörperanzug
11) Aufmachung, Kleidung 12) Aussehen

3 Führt mit den Sätzen rechts zu zweit ein Würfeldikat durch:
- Prägt euch die Wörter aus der Wörterschlange noch einmal gut ein.
- Anschließend würfelst du und dein Mitschüler diktiert dir den Satz, den du gewürfelt hast.
- Anschließend würfelt dein Partner und du diktierst.
- Wenn alle Sätze aufgeschrieben sind, tauscht ihr diese aus und überprüft die Schreibung.

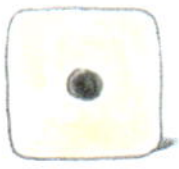 Nicht jeder Jockey liebt Cornflakes, Popcorn oder andere Snacks.

 Sportler fahren stundenlang auf Inlineskates oder auf dem Mountainbike.

 Manche bevorzugen ein Hockeyspiel oder ein anderes Match.

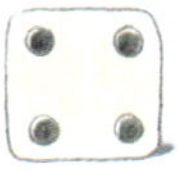 Wenn der Countdown läuft, ist es ihr Job, hart zu trainieren.

 Laut einem Interview verbringen sie aber auch viel Zeit im Whirlpool.

 Nur Clowns, Cowboys und Gangster dürfen faul vor dem Computer sitzen.

Zeichensetzung bei der wörtlichen Rede

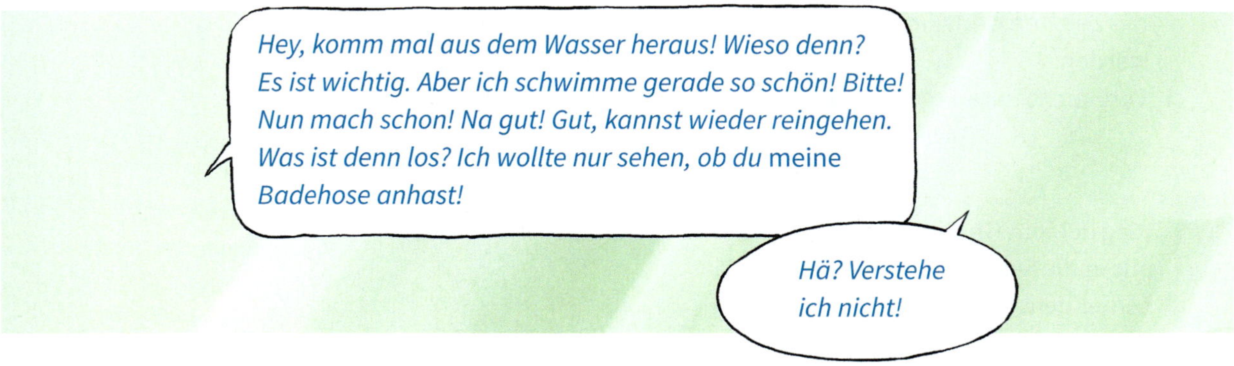

1 Lest den Witz laut vor. Warum ist er schwer zu verstehen?

2 a) Schreibe den Witz mit folgenden Redebegleitsätzen auf:
Eine Maus ruft: / Ein Elefant antwortet: / Sie erklärt: / Er entgegnet: / Die Maus bettelt: / Das große Tier ruft: / Die Maus meint: / Der dicke Elefant will wissen: / Sie erklärt: ...

b) Setze die wörtliche Rede immer in Anführungszeichen.
Eine Maus ruft: „Hey, komm mal aus dem Wasser heraus!“

3 Schreibe das Gespräch unten vollständig auf und setze die Zeichen der wörtlichen Rede (Doppelpunkt, Anführungszeichen). Verwende dabei abwechslungsreiche Verben wie *fragen, antworten, erklären, meinen, rufen, entgegnen, sich erkundigen, …*
Der Zoowärter rief: „…

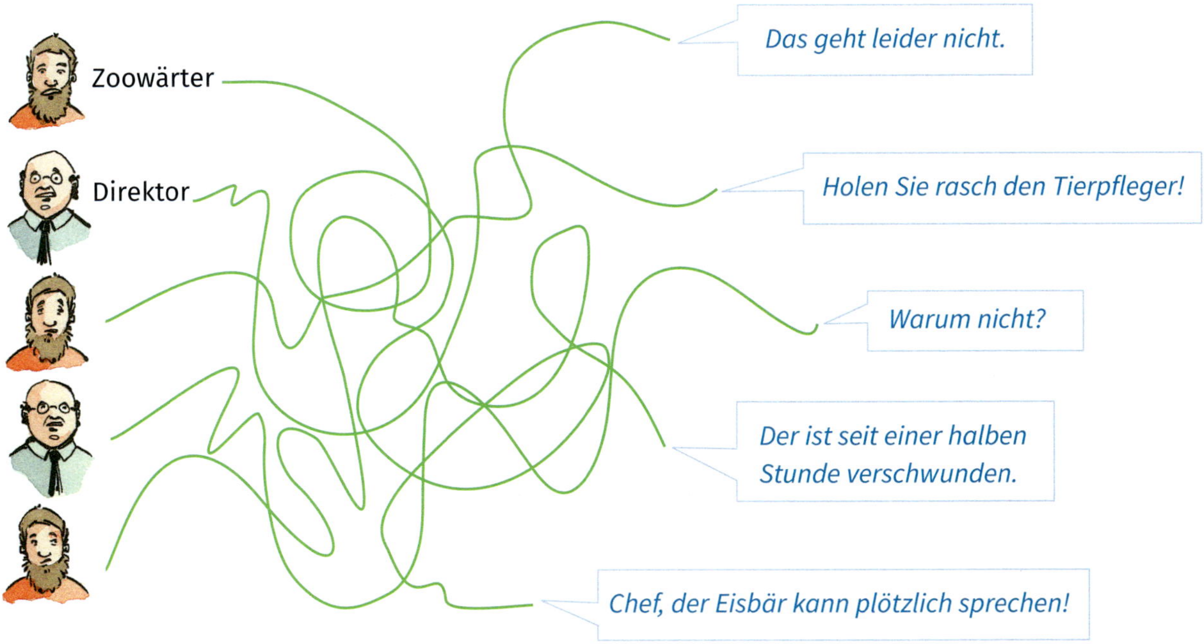

4 a) Schaut euch die Sätze im folgenden Witz an. Wo steht hier der Redebegleitsatz?
b) Formuliert eine Regel, wie in diesem Fall die Zeichen der wörtlichen Rede gesetzt werden.
c) Vergleicht eure Ergebnisse.

„Sag deinem Großvater, er soll morgen zu mir in die Schule kommen!“, befiehlt der Lehrer dem Schüler.

„Wieso nicht mein Vater?“, will der Junge wissen.

„Ich möchte deinem Großvater zeigen, wie viele Fehler sein Sohn bei deiner Hausaufgabe gemacht hat“, erklärt der Lehrer.

5 a) Schreibe den folgenden Witz ab. Kennzeichne die wörtliche Rede immer mit einer Wellenlinie.
b) Setze die fehlenden Zeichen der wörtlichen Rede.

Emilia, mit der neuen Brille siehst du aber scheußlich aus meint der kleine Florian eines Abends zu seiner Schwester.
Aber ich habe doch gar keine neue Brille! entgegnet daraufhin das Mädchen.
Nein, aber ich! erklärt nun der Junge.

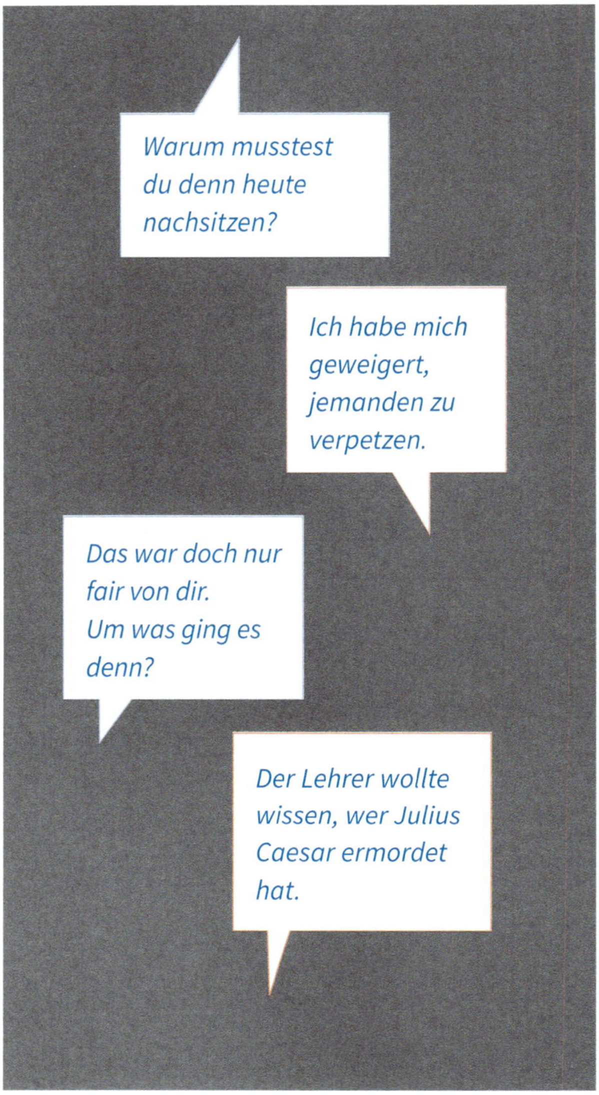

6 a) Stellt Vermutungen an, wer hier spricht.
b) Lest die Sätze mit verteilten Rollen.

7 a) Schreibe das Gespräch auf. Stelle dabei die Redebegleitsätze vor oder hinter die wörtliche Rede. Verwende Verben wie *fragen, antworten, erklären, meinen, rufen, entgegnen, sich erkundigen, …*
b) Kennzeichne die wörtliche Rede immer mit einer Wellenlinie. Überprüfe die Zeichensetzung.

8 a) Findet heraus, wo in den Sätzen rechts der Redebegleitsatz steht.
b) Schreibe den Witz ab. Kennzeichne die wörtliche Rede immer mit einer Wellenlinie. Setze die wörtlichen Reden anschließend in Anführungszeichen.

Klose , warnt der Pilot , die Landung wird nicht einfach!
Kurz darauf muss er stark bremsen und bringt das Flugzeug gerade noch rechtzeitig zum Stehen. Geschafft! , ruft er erleichtert dem Copiloten zu, so eine kurze Landebahn habe ich noch nie gehabt . Der Copilot schaut links und rechts aus den Fenstern.
Ich sehe es , meint er schließlich, aber dafür ist sie mindestens 3 km breit .

9 a) Lies dir den folgenden Witz leise durch. Überlege dabei, was wörtlich gesprochen wird.
b) Diktiert euch den Witz gegenseitig. Achtet auf die richtige Zeichensetzung bei der wörtlichen Rede (Anführungszeichen, Doppelpunkt).

Ein junger Anwalt hatte gerade sein neues Büro eröffnet. Als er seinen ersten Besucher durch die Tür kommen sah, wollte er einen guten Eindruck machen. Er nahm den Telefonhörer in die Hand und sprach Es tut mir leid, aber ich bin zurzeit so enorm beschäftigt.
Mit einer Handbewegung deutete er dem Besucher an, kurz zu warten.

Sie werden einen Monat warten müssen , fuhr der Anwalt fort, bis ich mich um Ihren Fall kümmern kann.
Er legte den Hörer auf und wandte sich zu seinem Besucher Nun, was kann ich für Sie tun?
Nichts , antwortete der Besucher.
Ich bin nur gekommen , erklärte der Mann, um Ihr Telefon anzuschließen.

Info

Zeichensetzung bei der wörtlichen Rede

1. **Vorangestellter Redebegleitsatz**

Der wütende Lehrer ruft: *„Das ist nicht witzig!"*
Redebegleitsatz — wörtliche Rede

Beachte den Doppelpunkt.

2. **Nachgestellter Redebegleitsatz**

„Darüber muss ich lachen", *meinte er.*
„Wer kennt einen Witz?", *fragte sie.*
„Das ist nicht lustig!", *rief sie.*
wörtliche Rede — Redebegleitsatz

Vor dem Redebegleitsatz steht immer ein Komma. Die wörtliche Rede kann hier mit einem Fragezeichen, einem Ausrufezeichen, nicht aber mit einem Punkt enden.

3. **Eingeschobener Redebegleitsatz**

„Katharina", *erklärte Maja*, *„ich muss dir einen Witz erzählen."*

Vor und nach dem Redebegleitsatz steht ein Komma.

Kommasetzung bei Aufzählungen

Comicfiguren gesucht!

Die Comicfigur, die ich meine, ist ziemlich groß und dick und kräftig. Besonders auffallend ist ihre dicke und knollige Nase, unter der ein rötlicher und ungepflegter Bart hervorquillt. Ihre langen und orangefarbenen Haare trägt sie immer in zwei Zöpfen. Die Comicfigur ist immer hungrig und sehr stark und manchmal etwas tollpatschig.

Meine Comicfigur hat eine große Familie. Sie ist oft umgeben von dem Onkel und seiner Freundin und den Neffen und gelegentlich seiner Großmutter. Die Kleidung besteht meistens aus einem blauen oder schwarzen Anzug und keiner Hose und einer roten Fliege und einer auffallenden Mütze.

Mein Comicheld lebt bei seiner Familie und arbeitet in einem Kernkraftwerk und am Nachmittag ist er faul. Außerdem isst er gern Donuts und trinkt gern Bier und er schaut oft fern und schreit ständig „Nein!“.

1 Welche Comicfiguren werden hier beschrieben?

2 a) Lest die Texte laut vor. Was fällt euch auf?
b) Schreibt den Text einer Sprechblase ab und ersetzt an geeigneten Stellen die Konjunktion „und“ durch ein Komma.
c) Vergleicht eure Ergebnisse.

3 a) Beschreibe selbst eine Comicfigur. Verwende dabei möglichst viele Aufzählungen, die du durch Kommas voneinander trennst.
b) Lest euch eure Beschreibungen gegenseitig vor. Erratet, welche Comichelden gemeint sind.

Asterix

Jeder kennt sie: Asterix Obelix Miraculix Troubadix und natürlich Idefix. Seit über 50 Jahren bringen diese Comichelden ihre Fans zum Schmunzeln Lachen und Mitfiebern. Inzwischen ist die Comicreihe bei kleinen und großen Kindern Jugendlichen und Erwachsenen sehr beliebt. Dieses kleine manchmal etwas eigenartige Volk aus Gallien treibt Cäsar oft zur Weißglut.

Asterix ist besonders schlau Obelix besonders stark und Miraculix sorgt stets für die richtigen Zauberkräfte. So mixt er Kleeblätter Misteln Steinöl und andere Kräuter zusammen, um seinem Volk zu helfen. Ob zur Haarverlängerung bei verfärbten Zungen als Gegengift oder als Kraftgemisch – Miraculix hat immer den richtigen Trank parat.

4 a) Lest den Text und findet heraus, wie viele Kommas hier fehlen.
b) Schreibe den Text ab und setze die fehlenden Zeichen.

Wie alles begann ...

Nicht von Beginn wollten die Asterix-Autoren Goscinny, und Uderzo Comics zum kleinen listigen pfiffigen und unschlagbaren Asterix verfassen. Eigentlich hatten sie nämlich vor, zu Goethes Geschichte „Reineke Fuchs“ farbenfrohe, lustige Bildfolgen zu entwerfen. Doch andere waren schneller gestalteten zu diesem Text Bilder und kamen somit den Asterix-Autoren zuvor. So suchten Goscinny und Uderzo nach einem neuen Helden, stießen schließlich auf Caesars Heerführer und schon war die Idee da. Im Jahre 1959 war der erste Comic mit bunten Bildern witzigen Sprechblasen und spannenden Geschichten fertig. Heute kann man die Comichelden in Zeitschriften kleinen Heftchen in Büchern oder auch in Form von Zeichentrickfilmen bewundern.

5 a) Dieser Text enthält Kommafehler. Besprecht gemeinsam, was hier verbessert werden muss.
b) Schreibt die Sätze, in denen Kommafehler vorkommen, noch einmal richtig auf.

Info

Das Komma bei Aufzählungen

In einem Satz können einzelne Wörter oder auch Wortgruppen aufgezählt werden. Sie werden durch Kommas voneinander getrennt. Vor einam „und“ steht in einer Aufzählung kein Komma:

Comics sind meistens lustig, spannend und bunt.
Comics gibt es in Zeitschriften, in Heften, in Büchern und als Zeichentrickfilm.

Kommasetzung bei Satzreihen

Unser Rektor hat ein Büro in der Besenkammer wohnte einmal unsere süße Schulmaus Gisela heißt übrigens unsere Klassenlehrerin Frau Mayer hilft gern faulen Kindern beim Abschreiben wurde ich noch nie erwischt.

1 Lest den Text oben laut vor. Was fällt auf?

2 a) Schreibe den Text ab. Trenne dabei die einzelnen Sätze durch Punkte oder Kommas.
b) Vergleicht eure Lösungen.

1. Unser Mathelehrer ist ein Zahlenprofi. Mit den Lottozahlen hat er kein Glück.
2. Gestern hat jemand im Chemieraum zwei gefährliche Stoffe vermischt. Niemand gibt es zu.
3. Unsere Referendarin wird immer auf den Pausenhof geschickt. Sie wird immer für eine Schülerin gehalten.
4. Unser Sportlehrer ist ein Ass im Geräteturnen. Handball spielt er auch sehr gut.
5. In der Pause verkauft unser Hausmeister Brötchen. Er isst sie selbst auf.

3 a) Verbinde immer zwei Hauptsätze mit einer passenden Konjunktion zu einer Satzreihe. Denke daran, zwischen den Hauptsätzen ein Komma zu setzen. (Bei „und“ bzw. „oder“ muss kein Komma stehen.)
denn – und – doch – oder – aber
b) Vergleicht eure Ergebnisse. (Manchmal sind mehrere Lösungen möglich.)

Schulwege

In manchen Ländern müssen Schüler lange Strecken zu Fuß zur Schule zurücklegen andere sitzen stundenlang im Bus. Wenige kommen sogar per Boot zur Schule aber das ist eher die Ausnahme. Den wohl längsten Schulweg legen zurzeit Schüler in Texas zurück denn sie fahren täglich über 200 km. Einige Kinder werden dann noch 25 km von der Haltestelle mit dem Auto nach Hause gebracht manche treten aber auch noch einen langen Fußmarsch an.

4 Schreibe den Text ab. Setze dabei die fehlenden vier Kommas.

Info

Die Kommasetzung in Satzreihen

Hauptsätze können zu einer Satzreihe verbunden werden. Zwischen zwei Hauptsätzen steht ein Komma: *Ich nehme den Bus**,** es regnet.*

Dies gilt auch, wenn die Hauptsätze zum Beispiel durch Wörter wie *aber, denn, doch* miteinander verbunden werden: *Ich nehme den Bus**,** denn es regnet.*

Vor *und* bzw. *oder* muss kein Komma stehen: *Es regnet und ich nehme den Bus.*

Kommasetzung bei Satzgefügen

Geld an der Leine

Am letzten Wochenende kamen wir aus dem Urlaub zurück. Obwohl wir eigentlich noch einige Tage länger geplant hatten fuhren wir früher heim da es an der Ostsee nur regnete. Als ich am nächsten Morgen aus meinem Zimmerfenster schaute traute ich meinen Augen kaum: Unser Nachbar hängte gerade im Hinterhof Geldscheine auf. Nachdem zwei Wäscheleinen komplett behangen waren zeigte ich dies meinen Eltern.

Die verständigten kurz darauf die Polizei da ihnen die Sache komisch vorkam. Die ganze Angelegenheit klärte sich dann schnell auf. Herr Friedel hatte offenbar die Sparkasse im Nachbarort überfallen. Während der bedrohte Kassierer das Geld in eine Tasche gepackte hatte hatte er auch einen Farbsack mit hineingeschmuggelt. Dieser platzte auf der Flucht sodass sich alle Scheine verfärbten. Unser Nachbar wollte nun also die Scheine wieder trocknen nachdem er sie zuvor gewaschen hatte. Dumm gelaufen!

1 Bearbeitet den Text oben in Partnerarbeit. Zu zweit übernehmt ihr einen Textabschnitt.

a) Besprecht, wo in eurem Abschnitt die Kommas gesetzt werden müssen.

b) Schreibt den Abschnitt ab. Setzt dabei die fehlenden Kommas.

c) Unterstreicht die Nebensätze. Kreist die Konjunktionen, die die Nebensätze einleiten, ein.

d) Besprecht eure Ergebnisse in der Klasse.

2 a) Der Text rechts enthält Kommafehler. Überlege, was verbessert werden muss.

b) Schreibe die Sätze, in denen Kommafehler vorkommen, noch einmal richtig auf.

Info

Die Kommasetzung im Satzgefüge

Satzgefüge bestehen aus einem Hauptsatz und mindestens einem Nebensatz. Haupt- und Nebensatz werden durch ein Komma voneinander getrennt:

Als wir im Urlaub waren, geschah etwas Unglaubliches.

Diebe im Wald verirrt

Nachdem zwei Diebe bei einem Autodiebstahl erwischt worden waren nahm man ihre Personalien auf und ließ sie wieder frei. Es dauerte nicht lange, bis sie die nächste Straftat begingen. Denn bereits am darauffolgenden Tag stahlen sie erneut ein Fahrzeug während sie durch den Nachbarort streiften. Diesen Wagen ließen sie jedoch kurz darauf stehen weil der Tank leer war. In den nächsten Stunden irrten sie ziellos durch den Wald, bis sie müde wurden. Frech riefen sie schließlich bei der Polizei an und teilten mit dass sie sich verlaufen hätten. Sie wollten abgeholt werden. Obwohl den Polizisten die Sache merkwürdig vorkam machten sie sich auf den Weg. Sofort erkannten sie die beiden Autoknacker wieder. Als sie kurz darauf auch das gestohlene Fahrzeug erblickten nahmen sie die beiden Diebe mit. Diesmal wurden sie jedoch nicht so schnell wieder frei gelassen.

Kommasetzung bei der Anrede

Im Supermarkt

Mutter Renate zu ihrem Mann:

Renate: **Heinz**, da bist du ja! Kommt, **Kinder**, jetzt schnell zur Kasse! **Tina**, leg alles aufs Band, und **Benni**, hilf deiner Schwester.

Tina: Alles klar, **Mama**! Puh, das ist aber viel!

Lautsprecher: **Werte Kunden**, wir schließen Kasse 2.

Renate: **Heinz**, hat die Kasse 2 gesagt?

Heinz: Ja, **Renate**, aber das hier ist Kasse 3. Also, **Kinder**, macht einfach weiter!

*Benni:***Papa,** das Band bewegt sich nicht mehr. Es war wohl doch zu viel!

Heinz: Ruhig, **Benni**, es wird schon gehen. … **Tina**, reich mir bitte den zweiten Getränkekasten auch noch rüber!

Tina: **Papa**, es geht gar nicht weiter!

Kassiererin: Entschuldigung, **liebe Kunden**! Wegen eines technischen Defekts muss diese Kasse hier sofort geschlossen werden.

Heinz: Das ist aber ärgerlich! Also Leute tragt alles schnell rüber!

Benni: Alles klar Papa!

Renate: Beeilt euch Kinder wir sind an diesem Band noch die Ersten! Lieber Heinz hilf bitte auch mit!

Tina: Ich kann gleich nicht mehr Mama!

Heinz: Benni und Tina strengt euch an. Nur noch die drei Waschmittelpakete hier. … Geschafft! Kinder ich bin stolz auf euch!

Lautsprecher: Liebe Kunden wir erinnern an unsere Durchsage: Kasse 2 bleibt geschlossen. Suchen Sie bitte Kasse 4 oder 5 auf!

Renate: Wie bitte Heinz? Habe ich gerade richtig gehört? Hier geht es auch nicht? Mir reicht es Leute. Ich warte im Auto auf euch!

1 a) Lest das Gespräch mit verteilten Rollen vor.
b) Der zweite Teil des Gespräches ab Zeile 21 ist schwieriger vorzulesen. Woran liegt das?
c) Auch im zweiten Teil des Gespräches befinden sich Anreden. Sucht diese gemeinsam heraus.

2 a) Schreibt die zweite Spalte des Gespräches ab. Unterstreicht alle Anreden und trennt diese durch Komma(s) vom Hauptsatz ab.
b) Vergleicht eure Lösungen.

3 Schreibe fünf Sätze an Personen, die du kennst. Sprich sie in den Sätzen direkt an. Denke an die Kommasetzung bei Anreden:
Was ich euch schon immer einmal sagen wollte:
Es gefällt mir überhaupt nicht … Ich bewundere …
Ich habe mich gefreut, dass… Ich fand nett …
Ich wollte immer schon wissen …

Info

Die Kommasetzung bei Anreden

Anreden werden vom übrigen Satz durch ein Komma abgetrennt:
*Lass das**,** Rudi!*
*Liebe Omi**,** vielen Dank für deine Karte!*

Achtung Fehler!

Marco Polo: Der jüngste Entdecker

Noch heute kennen wir Marco Polo als bekannten entdecker. Aber kaum jemant weiß, das er gerade einmal 17 Jahre alt war, als er sein Zuhause Venedig verlies, um nach Asien zu reisen. Diese Reise dauerte 20 Jahre!

Marco Polo erzälte in seinen Reiseberichten, das er auf den Enkel des berümten Dschingis Khan traf, den Herscher Kublai Khan. Dieser hielt nämlich so viel von dem Jungen Marco, dass er ihn sogar zu seinem vertreter ernante.

In diesem Amt reiste Marco Polo jahrelang durch das riesige Reich China. Natürlich schrieb er alles auf, was er sah.

Dabei beschrieb er nicht nur die prächtigen Paläste, sondern auch Besonderheiten der Kultur und des Essens der Einheimischen.

Als er nach vielen Jahren erkannte, dass das Land nicht mehr sicher war, machte er sich mit seiner Familie auf den langen Heimweg.

Um schneller zu sein, entschieden sie sich für den Seeweg. Trotzdem waren sie länger als vier Jahre unterwegs und wurden zu Hause erstaunt empfangen, weil sie fast nicht mehr erkannt wurden.

Danach verließ Marco Polo Italien nicht mehr.

Aber sein Buch mit den Reiseberichten wurde zum Bestseller, der 200 Jahre lang viel gelesen wurde.

Aber kann das alles wirklich wahr sein?

Ernennt ein Herrscher einen fast unbekannten Ausländer zu seinem Stellvertreter?

Heute fragen sich Wissenschaftler, ob Marco Polo überhaupt jemals in China war, denn sie stellten fest, dass er die heute weltberühmte Chinesische Mauer nicht einmal erwähnte.

Hat der Entdecker seinen Bericht vielleicht nur von anderen abgeschrieben und war selbst nie dort? Das lässt sich wohl heute nicht mehr aufklären.

Aber eines ist sicher: Eine mehr als 20 Jahre dauernde Reise zu beschreiben, beeindruckt auch heute noch…

1 a) Lest den Text „Marco Polo: Der jüngste Entdecker".

b) Im ersten Textteil (Z. 1-10) sind Fehler enthalten. Sechs Rechtschreibfehler wurden verbessert und in den Fehlerbogen auf Seite 268 eingetragen. Besprecht die Fehler und deren Einordnungen.

c) Sucht im ersten Abschnitt nach vier weiteren Fehlern. Besprecht, in welche Zeile deren Verbesserungen eingetragen werden müssen.

2 a) Legt einen eigenen Fehlerbogen nach dem Muster auf Seite 268 an.

b) Diktiert einem Partner den zweiten Textteil (Z. 11 bis Z. 27).

c) Vergleicht den geschriebenen Text mit der Vorlage und verbessert Fehler.

d) Tragt die verbesserten Wörter gemeinsam in den Fehlerbogen ein.

3 a) Lasse dir nun von deinem Partner den dritten Textteil (Z. 28-Z. 45) diktieren.
b) Überprüfe den notierten Text auf Rechtschreibfehler.
c) Verbessere deine Fehler. Trage die korrigierten Wörter in den Fehlerbogen ein.

4 a) Zähle nach, zu welchen beiden Fehlerarten du am meisten Wörter verbessern musstest.
b) Übe diese beiden Bereiche der Rechtschreibung. Schau dazu in der rechten Spalte des Fehlerbogens nach, welche Übungen du dazu bearbeiten kannst.

Fehlerbogen

Fehlerart	***Verbessertes Wort***	***Du kannst z. B. diese Übungen bearbeiten***
Falsche Schreibung nach Kurzvokal – *Wörter mit tt, dd, mm, …* – *Wörter mit ck oder tz*	*ernannte*	*S. 230, Nr. 2 und 3* *S. 232, Nr. 2, 3 und 4*
Falsche Schreibung nach Langvokal – *Wörter mit -h* – *Wörter mit Doppelvokalen (aa, ee, oo)*	*berühmt*	*S. 235, Nr. 2 und S. 236, Nr. 5* *S. 237, Nr. 1, 2 und 3*
Falsche s-Laut-Schreibung – *Wörter mit ß/ss* – *Wörter mit s*	*er verließ*	*S. 238, Nr. 1, 2 und 3* *S. 242, Nr. 2, 3 oder 4*
– *das/dass*	*Jemand weiß, dass*	*S. 243, Nr. 2 und 3 und S. 244, Nr. 4c und d*
Falsche Schreibung bei Wörtern mit – *b, d, g im Wortstamm* – *ä oder äu im Wortstamm*	*jemand*	*S. 246, Nr. 2 und S. 247, Nr. 4* *S. 249, Nr. 4 und S. 290, Nr. 1*
Falsche Groß- oder Kleinschreibung	*Entdecker*	*S. 253, Nr. 1 und 2; S. 254, Nr. 2*
Sonstige Fehler		

In diesem Kapitel übst du, flüssiger und schneller zu lesen und Texten Informationen zu entnehmen.

Den Blick trainieren

1 Jede Zeile wird ein bisschen länger. Übe das Lesen der Wort-Pyramide. Stoppt in der Klasse, wer die Wort-Pyramide fehlerfrei und am schnellsten lesen kann.

Detektiv
Der Detektiv
Ist der Detektiv
Ein Detektiv ist Sherlock
Sherlock Holmes ist ein Detektiv
Ein bekannter Detektiv ist Sherlock Holmes
Sherlock Holmes ist ein bekannter Detektiv aus
Ein bekannter Detektiv aus London ist Sherlock Holmes
Sherlock Holmes aus London ist ein bekannter Detektiv weltweit

2 Setze die Wörter auf der rechten Seite an der passenden Stelle (Platzhalter) im Text ein, ohne beim Lesen zu stocken.

Wer ist Sherlock Holmes?

Sherlock Holmes ist eine ___.	Kunstfigur
Das bedeutet, dass sich ___ Schriftsteller die Figur ausgedacht hat.	ein
In Wirklichkeit gibt ___ gab es Sherlock Holmes also nicht.	und
Sherlock Holmes spielt in ___ Geschichten die Rolle eines Detektivs.	vielen
Seine Fälle löste er, indem er ___ genau beobachtete,	alles
und mithilfe seines messerscharfen ___	Verstands
___ richtigen Schlussfolgerungen zog.	die
Unterstützung ___ Sherlock Holmes durch seinen Gehilfen Watson.	erfährt
Sherlock Holmes mischt sich oft in Ermittlungen der ___ ein,	Polizei
wenn die Klärung des Falls ___ erscheint,	aussichtslos
ohne jedoch einen Auftrag erhalten ___ haben.	zu
Oft ___ die Polizisten erkennen,	müssen
___ sie eine falsche Spur verfolgten	dass
und ihnen Sherlock Holmes wieder einmal einen Schritt ___ war.	voraus

Genau hinsehen und lesen

Die folgenden Texte sind aufgrund ihrer besonderen Darstellung nicht immer einfach zu lesen. Wenn du jedoch genau hinsiehst und dich beim Lesen konzentrierst, wirst du es schaffen, die Texte zu entziffern.

1 Lies den Text „Den Tätern auf der Spur (1)“ aufmerksam und lass dich von den Fußabdrücken nicht irritieren.

Den Tätern auf der Spur (1) – Kaufhaus-Detektiv: Der Alles-Seher

Für Kaufhaus-Detektive gibt es drei Aufgabenfelder. Sie arbeiten als Wachpersonal in den Läden. Oder beobachten das Geschehen per Videokamera. Oder sie mischen sich – gekleidet wie jeder andere – unter die Kunden und versuchen, Ladendiebe auf frischer Tat zu ertappen. Mit den Jahren bekommt man einen Blick für Verdächtige. Man wird sofort misstrauisch, wenn Kunden zunächst ziellos durch ein Geschäft schlendern, dann aber zielgerichtet zum Ausgang laufen. Oder wenn sie sommers viel zu warme Mäntel tragen – um darin Diebesgut zu verstecken. Es gibt so viele Tricks, mit denen sie es versuchen. Bloß: Am Ende bekommen die Detektive die Übeltäter doch meistens, denn irgendwann macht jeder einen Fehler.

2 Durch die Schattierung der Schrift fällt es nicht leicht, den Text „Den Tätern auf der Spur (2)“ zu lesen. Überprüft in der Klasse, wer es schafft, den Text fehlerfrei vorzutragen.

Den Tätern auf der Spur (2) – Handschriften-Expertin: Die Buchstaben-Deuterin

Ich, Dorothea Cramer, untersuche, zu wem eine ganz bestimmte Handschrift gehört. Etwa ob eine Unterschrift auf einem Testament oder Vertrag echt ist. Ich mache mithilfe von Kohlestaub sogenannte blinde Druckrillen sichtbar. Die entstehen etwa, wenn jemand ein Blatt über ein Dokument legt und darauf die Unterschrift übt; das drückt sich durch. Dann durchleuchte ich das Schriftstück von allen Seiten. So kann man sehen, was unter einer mit Deckfarbe korrigierten Stelle steht. Unter dem Mikroskop gucke ich mir die Papierfasern an. Die verraten, ob jemand eine Unterschrift mit Bleistift vorgeschrieben und sie dann wegradiert hat. Am Schluss schreibe ich mein Gutachten. Das geht dann an den Auftraggeber, etwa eine Privatperson oder die Staatsanwaltschaft.

Den Tätern auf der Spur (3) – Tatort-Fotograf Benedikt von Hasz: Der Fährten-Festhalter

ImSt udio fotogra fier eich un ter ander emSchu h- oderFi ngersp uren aufBe weis mitteln. We nnuns aberd ieKoll egen ausde rKrimi naltech nikzu einemTator truf en, istd asim meret wasander es, Außergewöhnliches. Dor tma chen wirBil der vonWaf fen, Dr ogen, Fingerabdrüc ken undSchuhsp uren. Mitsp eziel lenComputerpr ogrammen zurBildbear beit ung kön nenwir nach demFotograf ieren soga rSpur ensichtbar ma chen, diem it bloße mAug enicht zu erken nensind.

3 Die Wortgrenzen wurden im Text „Den Tätern auf der Spur (3)“ nicht eingehalten. Lies den Text zunächst für dich alleine. Später liest du ihn mit deinem Partner zusammen. Denkt daran, euch bei der Geschwindigkeit des Lesens anzupassen.

4 a) Lies diese langen Wörter aufmerksam.

b) Lest euch anschließend die Wörter gegenseitig – möglichst schnell und fehlerfrei – vor.

Notrufentgegennahme
Täterbeschreibung
Gefängnisaufseher
Durchsuchungsbefehl
Fahndungsfotoaushang
Taschenlampenbatteriewechsel
Notizblockaufzeichnung
Zeugenvernehmungsraum
Detektivausbildungsseminar

c) Geht in Kleingruppen zusammen. Jeder schreibt selbst drei lange Wörter auf. Gebt anschließend den Zettel an euren linken Nachbarn weiter. Dieser liest eure Wörter in der Gruppe laut vor. Wiederholt diesen Vorgang zwei- oder dreimal.

5 Es ist auch wichtig, (wahrscheinlich) unbekannte Wörter richtig lesen zu können.

a) Gehe beim Lesen silbenweise vor, sodass du die Länder mit ihren Hauptstädten, in denen Sherlock Holmes ermittelt hat, richtig aussprichst. Wo genau das Wort betont werden muss, erkennst du an dem Punkt.

Kirgisistan – Bischkek
Mongolei – Ulan Bator
Usbekistan – Taschkent
Nord-Korea – Pjöngjang
Malaysia – Kuala Lumpur
Turkmenistan – Aschgabad
Tadschikistan – Duschanbe
Kambodscha – Phnom Penh

b) Veranstaltet zu zweit einen kleinen Wettbewerb. Wer schafft es, die meisten Wörter der geheimen Botschaft, die Detektiv Sherlock Holmes erreicht hat, fehlerfrei zu lesen?

bengalim berenne nelissam
gatemuli erzulomen trixolualijöklü
qurolluy klisprärzt noaläst

Zusammenhänge verstehen

1 Versuche den Textsalat richtig zu lesen.

Lucky Luke ist die Titelfigur	erweckte Lucky Luke zum Leben.
Der belgische Zeichner Morris	von den Abenteuern eines einsamen Cowboys.
Lucky Luke ist die erfolgreichste Comic-Serie	einer seit 1946 erscheinenden Comic-Serie.
Die Comic-Geschichten handeln	mit vier dummdreisten Banditen zu tun.
Cowboy Lucky Luke sorgt	nach Asterix.
Dabei hat er es unter anderem	sein treuer Hund Rantanplan.
Einige Abenteuer finden nicht in Texas,	im Wilden Westen für Recht und Ordnung.
Am Ende seiner Abenteuer reitet	sondern in Mexiko oder Kanada statt.
Dabei begleitet ihn	der Cowboy dem Sonnenuntergang entgegen.

2 a) Überlege, ob die folgenden Aussagen richtig, falsch oder nicht im Text enthalten sind. Notiere deine Ergebnisse auf einem Notizzettel.
b) Vergleiche anschließend deine Ergebnisse mit denen deines Banknachbarn.

	richtig	*falsch*	*nicht enthalten*
Die Comic-Serie Lucky Luke gibt es seit über 70 Jahren.			
Ein belgischer Schriftsteller erfand die Figur Lucky Luke.			
Lucky Lukes Pferd heißt Jolly Jumper.			
Die Comic-Serie Asterix gibt es länger als Lucky Luke.			
Der Indianer Lucky Luke sorgt im Wilden Westen dafür, dass alles mit rechten Dingen zugeht.			

3 a) Lies den Text zunächst einmal leise. Entscheide beim Lesen, welches der beiden Wörter zum Inhalt passt.
b) Trage den Text dann deinen Mitschülern vor.

Die Dalton-Brüder Joe, William, Jack und Averell stellen Lucky Lukes größte Freunde? / Feinde? dar.

Sie rauben meist Gefängnisse / Banken und Postkutschen aus und terrorisieren die Bürger. Bei den Daltons handelt es sich um vier dumme / intelligente Brüder, die ständig / nie aus dem Gefängnis ausbrechen, jedoch jedes Mal von Lucky Luke wieder freigelassen / eingefangen werden. Gewöhnlich tragen sie auch in Freiheit schwarz-gelb quergestreifte Sträflingskluft. Der kleinste und gemeinste der Daltons, Joe, ist der Anführer der Bande. William und Jack hingegen sind eher auffällig / unauffällig. Der lange Averell ist das genaue Gegenteil von Joe: Er ist gutmütig / böse und gleichzeitig etwas schwer von Begriff. In einigen Geschichten taucht auch die Schwester / Mutter der Daltons, Ma Dalton, auf. Sie zieht ihren Sohn Averell den anderen Schwestern / Brüdern vor und beschützt ihn. Außerdem legt sie öfter den tobenden / schlafenden Joe übers Knie / Handgelenk.

Das Büro des Sheriffs wird aufgeräumt

Der Sheriff und Lucky Luke räumen das Büro auf den Schrank
schieben sie in die eine Ecke den Tisch
in die andere das Regal
räumt der Sheriff auf das Buch
fällt dabei hinunter Bürostuhl
und Stehlampe müssen auch beiseite
geschoben werden Lucky Luke hängt
neue Bilder auf den Fußboden
machen sie sauber mit dem Besen auch
wird dieser gewischt am nächsten Tag
kommt nämlich jemand von der Regierung und die Leute
sollen einen guten Eindruck haben.

4 a) Lies den Text zunächst so, wie er da steht – von Zeile zu Zeile – auch wenn das komisch klingt.
b) Lies den Text nun erneut, achte aber darauf, dass die Sätze Sinn ergeben. Hierzu musst du an den richtigen Stellen eine Pause machen.

Im Büro des Sheriffs

Der Sheriff liest den Festgenommenen des Banküberfalls ihre Rechte vor.
Die anderen Gefangenen beschäftigen sich mit etwas anderem.
Mary hat sich neben Scott auf Kimberlys Platz gesetzt.
Kimberly fehlt nämlich heute, sie hat Freigang.
Mary sortiert Schrauben.
Scott zählt die Schrauben.
Carlos und Amy schreiben.
Dustin notiert die Anzahl der gezählten Schrauben.
Joe sitzt alleine und packt die Schrauben ein.
Kimberly ist von ihrem Freigang wieder zurück.
Aber ihr Platz ist besetzt.
Auf welchen Platz wird sie sich wohl setzen?

5 a) Sieh dir zunächst das Bild genau an.
b) Notiere, wie viele Frauen und Männer auf dem Bild zu sehen sind.

6 a) Lies nun den Text aufmerksam.
b) Überlege zusammen mit deinem Banknachbarn, von welchen Personen du die Namen kennst.

7 Geht nun in Kleingruppen zusammen und beantwortet folgende Fragen:
- Neben wen wird sich Kimberly setzen?
- Dustin notiert die Anzahl der Schrauben. Wie viele sind es?
- Was macht Joe?
- Mit welcher Hand schreibt Amy?

Sachtexte lesen

Was macht eigentlich ein Detektiv?

Eric Hartung hat einen spannenden Beruf – aber nicht alles ist so wie im Krimi.

Solche Kleider würde ein echter Detektiv nie tragen: viel zu auffällig. Foto: Fotolia

Detektiv – das hört sich spannend an: Spuren suchen, Täter verfolgen, Verbrechen aufklären, so oder ähnlich kennt ihr die Arbeit von Detektiven vielleicht aus Filmen oder Büchern, von Sherlock Holmes, den Drei Fragezeichen oder TKKG. Doch Eric Hartung winkt ab: „Ein Großteil meiner Arbeit besteht aus Warten – und das kann ganz schön langweilig sein."

Hartung arbeitet seit neun Jahren als Detektiv. Oft sitzt er stundenlang an seinem Schreibtisch – so lange, bis das Telefon klingelt. „Wir warten auf Aufträge, wie die Feuerwehrleute auf einen Brand", erklärt er. Wenn ein Auftrag kommt, muss Hartung sofort einsatzbereit sein, so wie ein Arzt, der zu einem Notfall gerufen wird. Und dann wird aus der langweiligen Warterei plötzlich eine spannende Sache. „Man weiß nie, was einen erwartet", sagt er. „Da ist schon Nervenkitzel dabei."

Das Wort *Detektiv* kommt aus dem Lateinischen: „Detegere" heißt so viel wie „aufdecken, entdecken". Ein Detektiv soll also etwas aufdecken, zum Beispiel, dass jemand etwas tut, was nicht erlaubt ist. Meistens arbeitet Eric Hartung für Firmen, die etwas über ihre Mitarbeiter herausfinden wollen. Von Privatleuten bekommt er seltener Aufträge.

Das Detektivbüro liegt zwar in Frankfurt, doch für seine Ermittlungen ist Hartung in ganz Deutschland unterwegs. Manchmal muss er auch ins Ausland fahren. „Das ist das Schöne an dem Beruf: Man kommt viel rum", sagt Hartung. „Und man kann sich seine Zeit frei einteilen." Allerdings macht es sein Beruf schwierig, Familie oder Freunde regelmäßig zu sehen.

Am Schreibtisch verbringt ein Detektiv viel Zeit. Foto: Eric Hartung

„Ein Einsatz kann drei Tage dauern, aber auch drei Monate", sagt der Detektiv. Das heißt, Hartung ist manchmal wochenlang nicht zu Hause. Das darf einem nichts ausmachen. Vielleicht ist euch schon aufgefallen, dass auch die Detektive in den Geschichten häufig Einzelgänger sind

– Sherlock Holmes zum Beispiel lebt allein, sein einziger Gefährte ist Dr. Watson.

Oft muss Eric Hartung jemanden beschatten, also beobachten. Wenn zum Beispiel ein Bankangestellter sagt, dass er nicht zur Arbeit kommen kann, weil er krank ist, überprüft Hartung, ob das auch stimmt – oder ob derjenige in Wirklichkeit an diesem Tag einfach noch als Kellner arbeitet, um mehr Geld zu verdienen. Um das zu beweisen, macht Hartung zum Beispiel Fotos von dem Verdächtigen. Um das tun zu können, muss er der verdächtigen Person den ganzen Tag lang folgen.

Dabei darf er natürlich nicht erwischt werden. Der Detektiv nimmt manchmal seinen Hund mit, wenn er jemanden beschattet. „Das ist unauffälliger“, sagt er. Denn jemand, der mit seinem Hund spazieren geht, wirkt harmlos. Ein Hund als Helfer des Detektivs – das gibt es auch in Büchern, etwa bei der Detektiv-Gruppe TKKG, die von Hund Oskar unterstützt werden. Bestimmt kennt ihr auch Geschichten, in denen ein Tier die Rolle des Detektivs übernimmt, so wie bei Basil, dem Mäusedetektiv.

Verkleiden muss sich Hartung bei seinen Ermittlungen nicht. „Ein falscher Schnurrbart oder sowas fällt eher noch mehr auf“, sagt er. Er wechselt höchstens mal die Jacke oder setzt eine Mütze auf. Mit so ungewöhnlicher Kleidung, wie sie zum Beispiel Sherlock Holmes trägt – eine große Jagdmütze, ein karierter Mantel – würde Hartung dagegen schnell entdeckt werden.

Weil sie dem Verdächtigen nicht immer in zwei Meter Entfernung folgen können, benutzen Detektive auch oft GPS-Sender. Diese Sender werden zum Beispiel am Auto des Verdächtigen befestigt und zeigen den Detektiven dann auf einem Bildschirm an, wo sich das Auto gerade befindet.

Manchmal dauert so eine Beschattung den ganzen Tag. „Das ist sehr anstrengend, denn man muss sich die ganze Zeit konzentrieren, damit man nichts Wichtiges verpasst.“ Meistens arbeiten Detektive deshalb auch nicht allein, sondern mindestens zu zweit. Auch die Detektive in Büchern und Filmen haben meist Unterstützung. Manchmal arbeiten sie in einer größeren Gruppe, in der jeder bestimmte Aufgaben übernimmt – zum Beispiel bei den Drei Fragezeichen oder TKKG. Oder der Detektiv hat einen treuen Helfer an seiner Seite, so wie Sherlock Holmes seinen Dr. Watson.

Manchmal muss Hartung auch als verdeckter Ermittler in einem Unternehmen arbeiten. Das heißt, er gibt sich in der Firma als neuer Mitarbeiter aus. In Wirklichkeit soll er aber gar nicht mitarbeiten, sondern seine Kollegen beobachten. So kann er zum Beispiel herausfinden, ob jemand Firmengeheimnisse weitergibt. Dazu muss der Detektiv dem Verdächtigen sehr nah kommen, er muss sich vielleicht sogar mit ihm anfreunden, damit der andere ihm vertraut.

Manchmal hat Eric Hartung Gewissensbisse, denn es kommt vor, dass jemand seine Arbeit verliert – zum Beispiel, weil der Detektiv herausgefunden hat, dass der Verdächtige seinen Chef betrügt. In Büchern und Filmen lässt der Detektiv den Täter manchmal laufen, weil er Mitleid mit ihm hat oder versteht, warum er das Verbrechen begangen hat. Aber das darf der echte Detektiv Eric Hartung nicht.

1 Sprecht in der Klasse darüber, welche Detektive ihr aus dem Fernsehen oder aus Büchern kennt.

2 Stellt nun Vermutungen an, welche Aufgaben ein Detektiv hat und was er täglich macht.

3 Seht euch das erste Bild des Textes genau an. Beschreibt, was darauf zu sehen ist.

4 Lies nun den Text aufmerksam.

5 Erkläre deinem Banknachbarn, was das Wort „Detektiv" bedeutet.

6 a) Notiere stichpunktartig, was Eric Hartung als Detektiv für Aufgaben hat.
b) Vergleicht eure Ergebnisse mit denen eurer Klassenkameraden und ergänzt dabei euren Stichwortzettel.
c) Eric Hartung findet, dass sein Beruf Vorteile und Nachteile hat. Sprecht in der Klasse darüber, welche das sind.
d) Wie schafft es Hartung bei seinen Ermittlungen nicht aufzufallen? Kläre diese Frage mit deinem Banknachbarn.

7 Welche Stelle des Textes hat dir beim Lesen am besten gefallen? Lies diese deinem Banknachbarn gut betont vor. Erkläre ihm anschließend, warum du genau diese Stelle gewählt hast.

8 Überlege, ob du dir vorstellen könntest, später einmal als Detektiv zu arbeiten, und begründe deine Meinung deinen Klassenkameraden gegenüber.

9 a) Geht in Kleingruppen zusammen und sucht im Internet nach weiteren Texten, die von Detektiven handeln.
b) Lest die gefundenen Texte aufmerksam. Macht euch Notizen, welche Informationen neu sind und euch wichtig erscheinen.
c) Schreibt alle Informationen, die ihr über Detektive und ihre Arbeit nun herausgefunden habt, auf.
d) Hängt die Informationen im Klassenzimmer auf.
e) Geht anschließend im Klassenzimmer umher. Lest dabei die Informationen der anderen Gruppen. Welche Informationen fandst du spannend und/oder interessant? Sprecht in der Klasse darüber.

Willow und Jarra gehen auf die Holz-Schnüffelschule

TIERE Hunde haben eine gute Nase. Sie können der Polizei helfen, Verbrecher zu fangen. Dafür müssen sie aber von einem Trainer lernen, wie das genau funktioniert

Von LEA THIES

Lange Ohren, flauschiges Fell und niedliche Pfoten – ganz harmlos sehen Jarra und Willow aus. Doch eigentlich sind die beiden so etwas wie Polizisten auf Pfoten. Die Labrador-Retriever-Mischlinge sollen bald Schmuggler finden – und deshalb gehen sie gerade auf die Holz-Schnüffelschule.

Es gibt Hölzer, die ganz selten und geschützt sind. Deshalb dürfen sie auch nicht in andere Länder gebracht werden. Amerikanisches Mahagoni ist so ein Holz. Der Mahagoni-Baum wächst in Mittel- und Südamerika. Seit über 400 Jahren schon ist sein Holz sehr beliebt, denn es ist sehr hart und widerstandsfähig. Holzwürmern schmeckt es nicht. Früher wurden daraus Schiffe gebaut, inzwischen wird Mahagoni auch für die Ausstattung von Jachten, Booten, Autos, und für Musikinstrumente genutzt.

Weil es so begehrt war und noch immer ist, wurden zu viele Bäume gefällt. Da der Mahagoni sehr langsam wächst, konnten nicht schnell genug neue Bäume nachwachsen. Deswegen ist die Art inzwischen gefährdet. Sie wird daher besonders geschützt. Amerikanischer Mahagoni darf nur nach Europa gebracht werden, wenn der Händler eine besondere Erlaubnis dafür hat.

Doch manche Leute halten sich nicht an diese Regel und versuchen diese Tropenhölzer einfach über die Grenzen zu schmuggeln. Schmuggeln ist verboten. Warum sie das trotzdem machen? Weil sie viel Geld dafür bekommen. Denn je seltener ein Material ist, desto begehrter und teurer ist es in der Regel auch.

Auf Flughäfen sind sie für den Zoll im Einsatz

Die zweijährige Hündin Jarra und der einjährige Hund Willow sollen diesen Schmugglern nun das Handwerk legen. Die Umweltschützer von

*WWF *World Wildlife Fund*

der Organisation WWF* hatten nämlich die Idee, dass die beiden Spürhunde an See- und Flughäfen nach verbotenen Hölzern schnüffeln. Zum Beispiel das Amerikanische Mahagoni.

Wenn die Schmuggler das Holz nicht mehr verkaufen können, lassen die Leute das Baumfällen vielleicht bleiben, glauben die Umweltschützer. Deshalb schicken sie jetzt also Jarra und Willow in Australien auf die Holz-Schnüffelschule. Hundetrainer Stephen Austin bringt den beiden Vierbeinern in der Nähe von Sydney bei, wie sie Hölzer unterscheiden können. Die Europäische Union und der WWF bezahlen die Ausbildung von Willow und Jarra. Ist das Testprojekt erfolgreich, werden die Holzschnüffelhunde vielleicht auch bald vom Zoll eingesetzt.

„Hunde haben eine äußerst feine Nase. Sie nehmen selbst kleinste Duftnoten wahr", erklärt Birgit Braun vom WWF Deutschland. Es genügt aber nicht, wenn die Hunde Holz erschnüffeln. Sie müssten die verschiedenen Holzarten mit ihrer Nase unterscheiden können. Das lernen sie beim Spielen.

Schmuggler müssen sich bald warm anziehen

Frau Braun ist zufrieden mit den beiden vierbeinigen Schülern: „Den Hunden gelingt es bereits, den Geruch von Mahagoni von dem anderer Holzarten zu unterscheiden." Das ist wichtig, da die Schmuggler häufig zwischen die Paletten des nicht geschützten Afrikanischen Mahagonis einzelne Stücke des Amerikanischen Mahagonis versteckten. Mit dem bloßen Auge sind die beiden Holzarten kaum zu unterscheiden.

Zwei Jahre wird es wohl dauern, bis Jarra und Willow alles gelernt haben. Dann müssen sich Schmuggler warm anziehen. Wuff.

Wusstest du ...

... dass Hunde nicht nur Holz erschnüffeln können? Sie können auch Kaviar, Nashorn, Elfenbein oder Teile von hoch bedrohten Meeresschildkröten erriechen. Sie nennt man Artenschutzschnüffelhunde. Und für die Polizei suchen die tierischen Ermittler auch nach Rauschgift. Das sind dann Drogenschnüffelhunde. Die Umweltschützer des WWF setzen sich seit Jahren dafür ein, dass auf den Flughäfen Artenschutz-Spürhunde im Einsatz sind. Denn der Arten-Schmuggel bedroht das Überleben vieler gefährdeter Arten in freier Wildbahn. Nach Angaben der Polizei werden jedes Jahr seltene Tier- und Pflanzenarten im Wert von über 13 Milliarden Euro im Verborgenen gehandelt. Das ist eine Zahl mit neun Nullen – also ganz viel Geld. (pm, lea)

1 a) Lies den Text aufmerksam und leise für dich allein.

b) Klärt in der Klasse folgende Begriffe im Textzusammenhang:
- Artenschutzschnüffelhund
- Mahagoni
- Schmuggler
- Artenschutzprojekt.

c) Erkläre deinem Banknachbarn, was mit dem Satz „Schmuggler müssen sich bald warm anziehen" gemeint ist.

d) Lies den Text erneut mit deinem Banknachbarn. Wechselt euch nach jedem Textabschnitt mit dem Lesen ab.

	richtig	falsch	nicht enthalten
Hunde, die Rauschgift erschnüffeln können, nennt man Drogenspürhunde.			
Bei Jarra und Willow handelt es sich um Rassehunde, nämlich Cocker Spaniel.			
Die Ausbildung von Jarra und Willow zu Holzschnüffelhunden ist sehr teuer.			
Die Dauer der Ausbildung von Jarra und Willow beträgt zwei Monate.			
Alle Holzschnüffelhunde werden in Australien ausgebildet.			
Afrikanisches Mahagoni ist kein geschütztes Holz.			
Mahagoni ist ein Holz mit rötlicher Färbung.			

2 Überprüfe, ob die Aussagen richtig, falsch oder nicht im Text enthalten sind. Begründe deine Antworten und beziehe dich dabei auf den Text.

3 Vervollständige die Satzanfänge inhaltlich passend.
Jarra und Willow werden zu Holzschnüffelhunden ausgebildet, um …
Hunde sind zum Erschnüffeln von Hölzern und anderen Dingen besonders geeignet, denn …

4 a) Beantworte folgende Fragen zum Text, indem du die Antworten auf einem Notizzettel aufschreibst.
- Warum ist amerikanisches Mahagoni geschützt?
- Wann darf amerikanisches Mahagoni nach Europa eingeführt werden?
- Wieso werden an Flughäfen Artenschutzspürhunde eingesetzt?

b) Vergleiche deine Antworten mit denen deines Banknachbarn.

5 Sprich mit deinem Banknachbarn darüber,
- was du Neues durch das Lesen des Textes erfahren hast und was dir schon bekannt war,
- ob du den Text interessant fandest und begründe deine Antwort.

6 a) Wähle eine Stelle des Textes aus, die dir besonders gut gefallen hat.
b) Lies diese Textstelle deinen Mitschülern vor.
c) Begründe, warum du genau diese Zeilen ausgewählt hast.

In diesem Kapitel lernst du,

- Hefteinträge zu gestalten,
- mit dem Wörterbuch zu arbeiten,
- einen Kurzvortrag vorzubereiten,
- Schlüsselstellen in Sachtexten zu finden,
- anderen mündlich und schriftlich Rückmeldungen zu Texten zu geben und
- Texte im Tandem zu lesen.

Hefteinträge gestalten

1 Betrachtet die Beispiele für Hefteinträge zum Thema Märchen auf der Seite 282. Sprecht darüber.
a) Benennt, was darin nicht gelungen ist.
b) Sammle mit einem Partner drei Kriterien für einen gelungenen Hefteintrag.

2 Erstellt eine Materialliste für die Gestaltung eines Hefteintrages.

3 Erstelle nun einen neuen Hefteintrag zu einem der beiden Beispiele.
a) Vergleicht eure Ergebnisse mit einem Partner.
b) Gebt eurem Partner einen Tipp zur Verbesserung des Hefteintrages.

4 Gestaltet mit einem Partner einen Hefteintrag zum Thema „Hefteintrag".
a) Überlegt euch zunächst wichtige Punkte und notiert diese auf einem Schmierzettel.
b) Sortiert die Punkte nach Wichtigkeit und Zusammengehörigkeit.
c) Gestaltet den Hefteintrag mit Bildern oder Symbolen (Ausrufezeichen, Pfeile...).

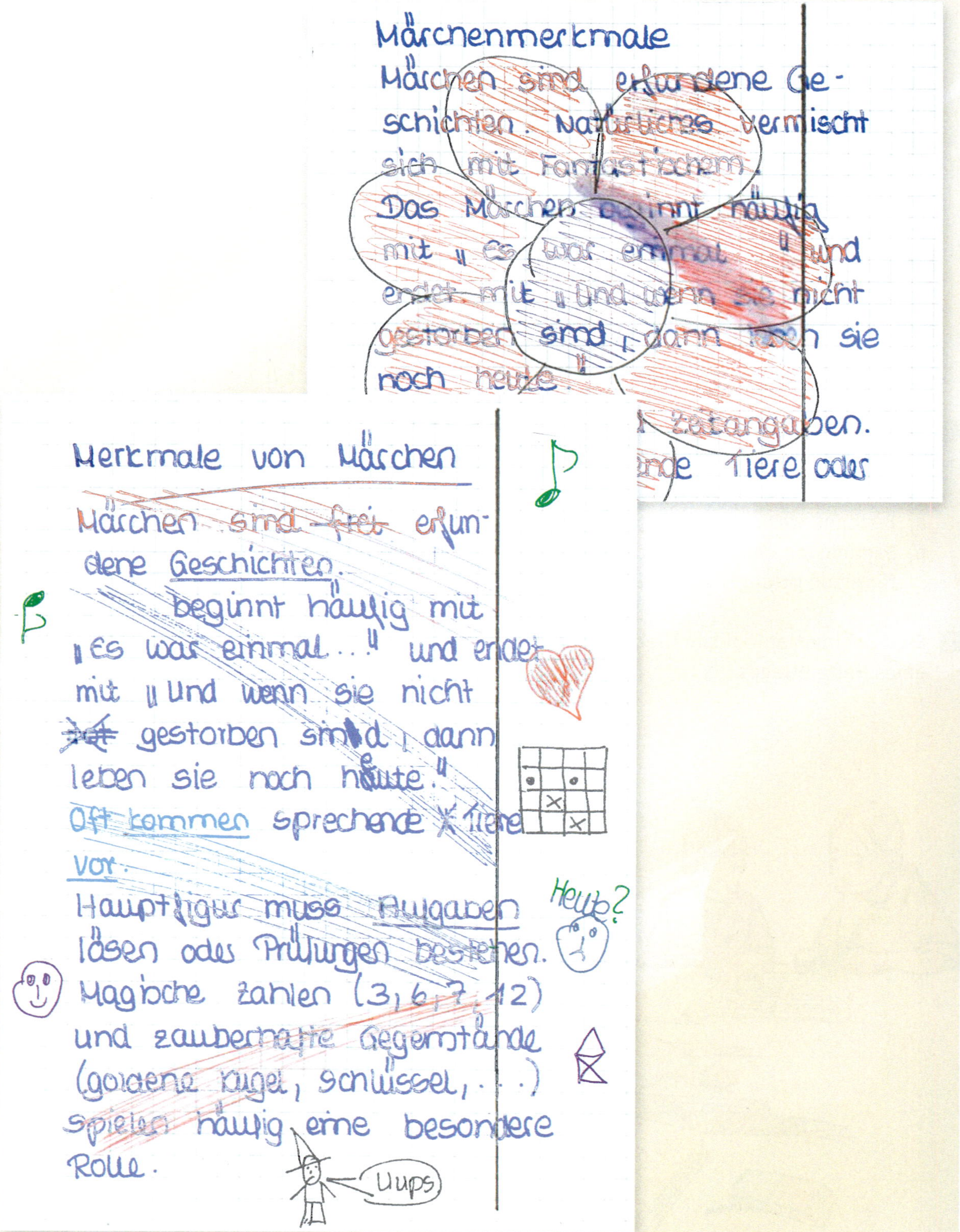
Märchenmerkmale
Märchen sind erfundene Ge-
schichten. Natürliches vermischt
sich mit Fantastischem.
Das Märchen beginnt häufig
mit „Es war einmal" und
endet mit „Und wenn sie nicht
gestorben sind, dann leben sie
noch heute."
Zeitangaben.
Tiere oder
Merkmale von Märchen
Märchen sind frei erfun-
dene Geschichten.
beginnt häufig mit
„Es war einmal..." und endet
mit „Und wenn sie nicht
gestorben sind, dann
leben sie noch heute."
Oft kommen sprechende Tiere
vor.
Hauptfigur muss Aufgaben
lösen oder Prüfungen bestehen.
Magische Zahlen (3, 6, 7, 12)
und zauberhafte Gegenstände
(goldene Kugel, Schlüssel, ...)
spielen häufig eine besondere
Rolle.
Heute?
Uups

Mit dem Wörterbuch arbeiten

Das ABC wiederholen und üben

1 Testet euer ABC-Wissen.

a) Finde das Lösungswort heraus:
- Der erste Buchstabe kommt vor G.
- Der zweite steht zwei vor T.
- Nummer drei folgt auf das D.
- Der vierte ist der sechste Buchstabe des ABCs von hinten.
- Der nächste kommt direkt nach M.
- Der letzte ist an vierter Stelle des ABCs.

b) Erfinde selbst ähnliche Wörterrätsel für deinen Partner.

2 Löse die folgenden Bilderrätsel, indem du die vorgegebenen Buchstaben aus dem dargestellten Wort zusammensetzt.

1

2

3

1

1

1-3

4

1

1-3

3

3 Verfasse einen ABC-Text. Schreibe einen Text, bei dem jedes Wort mit dem nächsten Buchstaben im Alphabet beginnt, z. B. *Adam besucht Charlie. Der erste Freund ...*

4 Ordne die folgenden Instrumente nach dem Alphabet.

Trompete Flöte Violine Gitarre Klavier Xylophon Zither Trommel Horn Bass Dudelsack

5 Ordne die folgenden Wörter nach dem Alphabet. Verwende als Hilfe den Tipp.

a) Arm – Ast – Aussicht – aber – Acker – alt – Ader – Ackerland – Aussehen – Ansehen

b) neu – niemals – nur – nachdenklich – nötig – nennen – natürlich – Nase

c) klug – Kind – Karo – kaufen – Kaktus – Keller – kennen – können – Koffer

Tipp

So ordnest du nach dem Alphabet:

1. Ordne nach dem Anfangsbuchstaben.
2. Wenn der Anfangsbuchstabe der gleiche ist, ordne nach dem zweiten Buchstaben, z. B. *Arm – Auto.*
3. Wenn auch der zweite Buchstabe gleich ist, ordne nach dem dritten Buchstaben usw., z. B. *fliehen – Fliege.*
4. Behandle Umlaute wie einfache Vokale, z. B. *niemals – nötig – nur.*

Den Aufbau kennenlernen

1 Lies den folgenden Auszug aus einem Wörterbuch. Darin siehst du den Aufbau eines solchen Nachschlagewerkes.
Suche und benenne die folgenden „Beschriftungen“ in den drei gekennzeichneten „Lupen“.
- Beispiel
- Infokasten zu einem bestimmten Wort
- Bedeutungserklärung
- Genitiv-Endung
- Angabe zur Worttrennung

2 Informiere dich mithilfe des Auszuges darüber, was ein Leitwort (Kopfwort) ist.

3 Übe das schnelle Nachschlagen.
a) Schreibe möglichst viele Leitwörter mit **C** innerhalb einer Minute aus deinem Wörterbuch heraus.
b) Schreibe das erste Leitwort aus dem Wörterbuch zu jedem Buchstaben des ABCs in dein Heft.
c) Überlege dir weitere Aufgaben und stelle sie einem Partner.

Leitwort / Kopfwort
Für einen Buchstaben gibt es mehrere Wörter. Das ist das erste dieser Wörter im Alphabet, das auf dieser Seite steht.

fähig

fah|ren
- du fährst; er fährt
- du fuhrst; du führest
- gefahren; fahr[e]!
- erster, zweiter Klasse fahren
- Auto fahren; Rad fahren: sie fährt Rad; ich bin Rad gefahren; um Rad zu fahren
- spazieren gehen: sie ist spazieren gefahren; um spazieren zu fahren
- wir hatten alle Hoffnung fahren lassen *(seltener fahren gelassen)* *od.* fahrenlassen *(seltener fahrengelassen)* (= aufgegeben)
- sie hat ihn fahren lassen (= ihm erlaubt zu fahren)

fähig *mit Genitiv* (eines Betruges fähig) *od. mit „zu“* (zu allem fähig sein)
... fä|hig (z. B. begeisterungsfähig)
Fä|hig|keit
Fah|ne, die; -, -n
Fahr|bahn; Fahr|bahn|mar|kie|rung;
Fahr|bahn|ver|en|gung;
Fahr|bahn|wech|sel
fahr|bar
fahr|be|reit; Fahr|be|reit|schaft
Fähr|be|trieb
Fahr|damm (landsch.)
Fahr|dau|er, Fahrt|dau|er
Fahr|dienst, der; -[e]s (Eisenbahn)
fahr|en s. Kasten
fahr|en las|sen, fahr|en|las|sen vgl. fahren
Fah|rer; Fah|re|rei, die; -*(oft abwertend)*
Fakt, der, *auch* das; [e]s, *Plur.* –en, *auch* –s (Faktum); das ist [der] Fakt; **Fak|ta** (*Plur.* von Fak-tum);
Fak|ten|wis|sen
fak|tisch (lat.) (tatsächlich); faktisches Vertragsverhältnis *(Rechtsspr.)*

Wörter im Wörterbuch finden

1 Lest den rechts stehenden Text.

2 Schlage das Wort „Taxi“ (Z. 11) im Wörterbuch nach.
a) Schreibe die Leitwörter auf. Wo du die Leitwörter findest, siehst du auf Seite 284.
b) Notiere die Seitenzahl des Wortes.
c) Beschreibe dein Vorgehen beim Suchen des Wortes.
d) Formuliere einen allgemeinen Tipp für das schnelle Nachschlagen.

3 Schlage ebenso wie in Aufgabe 2 die folgenden Wörter aus dem Text nach.
- Lenker, Z. 13
- Gasse, Z. 21
- Unfall, Z. 25
- Insassen, Z. 25
- Lederhose, Z. 29

4 a) Schreibe sechs Verben aus dem Text dem Text untereinander heraus.
b) Schlage sie im Wörterbuch nach. Lies dazu den Tipp. Notiere die Seitenzahl.

5 Suche die markierten Wörter im Wörterbuch. Erkläre jeweils, wie du sie gefunden hast.

Tipp

So schlägst du im Wörterbuch nach:

1. Wenn du nach einem Verb suchst, setze es in den Infinitiv, z. B. *fährt – fahren.*
2. Schlage Nomen immer im Singular nach, z. B. *Wälder – Wald.*
3. Bringe Adjektive vor dem Nachschlagen in deren Grundform, z. B. *höchste – hoch.*
4. Trenne zusammengesetzte Wörter in deren Bestandteile und schlage diese getrennt nach, z. B. *Ballonfahren - Ballon, fahren.*

Was tuk-tukt denn da?

Tuk tuk tuk tuk – ungefähr so klingt es, wenn ein Tuk-Tuk läuft. Und zwar ganz laut. Wegen seines Motorengeräusches hat dieses Gefährt auch den lustigen Namen. Richtig heißt es Motorrikscha, aber das sagt kaum jemand dazu. Und wozu gibt es nun diese Tuk-tuks? Diese Fahrzeuge sind vor allem in asiatischen Ländern wie zum Beispiel in Indien und Thailand weit verbreitet. Sie sind so etwas wie überdachte dreirädrige Roller-Taxis. Vorne sitzt der Fahrer. Vor sich hat er einen Lenker, der aussieht, wie der eines Motorrollers. Hinter dem Fahrer gibt es eine Rückenlehne, dahinter beginnt der Transportraum mit Sitzbank. In einigen asiatischen Ländern benutzen viele Menschen diese Motorrikschas, um schnell von einem Ort zum anderen zu kommen. Oder es werden damit auch Lasten transportiert. Tuk-tuks sind so beliebt, weil sie durch schmale Gassen passen und häufig wesentlich billiger als Taxis sind. Sie sind aber auch nicht so bequem. Es gibt keine Klimaanlage und auch keine Sicherheitsgurte. Wenn ein Unfall passiert, sind die Insassen nicht so gut geschützt wie in einem Auto. Deshalb ist Tuk-tuk fahren nicht ganz ungefährlich. Manche Menschen meinen sogar, Tuk-tuks gehören zu Asien wie die Lederhose zu Bayern.

Einen Kurzvortrag vorbereiten

1 Lies den Text zur Redewendung „Das kann doch kein Schwein lesen."
a) Es sind einige Markierungen enthalten. Sprecht darüber.
b) Beschreibe, wie die Inhalte auf unten stehender Karteikarte verändert wurden.

Redewendung „Das kann kein Schwein lesen."

vor 300 Jahren: Lesen 👎
⇨ *Vorleser: Gelehrte: Familie Swyn (alt: Schwein)*

~~*unleserlich*~~

Redewendung: „Das kann kein Schwein lesen!"
Klar können Schweine nicht lesen, aber woher kommt eigentlich diese Redewendung? Mit Schweinen hat das nämlich eigentlich gar nichts zu tun.
Vor über 300 Jahren war es noch nicht so wie heute, dass jedermann lesen konnte. Wer das nicht konnte, ging zu Gelehrten, die ihm dann Briefe oder andere wichtige Schriftstücke vorlasen. So zum Beispiel auch zu einer Gelehrtenfamilie, die Swyn hieß.
Wenn es dann aber so unleserlich geschrieben war, dass selbst die Swyns es nicht lesen konnten, dann sagten die Menschen: „Dat kann keen Swyn lesen!" Und weil „Swyn" das alte plattdeutsche Wort für „Schwein" ist, heißt es heute: „Das kann doch kein Schwein lesen!" – was so viel bedeuten soll wie: „Das kann doch keiner lesen".

2 Halte einen Kurzvortrag über die Redewendung „Das kann kein Schwein lesen".
a) Lege eine Karteikarte an. Übertrage zuerst den Text auf der Vorderseite.
b) Formuliere einen Satz, der deine Zuhörer auf den Inhalt neugierig macht. Schreibe diesen hinten auf die Karteikarte. Du kannst diesen Satz zu Beginn deines Vortrages vorlesen.
c) Überlege dir einen Schlusssatz für den Vortrag, der diesen abrundet. Schreibe auch diesen hinten auf die Karteikarte. Du kannst diesen Satz am Ende deines Vortrages vorlesen.

Info

Einen Kurzvortrag vorbereiten

1. Schreibe das Thema auf die Karteikarte.
2. Halte die wichtigsten Stichpunkte auf der Karteikarte fest.
3. Schreibe den ersten und den letzten Satz deines Vortrages hinten auf die Karteikarte. Lerne sie außerdem auswendig – das wirkt sicher!
4. Beende den Vortrag mit einer kurzen Zusammenfassung (in einem Satz).

3 Bereite nun einen Kurzvortrag zu einem der folgenden Texte vor.

Redewendung:
Die Katze im Sack kaufen

Früher auf den Märkten gab es viele unehrliche Gestalten, die versuchten, den Leuten das Geld aus der Tasche zu ziehen! Es soll häufig vorgekommen sein, dass ein Viehhändler einem ahnungslosen Käufer eine „wertlose Katze" im Sack als beste Legehenne oder fettestes Ferkel der Welt verkaufte.
Aber aus Fehlern kann man lernen! Noch heute ermahnt man einen gutgläubigen Menschen, „nicht die Katze im Sack zu kaufen", wenn er vorhat, ein Geschäft abzuschließen. Gemeint ist damit, ganz genau zu gucken, ob man betrogen werden soll.

Redewendung:
Jemandem die Stirn bieten

Wenn man jemandem die Stirn bietet, vertritt man in einer Auseinandersetzung seine eigene Meinung. Man hat also den Mut, sich zu widersetzen. Die Redewendung geht auf die indogermanische Sprache zurück. Denn das Wort „Stirn" entwickelte sich aus der indogermanischen Wortwurzel ster-, was so viel heißt wie steif oder starr. Durch die frontale, dem Gegner zugewandte Ausrichtung und wegen ihrer Härte gilt die Stirn auch heute noch als Sinnbild des Widerstands.

Redewendung:
Ein Gedächtnis wie ein Elefant haben

Das Gedächtnis eines Elefanten ist unglaublich gut. Wenn ein Elefantenjunges in seiner Kindheit an eine Wasserstelle geführt wurde, findet es diese auch 30 Jahre später problemlos wieder. Auch nach Jahrzehnten erinnern sich Elefanten an Futterstellen, Wege oder an Menschen, die gut zu ihnen waren. Das „Elefantengedächtnis" ist einfach unschlagbar.

Info-Plakate gestalten

1 Betrachtet die Beispiele von Plakaten auf dieser und der nächsten Seite zu Referaten über Musikinstrumente.

a) Sammle mit einem Partner Tipps für ein gelungenes Plakat. Denkt zum Beispiel an
   - Schriftgröße (Lesbarkeit aus einiger Entfernung),
   - Textmenge,
   - Farben (Oberpunkte, Text),
   - Lesbarkeit der Handschrift,
   - Bildergröße für Erkennbarkeit.

b) Benennt, was gelungen oder weniger gelungen ist.

c) Begründet, welches der Plakate ihr am besten lesen könnt.

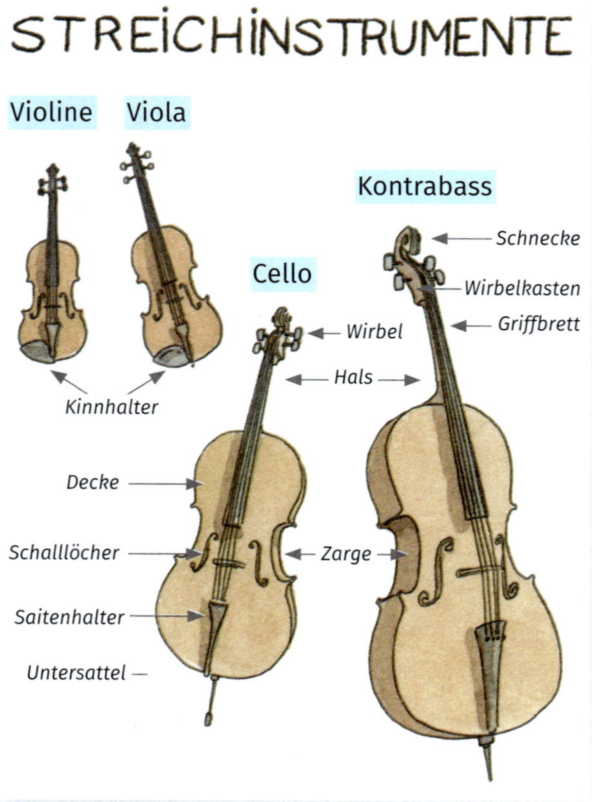

2 Erstelle mit einem Partner ein Plakat zu einem Hobby.

a) Verwendet nur die wichtigsten Informationen. Vermeidet lange Textpassagen.

b) Vergleicht eure Ergebnisse in der Klasse.

c) Gebt euch gegenseitig einen Tipp zur Verbesserung des Plakates.

d) Hängt die gelungensten Plakate im Klassenzimmer aus.

Tipp

So gestaltest du ein Info-Plakat:

- Wenn du dir über das Aussehen nicht sicher bist, schreibe die **Oberpunkte** auf Papierstreifen und ordne sie probeweise auf dem Plakat an.
- Das Lesen eines guten Plakates dauert höchstens **3 Minuten**. Teste dein Plakat!
- Formuliere in **Stichpunkten**, um Platz zu sparen und übersichtlich gestalten zu können.

Das Akkordeon

- ist ein tragbares Musikinstrument
- ist ein Handzug- und Tasteninstrument
- gehört zu der Familie der Aerophone
- Die meisten Akkordeonisten gibt es in China
- Die meisten Akkordeons werden in Italien hergestellt

Bauweise und Funktion des Akkordeons

1. Die linke Seite des Akkordeons ist die Basisseite. Auf ihr spielt man die Grundbässe und Akkorde auf einer Knopftastatur.
2. Die rechte Seite des Akkordeons ist die Melodieseite (Diskantseite). Auf ihr spielt man die Melodie. Sie hat eine Klaviertastatur oder eine Knopfgrifftastatur.
3. Die beiden Seiten sind mit dem Blasebalg verbunden.
4. Die zur Tonerzeugung wichtigen Teile sind:
   - Stimmzungenblöcke
   - Stimmzungen
   - Ventile
5. Bei der Betätigung der Tasten und Knöpfe öffnen sich die Ventile und so kommt die Luft über den Block zu den Stimmzungen. Diese vibrieren und erzeugen Töne.

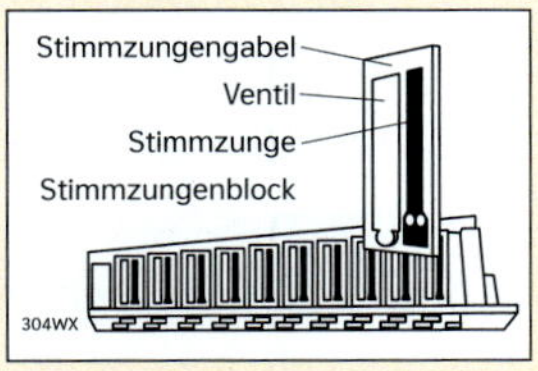

Spielweise des Akkordeons

1. Das Akkordeon spielt man am bequemsten im Sitzen.
2. Die Riemen werden um die Schultern gelegt.
3. Die rechte Hand spielt die Melodie.
4. Die linke Hand spielt die Bassnoten und bedient den Luftknopf.
5. Der linke Arm zieht und drückt den Blasebalg.

Einsatz des Akkordeons

1. Mit dem Akkordeon kann man jede Musikrichtung und jeden Musikstil spielen.
2. Hauptsächlich wird es in der Volksmusik und in der volkstümlichen Musik verwendet.

Die Trompete

Tonerzeugung:
Lippen und Luftstrom erzeugen regelmäßige Schwingungen

Tonhöhenveränderung:
- Überblasen (Verändern der Lippenspannung)
- Drücken der Ventile

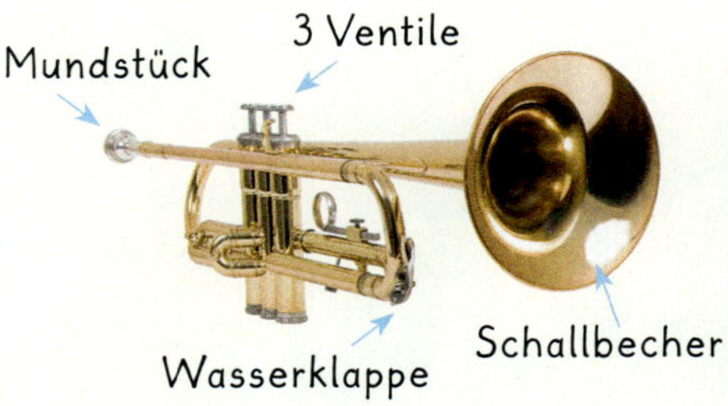

Sie gehört zur Familie der Blechblasinstrumente
Materialien: Messing, Kupfer, Silber

Geschichte: Naturtrompete schon vor Christi Geburt bei Ägyptern bekannt! (keine Ventile)

Weitere Familienmitglieder: Horn, Posaune, Tuba

Schlüsselstellen finden

Willkommen im Verein

Klar, wo Tobias (12) am Samstagvormittag zu finden ist: in der Feuerwache. Tobias ist Mitglied bei der freiwilligen Feuerwehr in seinem Heimatort. Jede Woche trainiert er mit seinen Kameraden, was ein Feuerwehrmann können muss.
Etwa 40 Millionen Menschen in Deutschland, Österreich und der Schweiz sind Mitglieder in Vereinen. Sie setzen sich für andere ein oder beschäftigen sich gemeinsam mit ihren Hobbys. Aber warum braucht man Vereine? Jeder Mensch möchte gern irgendwo dazugehören, sagen Psychologen. Es fühlt sich gut an, Teil einer Gruppe von Menschen zu sein, die sich für die gleichen Dinge interessieren wie man selbst.

Für manche Kinder ist der Verein fast wie eine zweite Familie. Denn häufig wird nicht nur zusammen musiziert und trainiert: Zum Vereinsleben gehören auch Ausflüge und Partys.
In einem Verein kann man viel lernen – auch über sich selbst. Wenn Tobias mit seinen Kameraden den schweren Wasserschlauch schleppt, muss er darauf achten, wie schnell die anderen sind und wo sein Platz im Team ist. Vereine nützen aber nicht nur ihren Mitgliedern: Die Feuerwehr hilft, wenn es irgendwo brennt, die Musikkapelle spielt bei Festen. Und sie sorgen dafür, dass auch in Dörfern auf dem Land etwas los ist.

Allerdings ist nicht jedes Kind ein Vereinstyp. Manche finden es zu stressig, wie Tobias jeden Samstagvormittag um Punkt 9 Uhr an einem bestimmten Ort zu sein. Umgekehrt passt auch nicht jeder Verein zu jedem Kind. Wer keinen Wettkampf mag, wird sich in einem Sportverein unwohl fühlen. Dann ist vielleicht ein Tierverein oder ein Angelclub besser.

Wer herausfinden will, ob ein Verein zu ihm passt, begleitet am besten erst einmal einen Freund oder eine Freundin zu einem Treffen. Viele Vereine bieten auch Schnuppertage an, bei denen man sich alles ganz genau anschauen kann. Mehr als 800.000 Vereine gibt es in Deutschland, Österreich und der Schweiz. Da müsste eigentlich für jeden einer dabei sein.

Notizzettel von Umut:

~~Tobias – Mitglied in der freiwilligen Feuerwehr~~
Thema: Vereine

40 Mio Vereinsmitglieder (D, Ö, S)

Pro Mitgliedschaft-Vereine
- *Gruppe*
- *Interessen*

Feuerwehr

1 Umut hat angefangen, den Text zu bearbeiten.
a) Lies die Zeilen 1-15 und erkläre die unterstrichenen Stellen.
b) Vergleiche die Unterstreichungen mit dem Notizzettel. Beschreibe die Veränderungen.
c) Begründe, warum Umut etwas gestrichen hat.
d) Übertrage den Notizzettel in dein Heft. Ergänze fehlende Punkte.

2 Lies nun den gesamten Text und kläre für das Verständnis unklare Begriffe.

3 Erarbeite mit einem Partner die wichtigen Inhalte des zweiten Textabschnittes.
a) Notiert Stichpunkte zu Inhalten, die du wichtig findest. Ihr könnt dafür Textstellen übernehmen.
b) Gib den Inhalt mithilfe dieser Stichpunkte mündlich für deinen Partner wieder.
c) Streicht die unwichtigen Inhalte auf dem Stichpunktzettel durch.
d) Ergänzt Informationen, die für das Verständnis wichtig sind.
e) Schreibt nun einen vollständigen Notizzettel. Dieser darf höchstens acht Stichpunkte enthalten.
f) Sprecht darüber, welche der Inhalte ihr nicht unbedingt über das Thema wissen müsst.

4 Bearbeitet die restlichen Textabschnitte wie in Aufgabe 3.

5 Wende den Tipp auf einen selbst gewählten Text an.
a) Gib den Inhalt des Textes mithilfe der Stichpunkte in eigenen Worten mündlich wieder.
b) Ergänze deine Stichpunkte, falls bei den Zuhörern Fragen offen bleiben.

Tipp

So findest du Schlüsselstellen:

1. Stelle zuerst das **Thema** des Textes fest, bevor du diesen vollständig liest. (Überschrift – 1. Satz – Bilder)

2. **Notiere** (oder unterstreiche) **Informationen** aus dem Text und streiche Unwichtigeres durch. Verwende dafür verschiedene Farben (z. B. Zahlen – grün, Beispiele – blau, Gründe – gelb usw.).

3. Kürze die Informationen auf **wichtige Stichpunkte**.

4. Vermeide bei den Notizen ganze Sätze, das verleitet zum Abschreiben aus dem Text.

Anderen Rückmeldung zu Texten geben

Mündlich Rückmeldung geben

1 a) Geht in Kleingruppen (3-4 Schüler) zusammen und lest gemeinsam die Info.
b) Tauscht euch darüber aus, was man unter einer Schreibkonferenz versteht.

2 Seht euch die Aufgabenkarten zur mündlichen Schreibkonferenz genau an und sprecht in eurer Gruppe darüber, was der Reihenfolge nach zu tun ist.

Info

Mündliche Schreibkonferenz

Eine mündliche Schreibkonferenz hilft euch dabei, Texte oder Teile von Texten zu überarbeiten und damit zu verbessern.

In Kleingruppen von drei oder vier Schülern gebt ihr euch mithilfe eurer Notizen Tipps – mündlich, nicht schriftlich –, wie ein Text verbessert werden könnte.

Text vorlesen, Notizen machen

Zunächst muss geklärt werden, um welche Textsorte (Erzählung, Beschreibung ...) es sich handelt, also was erzählt oder beschrieben wird.

Anschließend liest ein Schüler den zu korrigierenden Text laut, deutlich und langsam vor. Die Zuhörer machen sich beim Lesen schon erste Notizen, was gut und was weniger gut gelungen ist.

Über den Text sprechen

Jedes Gruppenmitglied formuliert mündlich einen ersten Eindruck zum gehörten Text.

Versucht euch auf das Wesentliche zu beschränken:
- Was ist gelungen?
- Was ist das Hauptproblem?

Anregungen zum Überarbeiten geben

Womit hat das Kind, das den Text geschrieben hat, die meisten Schwierigkeiten? Formuliert **drei** Verbesserungsvorschläge.

Tipp

Notiere, welche **Rückmeldungen** dir die Mitschüler zum Überarbeiten deines Textes gegeben haben.

Mich würde auch interessieren …
Ergänze noch …
… sollte gestrichen werden.

Mir gefällt gut …
Vielleicht könnte man das anders formulieren …
Stelle … um.

Ich würde nicht mit … beginnen, sondern …
… passt inhaltlich nicht zusammen.
Gelungen ist …
… müsste man nicht unbedingt schreiben.

Tipp

Beachtet diese Fragen, wenn ihr Anregungen zum Text gebt:

Text:
- Ist interessant erzählt?
- Ist genau beschrieben?

Inhalt:
- Was könnte bei dem zu verbessernden Text noch ergänzt werden?
- Was sollte inhaltlich eher gestrichen werden?
- Ist der Text nachvollziehbar und verständlich?

Sprache:
- Könnte der Text sprachlich besser formuliert sein?

3 Führt anschließend eine mündliche Schreibkonferenz zu folgendem Beginn einer Erzählung einer Schülerin durch:

Der letzte Schultag war vorbei und ich durfte nun bald zu meiner Oma fahren, um dort Urlaub zu machen. Zuerst stieg mir ein ganz bestimmter Geruch in die Nase. Ich kannte diesen. Ich wusste aber nicht mehr woher. Ich war seit einer Woche bei meiner Oma, denn es waren Ferien. Gott sei Dank – sechs Wochen keine Schule! Meine Großmutter war gerade mit der Gartenarbeit beschäftigt. Oma ist schon sehr alt und gebrechlich, so dass ich ihr, wenn ich bei ihr zu Besuch bin, im Haushalt und im Garten helfe. Ich wollte die Gegend hinter dem Dorf näher erkunden. Da war er wieder dieser Duft, jetzt erinnerte ich mich …

4 Sprecht in der Klasse darüber, welche Aufgaben gut funktioniert haben und wo es eventuell Probleme gab.

Anderen schriftlich Rückmeldung geben

1 Informiert euch zunächst darüber, was man unter einer Textlupe versteht. Lest hierzu die Info und den Tipp.

Info

Textlupe

Wenn man sich schriftlich Rückmeldung zu Texten geben möchte, kann dies mithilfe einer Textlupe geschehen. Dabei trägt man seine Kommentare zu einem Text eines Mitschülers in einen Rückmeldebogen ein. Der Mitschüler nutzt diese Anmerkungen, um seinen eigenenText zu verbessern.

Tipp

So arbeitet ihr mit der Textlupe:

Bildet Kleingruppen (3-4 Schüler) und gebt euern Text an den linken Nachbarn weiter.

1. Lest den erhaltenen Text mehrere Male.
2. **Gebt Rückmeldung** über den Text. Überlegt dazu, was gelungen ist, ob es Fehlerhaftes oder Störendes gibt. Seht euch hierzu das unten abgebildete Schema zur **Textlupe** an.
3. Wenn möglich: Tragt **Tipps** ein, wie weniger Gelungenes behoben werden könnte.
4. Gebt den Text mit der Textlupe nach links weiter.
5. Ihr bearbeitet den neu erhaltenen Text nach dem gleichen Muster. Reicht die Texte so lange weiter, bis der eigene Text wieder bei euch angekommen ist.
6. Lest die **Rückmeldungen**, die ihr zu eurem Text bekommen habt. Fragt nach, wenn etwas unklar ist.
7. Entscheidet, welche Tipps und Anregungen ihr zur **Überarbeitung** eures Textes nutzen möchtet.

Textlupe

Tipps von	***Das gefällt mir:***	***Das stört mich etwas:***	***Meine Tipps:***
Jonas:	*Schön ist, dass …*	*Leider weiß man nicht, ….*	*Man könnte …*
Julia:	…	…	…
…	…	…	…

2 Steffi schreibt eine Geschichte und möchte dazu Rückmeldungen in Form einer Textlupe von ihren Mitschülern haben.

a) Lies die Einleitung von Steffis Geschichte zu den Reizwörtern *Junge-Honig-Hotel* von Seite 142.

b) Lies auch, was Steffis Mitschüler Bernd beim Lesen des Textausschnitts denkt.

Die Andeutung zu Beginn finde ich gut, sie macht neugierig.

Ich wüsste gerne, wie die beiden heißen!

Was ist mit seinem Hemd? Hat der Honig etwas damit zu tun?

Puh, war das ein Tag! Solch ein Missgeschick konnte auch nur ihm passieren. Um bei seiner Chefin einen guten Eindruck zu machen, hatte er sein schönstes Hemd angezogen. Am Nachmittag sollte er sich für seinen Ferienjob im Hotel vorstellen. Auch andere Schüler würden da sein. Aber er hatte sich eines ganz fest vorgenommen: Dieses Mal würde er sich durchsetzen, auch wenn sein Hemd…

Den Anfang der Geschichte gefällt mir, man ist gleich mitten im Geschehen.

…

c) Bernd hat begonnen, die Textlupe auszufüllen. Ergänze die Tabelle. Nutze hierzu den Inhalt der Denkblasen und eigene Überlegungen.

Textlupe

Tipps von	**Das gefällt mir:**	**Das stört mich etwas:**	**Meine Tipps:**
Bernd:	*Die Andeutung im ersten Satz …*	*Man erfährt nicht, ….*	…
…	…	…	…

Tandemlesen

Durch das Lesetandem könnt ihr zu zweit euer Lesen und eure Leseflüssigkeit trainieren. Ihr braucht einen Partner, um festzustellen, wer Lesetrainer und wer Lesesportler ist. Dafür könnt ihr so vorgehen:

1 Lies den Text auf Seite 297 laut.
- Stoppe die Zeit, die du benötigst, um den gesamten Text laut zu lesen.
- Ein Partner zählt die falsch gelesenen Wörter.
- Notiere deine benötigte Zeit und die Anzahl der Lesefehler.

2 Bildet nun Lesetandems.
- Lesetrainer wird der, der weniger Zeit gebraucht hat und weniger Fehler beim Lesen gemacht hat.
- Lest euch vor dem Lesen die folgenden Aufgabenkarten durch.

3 Lest den Text gemeinsam im Tandem. Beachtet dafür die Regeln aus den Infos auf dieser und der nächsten Seite.

Info

Schritte für das Tandem-Lesetraining

1. Trainer und Sportler lesen gemeinsam laut aus einer Textvorlage.
2. Nach einem Lesefehler des Sportlers wird von Satzanfang erneut gelesen, wenn er sich nicht innerhalb von 4 Sekunden selbst verbessert.
3. Wenn sich der Sportler sicher fühlt, kann er dem Trainer ein Zeichen geben. Er liest dann alleine laut weiter. Der Trainer liest nur noch leise mit.
4. Bei einem Lesefehler geht es bei Schritt 3 weiter.
5. Jeder Text wird viermal gemeinsam laut gelesen.

Info

Lesetrainer-Aufgaben

1. Zeige beim Lesen mit dem Finger mit.
2. Warte bei Fehlern kurz ab, zeige dann auf das falsch gelesene Wort und verbessere es.
3. Lobe, wenn ein falsches Wort beim zweiten Mal richtig gelesen wird.
4. Für Profis: Zeige weiterhin mit, wenn der Sportler alleine weiterlesen möchte.

Info

Lesesportler-Aufgaben

1. Lies gemeinsam mit dem Trainer laut den Text.
2. Verbessere dich sofort, wenn du dich versprichst.
3. Für Profis: Zeige deinem Trainer mit Handzeichen an, wenn du alleine laut weiterlesen möchtest.

Können Tiere lachen? Nicht nur Menschen können lachen. Schimpansen sind wahre Meister darin.

Können Tiere lachen?

Manchmal finden wir etwas total lustig und müssen dann ganz laut lachen. Doch wie ist das bei Tieren? Können Hühner, Pferde und Affen eigentlich auch kichern und grinsen?

Manche Tiere können lachen

Ob Tiere wirklich lachen können, verrät uns Elke Zimmermann. Sie ist Direktorin an der Tierärztlichen Hochschule Hannover. Und sie sagt: Bei den Menschenaffen gibt es so etwas wie Lachen. Sie sind auch unsere nächsten Verwandten. Klingen die Laute anderer Tiere wie Lachen, dann hat das mit fröhlichem Kichern aber nichts zu tun.

Das Lachen gehört zum Menschen dazu

Elke Zimmermann sagt, das Lachen gehört zum Menschen mit dazu. Es ist wichtig, damit sich die Menschen verständigen können. Dabei ist es egal, wo sie leben oder herkommen. Das Lachen sieht auch immer gleich aus: Die Mundwinkel werden nach oben gezogen und die Zähne gezeigt. Gleichzeitig stößt der Mensch abgehackte Laute aus. So drückt er Freude aus. Außerdem kann er mit seinem Lachen gute Stimmung verbreiten.

Das Lachen ist angeboren

Bereits Babys im Alter von vier Monaten können lachen. Selbst Kinder, die nichts sehen oder hören können, lachen. Deshalb gehen Forscher davon aus, dass das Lachen angeboren ist. Das bedeutet, dass es einfach da ist. Jeder kann es, ohne es lernen zu müssen.

Wie lachen Tiere?

Außer den Menschen lachen auch alle Menschenaffen, wenn sie sich freuen. Werden sie zum Beispiel durchgekitzelt, dann fangen sie fröhlich an zu kichern. Forscher haben herausgefunden: Je näher der Mensch mit einer Affenart verwandt ist, desto ähnlicher klingt das Lachen. Schimpansen ähneln uns mit ihrem Lachen stark. Bei den Orang-Utans und Gorillas ist das weniger der Fall.

Streng genommen ist das Lachen also etwas, was nur Menschen und seine nächsten Verwandten können. Versteht man darunter jedoch ein Zeichen der Freude, dann ist so etwas Ähnliches auch bei anderen Tieren zu beobachten: Das Schwanzwedeln eines Hundes ist möglicherweise auch eine Art Lachen.

4 Lies den Text erneut von Seite 297 alleine laut.

- Stoppe die Zeit, die du benötigst, um den gesamten Text laut zu lesen.
- Ein Partner zählt die falsch gelesenen Wörter.
- Notiere deine benötigte Zeit und die Anzahl der Lesefehler.
- Legt nun den neuen Lesetrainer und Lesesportler fest.

5 Sucht für die zweite Trainingsphase eigene Texte oder verwendet die Texte dieser beiden Seiten. Behaltet den Ablauf **Test – Training – Test** bei. Beachtet:

- Lesetrainer und Lesesportler können bei jedem Durchgang wechseln.
- Ihr könnt euch auch einen neuen Lesepartner suchen.

Lachen – Eine ganz ernste Sache

Auch wenn es sich so leicht und lustig anfühlt, Lachen ist für den Körper vor allem schwere Arbeit. Denn zum Lachen braucht er sehr viele Muskeln. Die ganze Atemmuskulatur, die Gesichtsmuskeln sowieso und auch die Schultern und der Oberkörper machen mit. Und auch der Bauch bewegt sich. Bis zu achtzig Muskeln sind da im Einsatz! Hättest du das gedacht?

Und warum der ganze Stress? Klar, weil's eben so zum Lachen ist, wenn was lustig ist. Dann kann man ja eigentlich auch gar nicht anders, dann muss man einfach lachen. Natürlich findet jeder etwas anderes lustig, aber die meisten von uns können über Witze, Grimassen, Scherzfragen oder lustige Filme lachen. Wer kitzlig ist, lacht auch dabei laut los. Und manchmal sind wir auch ein bisschen schadenfroh, wenn anderen etwas Dummes passiert und finden das zum Lachen.

Lachen ohne Ende

Es muss gar nicht direkt etwas Lustiges passieren, damit man anfängt zu lachen. Oft reicht schon eine peinliche, traurige oder zumindest besonders ernste Situation. Allein der Gedanke, dass es jetzt verboten wäre, reizt zum Lachen und je mehr man es zu unterdrücken versucht, desto stärker wird der Lachreiz. Dann hilft nur alles rauszulassen, bis man sich wieder beruhigt hat. Das finden vor allem Erwachsene oft unangebracht und kindisch, es hilft aber dabei, Traurigkeit oder Anspannung loszulassen und so mit einer vielleicht komplizierten Situation umzugehen.

Besonders schwierig zu unterdrücken ist ein Lachanfall auch dann, wenn andere mitlachen. Dann stecken sich alle Beteiligten immer wieder gegenseitig mit dem Lachen an. Schon die Steinzeitmenschen haben miteinander gelacht und sich so mitgeteilt, dass es ihnen gut geht. Wenn man gemeinsam lacht, fühlen sich alle als Teil einer Gruppe und zusammengehörig. Deshalb verursacht unser Gehirn auch gleich das Bedürfnis mitzulachen – auch wenn wir den Grund für die Heiterkeit gar nicht kennen.

Lachen vor Glück

Immer wenn wir was lustig finden, dann ist unser Körper glücklich. Dann nämlich werden von ganz vielen Stellen im Körper Glückshormone losgeschickt. Und je lustiger was ist, desto glücklicher sind wir. Bis es kaum noch auszuhalten ist! Wissenschaftler glauben, dass wir lachen, um uns von diesem riesigen Glücksgefühl zu befreien. Deshalb platzen wir ja auch manchmal regelrecht vor Lachen.

Wie sich das Lachen anhört, hängt davon ab, ob da ein großer Mensch mit einem großen Brustkorb und einem dicken Bauch lacht – dann gibt‘s ein ganz dunkles „hohoho“-Lachen oder ob ein ganz dünner lacht, der sowieso schon eine helle Stimme hat, dann klingt‘s mehr nach „hihihi“.

Lachen ist gesund!

Weil wir beim Lachen tiefer atmen, wird der ganze Körper besser mit Sauerstoff versorgt. Das stärkt das Immunsystem, die Körperpolizei, die unseren Körper gegen Eindringlinge wie Bakterien und Viren schützt. Lachen macht also gesund und lässt uns sogar auch besser denken. Denn auch das Gehirn freut sich über eine Extraportion Sauerstoff!

Wie lachen wir?

Lachen ist für uns ganz einfach und natürlich: Wir lachen laut los, wenn wir uns einen Witz erzählen.

Wenn wir Menschen lachen, ist das nicht zu überhören. Ein schnelles „hihihi“ oder „hahahah“ kann man nicht verbergen.

Wenn wir Menschen lachen, dann kann man das auch sehen. Die Mundwinkel sind nach oben gezogen, der eine oder andere reißt den Mund weit auf und oft kann man dabei die Zähne blitzen sehen.

Warum lachen wir?

Manchmal klappt‘s auch gar nicht mit dem Lachen: Lachen auf Befehl ist zum Beispiel sehr schwer. Kinder lachen übrigens mehr als Erwachsene. Warum, das wissen die Wissenschaftler (noch) nicht. Aber sie sagen, Kinder lachen bis zu vierhundert Mal am Tag, Erwachsene nur zwanzig Mal!

Ein Pfeil (→) vor einem Wort verweist auf ein weiteres Stichwort.

Bericht: In einem Bericht wird über ein Ereignis informiert. In sachlicher Sprache werden die W-Fragen beantwortet: Was geschah? Wann? Wo? Wie? Warum? Wer war beteiligt?
Ein Bericht sollte übersichtlich und klar gegliedert sein. Er steht im Präteritum. Der Bericht wird zu den journalistischen Textsorten gezählt. In Zeitungstexten sind die Unterschiede zu anderen Textsorten aber oft nicht mehr so deutlich.

Beschreibung: In einer Beschreibung werden die wichtigsten Merkmale eines Gegenstandes, eines Tieres, eines Vorgangs, eines Weges dargestellt. In der Regel erfolgt die Beschreibung im Präsens. Sie muss genau und in einer sinnvollen Reihenfolge informieren. Wichtig ist auch die Verwendung der entsprechenden Fachbegriffe.

Diamant: Diese Gedichtform besteht aus 5 Zeilen. Sie sind so angeordnet, dass ein „Diamant" entsteht.
1. Zeile: Name eines Gegenstandes/eines Tiers/ einer Pflanze
2. Zeile: 2 Adjektive, die den Gegenstand/das Tier/die Pflanze beschreiben
3. Zeile: 3 Verben, die gut zum Gegenstand/zum Tier/zur Pflanze passen
4. Zeile: wie die 2. Zeile, aber mit anderen Adjektiven
5. Zeile: Ein Nomen als Schlusswort

Digitale Medien: Unter digitalen Medien (auch elektronische Medien genannt) versteht man Medien, die durch digitale Informations- und Kommunikationstechnik funktionieren. Dazu zählen neben dem Internet das Mobiltelefon, das E-Book, digitales Radio und Fernsehen, aber auch Computerspiele.

Diskontinuierliche Texte: Sonderform von → *Sachtexten:* Darunter versteht man vor allem Tabellen, Diagramme und Schaubilder, aber auch Anzeigen und Plakate. Diskontinuierliche Texte, die auch nichtlineare Texte genannt werden, stellen Sachverhalte prägnant und übersichtlich dar. Sie können einen Sachtext ergänzen, man kann aber auch Informationen aus einem Sachtext durch einen diskontinuierlichen Text verdeutlichen. Diskontinuierliche Texte können auch selbstständig einen Sachverhalt durch Text und Grafik veranschaulichen (= visualisieren).

Elfchen: Gedichtform, die aus elf Wörtern besteht, die auf fünf Zeilen verteilt sind. In der ersten Zeile steht ein Wort (meistens eine Farbe). In der zweiten Zeile folgen zwei, in der dritten Zeile drei und in der vierten Zeile vier Wörter. In der letzten Zeile steht wieder nur ein Wort, das das Gedicht abschließt. Zwischen den Wörtern der Zeilen sollte ein inhaltlicher Zusammenhang bestehen.

Erzählung: In einer Erzählung wird ein Erlebnis oder eine ausgedachte Handlung wiedergegeben. Die erzählte Handlung muss einen roten Faden haben. Eine Einleitung liefert grundsätzliche Informationen über Zeit, Ort und Personen. Ein kurzer Schluss rundet die Erzählung ab.
In der Literatur versteht man unter Erzählung alle kurzen erzählenden Texte, die nicht eindeutig einer anderen Kurzform (→ *Märchen*, → *Fabel*) zugeordnet werden können.

Fabel: Fabeln sind meist kurze Erzähltexte. Es gibt aber auch Fabeln in Versform oder als Bildergeschichten. Tiere, aber auch Pflanzen denken, fühlen, sprechen und handeln wie Menschen.
Häufig haben die Fabeltiere oder -pflanzen gegensätzliche Eigenschaften: der schlaue Fuchs, der dumme Esel. Am Ende gewinnt

meistens der Klügere, oft auch der vermeintlich Schwächere, durch eine List. Fabeln haben eine Lehre (Moral), die manchmal auch am Ende der Fabel steht, und die sich auf das Zusammenleben von Menschen übertragen lässt.

Film: Der Film ist ein audiovisuelles Medium, das mit bewegten, in der Regel farbigen Bildern, Licht- und Toneffekten auf den Zuschauer einwirkt. Um z. B. eine Handlung spannend darzustellen, folgen Szenen rasch aufeinander (Schnitttechnik). Geräusche und Musik dienen dazu, die erwünschte Wirkung zu verstärken.

Gedicht: → *Lyrik.*

Jugendliteratur: Unter Jugendliteratur versteht man Texte, die für Kinder und Jugendliche zur Information, zur Unterhaltung, aber auch in erzieherischer Absicht geschrieben werden (Märchen, Sagen, Erzählungen, Romane, Sachbücher, Gedichtsammlungen).
In Jugendbüchern für Zehn- bis Zwölfjährige überwiegen die Abenteuer- und Tiergeschichten, aber auch Fantasy-Geschichten.

Kreuzreim: → *Lyrik.*

Lautmalerei: Wenn Wörter Geräusche, Klänge oder Tierlaute nachahmen, nennt man das Lautmalerei. In Erzählungen oder Gedichten helfen diese Klangwörter, dass man sich Geräusche oder auch Geschehnisse sehr gut vorstellen kann: Man hört *blubbern, knarzen, prasseln, schleichen, summen, tuten, zischen.*

Lyrik: Lyrik bezeichnet Dichtung in Versform (Gedichte). Früher wurden die Verse zur Lyra, einem alten Saiteninstrument, gesungen. Deshalb sagt man auch heute noch: Lyrik ist liedartige Dichtung. Viele Gedichte sind vertont worden.

Im Gedicht drücken Dichter Gefühle, ihre Stimmungen, aber auch Erlebnisse und Gedanken aus. Einzelne Merkmale des Gedichts: Durch Reime erhalten Gedichte eine bestimmte Klangwirkung. Durch den Gleichklang der Reimwörter (z. B. *kaum – Baum; Himmelsseide – Getreide*) werden oft zwei oder mehr Verszeilen miteinander verbunden. Drei Reimformen werden oft verwendet:

Paarreim
a Sonne
a Wonne
b Eis
b heiß

Kreuzreim
a Sonne
b Eis
a Wonne
b heiß

Umschließender Reim
a Sonne
b Eis
b heiß
a Wonne

Daneben gibt es noch weitere Reimformen. Es gibt auch Gedichte ohne Reime.
Viele Gedichte sind in Strophen gegliedert. Mindestens zwei Verszeilen werden in einer Strophe zusammengefasst. Oft beginnt mit einer neuen Strophe ein neuer Gedanke.

Märchen: Märchen erzählen Geschichten, die es in Wirklichkeit nicht gibt. Oft handeln sie von Zauberern, Hexen, Feen und sprechenden Tieren. In einer räumlich und zeitlich nicht festgelegten Welt steht die Hauptfigur vor großen Gefahren und kaum lösbaren Aufgaben. Die Zahlen 3, 6, 7, 12 spielen eine besondere

Rolle. Auch formelhafte Sprüche sind typisch für Märchen. Am Ende siegt das Gute und das Böse wird überwunden. Märchen sind über die ganze Welt verbreitet. Sie wurden nicht nur Kindern, sondern auch Erwachsenen zur Unterhaltung erzählt. In Deutschland haben die Brüder Grimm die Märchen, die man sich im Volk erzählte, gesammelt und aufgeschrieben; deswegen bezeichnet man die „Kinder- und Hausmärchen" der Brüder Grimm als Volksmärchen.

Medien: Unter Medien versteht man ganz allgemein Mittel zur Verständigung. Neben dem großen Bereich der geschriebenen bzw. gedruckten Medien (Printmedien) gibt es viele technische Medien, darunter inzwischen immer mehr → *digitale Medien*. Auch der → *Film* ist mit seinen „bewegten Bildern" ein Medium.

Paarreim: → *Lyrik*.

Reim: → *Lyrik*.

Sachtext: Sachtexte werden häufig auch pragmatische Texte genannt. Sie informieren über Tatsachen, Vorgänge und Sachverhalte, z. B. über die Tier- und Pflanzenwelt oder über bedeutsame Ereignisse. Sachtexte findet man vor allem in Zeitungen und Zeitschriften. Stehen mehrere Sachtexte zu einem Thema in einem Buch (z. B. über Pferde), so bezeichnet man es als Sachbuch.
Eine Sonderform von Sachtexten sind → *diskontinuierliche Texte*. Darunter versteht man vor allem Tabellen, Diagramme und Schaubilder, aber auch Anzeigen und Plakate. Diskontinuierliche Texte können einen Sachtext ergänzen, man kann aber auch Informationen aus einem Sachtext durch einen diskontinuierlichen Text verdeutlichen.

Strophe: → *Lyrik*.

Umschließender Reim: → *Lyrik*.

Adjektiv (Wiewort, Eigenschaftswort): Wortart, mit der man Eigenschaften von Lebewesen, Dingen und Tätigkeiten genau beschreiben kann: *groß, langsam, eckig*.
Die meisten Adjektive können gesteigert werden: Grundstufe (Positiv): *groß* Höherstufe (Komparativ): *größer* Höchststufe (Superlativ): *am größten*

Adverbiale Bestimmungen (Umstandsbestimmung): Satzglieder, die Angaben über die Zeit und den Ort eines Geschehens machen, heißen Adverbialien. Du kannst sie durch folgende Fragen ermitteln:
- **Temporaladverbiale** (Zeit): Wann? Seit wann? Wie lange?
- **Lokaladverbiale** (Ort): Wo? Woher? Wohin?

Adverbien (Umstandswörter) geben im Satz z. B. darüber Auskunft, wo und wann etwas geschieht. Adverbien sind unveränderbar und lassen sich im Satz umstellen.
Beispiele: *zunächst, anschließend, nun, schließlich, hier, da, überall, dort, oben, unten, draußen*

Akkusativ: → *Kasus.*

Akkusativobjekt: → *Objekt.*

Artikel (Begleiter): Wortart, die das Geschlecht (→ Genus) eines Nomens angibt.
Bestimmter Artikel: *der, die, das*
Unbestimmter Artikel: *ein, eine, ein*

Aufforderungssatz: → *Satzart*

Ausrufesatz: → *Satzart*

Aussagesatz: → *Satzart*

Bestimmungswort: Den ersten Teil eines zusammengesetzten Wortes nennt man → *Bestimmungswort*. Das Bestimmungswort gibt die genaue Bedeutung der Zusammensetzung an.

Dativ: → *Kasus.*

Dativobjekt: → *Objekt.*

Demonstrativpronomen: → *Pronomen.*

Doppelkonsonant (Verdoppelung des Mitlautes): *ff, ll, mm, nn, pp, tt …*

Doppelvokal (Verdoppelung des Selbstlautes): *aa, ee, oo.*

finite Verbform (gebeugte Verbform, → *Personalform des Verbs*): Verben werden in Sätzen meistens in der gebeugten (finiten) Form verwendet. An dieser Form kannst du erkennen, wer etwas wann tut. Deshalb nennt man die finite Form des Verbs auch Personalform. Die Grundform des Verbs (gehen, laufen) bezeichnet man als Infinitiv bzw. infinite Form.

Fragesatz: → *Satzart.*

Genitiv: → *Kasus.*

Genus (grammatisches Geschlecht des Nomens):
- **maskulinum** (männlich) *der Hund*
- **femininum** (weiblich) *die Katze*
- **neutrum** (sächlich) *das Tier*

Grundwort: Der zweite Teil eines zusammengesetzten Wortes. Das hintere Grundwort legt die Grundbedeutung der Zusammensetzung fest. Bei Nomen richtet sich auch der Artikel nach dem Grundwort.

Hauptsatz: Satz, der allein stehen kann. Er besteht mindestens aus einem Subjekt und einem Prädikat. Im Hauptsatz steht die finite Form des Prädikats meistens an zweiter Satzgliedstelle. Hauptsätze können zu einer Satzreihe miteinander verbunden werden. Meistens werden sie durch Kommas voneinander getrennt.

Imperativ (Befehlsform des Verbs): *Lies! Gib her!*

Infinite Verbform: → *finite Verbform.*

Infinitiv (Grundform des Verbs): *spielen, lernen.*

Kasus (Fall des Nomens):
- Nominativ (1. Fall), Frage: Wer oder was?
  der Tisch
- Genitiv (2. Fall); Frage: Wessen?
  des Tisches
- Dativ (3. Fall), Frage: Wem?
  dem Tisch
- Akkusativ (4. Fall), Frage: Wen oder was?
  den Tisch

Konjunktion (Bindewort): Wortart, die einzelne Wörter, Wortgruppen oder Sätze miteinander verbindet: *und, oder, aber, denn, doch, weil, nachdem, als, dass, obwohl ...*

Konsonant (Mitlaut): *b, d, f, g, ...*

Nebensatz: Satz, der nicht allein stehen kann, sondern immer von einem → *Hauptsatz* abhängig ist.
Einen Nebensatz erkennst du an folgenden Merkmalen:
- Am Anfang steht meistens eine Konjunktion (Bindewort): *als, nachdem, weil, während, dass, wenn.*
- Am Ende des Nebensatzes befindet sich die finite Form des Prädikats.

Ein Nebensatz ergibt allein keinen Sinn. Haupt- und Nebensatz bilden ein Satzgefüge. Sie werden durch Komma getrennt.

Nomen (Substantiv, Namenwort): Wortart, mit der Lebewesen (Menschen, Tiere, Pflanzen) und Gegenstände sowie Gedachtes und Gefühle bezeichnet werden: *Mädchen, Haus, Ferien, Spaß, Angst.*

Nominativ: → *Kasus.*

Numerale: Bei den Zahlwörtern (Numeralen) können wir zwischen bestimmten und unbestimmten unterscheiden:
Bestimmte Zahlwörter geben eine genaue Auskunft auf die Fragen wie viel? oder der/die wie vielte?: *eins, zwei, drei ... der/die erste, zweite, letzte.*
Unbestimmte Zahlwörter geben nur eine ungefähre Menge an: *viel, wenig, zahlreich, ganz, ein paar.*

Objekt: Die Satzglieder, die das Prädikat ergänzen, heißen Objekte.
Dativobjekte (3. Fall) erfragst du mit „Wem?“.
Akkusativobjekte (4. Fall) erfragst du mit „Wen oder was?“.

Perfekt: → *Zeitform.*

Personalform: Form des Verbs, die angibt, wie viele Personen zu einer bestimmten Zeit etwas tun: *du schreibst, sie haben gerufen.*

Personalpronomen: → *Pronomen.*

Plural (Mehrzahl): *die Lampen.*

Plusquamperfekt: → *Zeitform.*

Possessivpronomen: → *Pronomen.*

Prädikat (Satzaussage): Satzglied, das mit Verben gebildet wird. Es sagt aus, was jemand tut oder was geschieht. Es wird mit Verben gebildet. Ein vollständiger Satz enthält mindestens ein Prädikat und ein Subjekt (Satzgegenstand).

Präsens: → *Zeitform.*

Präteritum: → *Zeitform.*

Pronomen (Fürwort): Das Pronomen kann Stellvertreter oder Begleiter eines Nomens sein. Das **Personalpronomen** (persönliches Fürwort) steht stellvertretend für Personen oder Sachen: *ich, du, er, sie, es, wir, ihr, sie.*
Das **Possessivpronomen** (besitzanzeigendes Fürwort) gibt an, wem etwas gehört: *mein, dein, sein, unser, euer, ihr.*
Das **Demonstrativpronomen** (hinweisendes Fürwort) deutet auf Personen oder Sachen hin: *der, die, das, derjenige, diejenige, dieser, dieses, derselbe, dieselbe.*
Das **Relativpronomen** leitet den → *Relativsatz* ein: *der, die, das; welcher, welche, welches.*

Redebegleitsatz: Hauptsatz, der die → *wörtliche Rede* begleitet. Der Redebegleitsatz kann vor, nach oder zwischen der wörtlichen Rede stehen.
Vorangestellter Redebegleitsatz: *Der wütende Lehrer ruft: „Das ist nicht witzig!"*
Nachgestellter Redebegleitsatz: *„Darüber muss ich lachen", meinte er.*
Eingeschobener Redebegleitsatz: *„Katharina", erklärte Maja, „ich muss dir einen Witz erzählen."*

Relativsatz (→ *Nebensatz*): Der Relativsatz ist eine Sonderform des Nebensatzes. Er bezieht sich auf ein Nomen im Hauptsatz, das er genauer beschreibt.
Er beginnt immer mit einem Relativpronomen und endet wie jeder Nebensatz mit einer gebeugten (finiten) Verbform.

Satzarten: Bei den Satzarten sind zu unterscheiden: Aussagesatz, Fragesatz, Ausrufesatz, Aufforderungssatz.
Aussagesätze verwenden wir, wenn wir etwas feststellen oder anderen etwas mitteilen wollen. Nach einem Aussagesatz steht ein Punkt: Ich mag gerne Sketsche.
Fragesätze verwenden wir, wenn wir etwas wissen wollen. Nach einem Fragesatz steht ein Fragezeichen: *Findest du das witzig?*
Ausrufesätze verwenden wir, wenn wir Gefühle oder Wünsche ausdrücken.
Nach einem Ausrufesatz steht ein Ausrufezeichen: *Das ist aber witzig!*
Aufforderungssätze verwenden wir, wenn wir jemanden dazu bewegen wollen, etwas Bestimmtes zu tun. Nach einem Aufforderungssatz steht ein Ausrufezeichen: *Lass das bitte!*

Satzgefüge: Verbindung von → *Hauptsatz* und → *Nebensatz:*
Ich bleibe zu Hause, weil ich krank bin. Obwohl es mir noch nicht besser geht, gehe ich wieder zur Schule.

Satzglied: Ein Satz besteht aus Satzgliedern. Diese können aus einem einzelnen Wort oder auch aus mehreren Wörtern bestehen. Satzglieder kannst du durch die → *Umstellprobe* ermitteln: Die Wörter, die auch beim Umstellen des Satzes zusammenbleiben, bilden ein Satzglied.

Satzreihe: Aneinandergereihte → *Hauptsätze* bilden eine Satzreihe: *Ich fahre Schlitten, du fährst Ski und Ulli bleibt zu Hause.*

Silbe: Wörter bestehen aus einer oder mehreren Silben (Sprechtakteinheiten); einsilbige Wörter: *Haus, bunt, laut.* Mehrsilbige Wörter: *Kat-ze, Kro-ko-dil, hüp-fen.* Sprechsilben sind wichtig bei der Worttrennung.

Singular (Einzahl): *der Bauer, die Katze, das Pferd.*

Subjekt (Satzgegenstand): Das Subjekt kannst du mit der Frageprobe „Wer oder was?“ ermitteln.

Umlaut: *ä, ö, ü.*

Umstellprobe: Mit dieser Verschiebeprobe kann man Satzglieder ermitteln. Die Wörter, die bei mehrfachem Umstellen eines Satzes zusammenbleiben, bilden ein Satzglied.

Verb (Tunwort, Tätigkeitswort): Wortart, die bezeichnet, was eine Person tut.

Vokal (Selbstlaut): *a, e, i, o, u.*

Wörtliche Rede: In einem Text wird das Gesprochene in Anführungszeichen gesetzt und vom → *Begleitsatz* durch Doppelpunkt bzw. Komma abgetrennt.

Wortart: Wörter lassen sich bestimmten Wortarten zuordnen, z. B. Nomen, Verb, Adjektiv, Artikel, Pronomen.

Wortbaustein: Ein Wort kann aus verschiedenen Teilen bestehen. Der wichtigste Wortbaustein heißt → *Wortstamm*: *Wohnung, wohnen, bewohnbar.* Durch vorangestellte Wortbausteine (Präfix: z. B. *unwohnlich*) und nachgestellte Wortbausteine (Suffix: z. B. *bewohnbar*) kann sich die Bedeutung der Wörter stark verändern. Mit den Wortbausteinen -heit, -keit, -ung, -tum, -schaft und -nis werden Nomen (Namenwörter) gebildet: z. B. *Freundschaft.*
Adjektive (Wiewörter) erkennst du an den Wortbausteinen -bar, -ig, -isch, -lich, -los und -sam: *freundlich.*

Wortfamilie: Zu einer Wortfamilie gehören alle Wörter mit einem gemeinsamen Wortstamm. Der Wortstamm hilft dir bei der Schreibung verwandter Wörter: *fahren - Fahrer - fuhr.*

Wortfeld: Wörter der gleichen Wortart, die eine ähnliche Bedeutung haben, bilden ein Wortfeld; z. B. das Wortfeld gehen: *rennen, laufen, humpeln, stolzieren, schreiten ...*

Wortstamm: Der Wortstamm ist der wichtigste Baustein eines Wortes (→ *Wortbaustein*). Alle Wörter einer → *Wortfamilie* haben einen gemeinsamen Wortstamm: *Wohnung, wohnen, bewohnbar.*

Zeitform (Tempus): Mit dem Verb kann man verschiedene Zeitformen bilden.
Präsens (Gegenwart): Diese Zeitform beschreibt eine gegenwärtige oder allgemein gültige Tätigkeit: *Ich laufe. Wasser gefriert.*
Präteritum (1. Vergangenheit):
Es beschreibt eine Tätigkeit, die vergangen ist. Diese Zeitform wird häufig beim schriftlichen Erzählen verwendet: *Gestern ging ich in den Zoo.*
Perfekt (2. Vergangenheit): Es beschreibt eine abgeschlossene Tätigkeit. Diese Zeitform wird häufig beim mündlichen Erzählen verwendet: *Er hat gedacht. Sie ist gelaufen.*
Plusquamperfekt (3. Vergangenheit):
Diese Zeitform beschreibt Tätigkeiten, die sich noch vor einem bestimmten Zeitpunkt in der Vergangenheit ereignet haben: *Nachdem ich mich umgezogen hatte, fuhr ich in die Stadt.*
Futur (Zukunft): Wenn man über etwas schreibt oder spricht, das in der Zukunft geschehen wird, verwendet man meistens das Futur 1: *Ich werde anrufen, du wirst schlafen.*

3 oben und 13: Fabian, Michael, Hannover; 3 unten und 79: Atelier P.-T-Schulz, Mülheim a. d. Ruhr; 4 und 93 oben: Fabian, Michael, Hannover; 7 unten und 275: Panther Media GmbH (panthermedia.net), München; 7 oben und 287: Fabian, Michael, Hannover; 8: Deutscher Taschenbuch Verlag GmbH & Co. KG - DTV, München (George, Jean Craighead: Julie von den Wölfen); 10 oben: iStockphoto.com, Calgary (marcolevallois); 10 unten: dreamstime.com, Brentwood (Art33art); 11: TransFair e.V., Köln; 11 oben: Deutschlandradio, Berlin; 11 rechts 2.v.oben: NDR Presse und Information, Hamburg (Katharina Mahrenholtz); 11 rechts 3.v.oben: Westdeutscher Rundfunk, Köln; 11 unten Mitte: Shutterstock.com, New York; 11 unten links: Picture-Alliance GmbH, Frankfurt/M.; 12 2.v.oben: FAIRTRADE Österreich, Wien ; 12 2.v.unten: Picture-Alliance GmbH, Frankfurt/M.; 12 oben: alamy images, Abingdon/Oxfordshire (Sue Cunningham Photographic); 12 unten: Picture-Alliance GmbH, Frankfurt/M.; 26: Gerd Bauer Comic, Karikatur & Illustration, Nürnberg; 28: Thienemann-Esslinger Verlag GmbH, Stuttgart (Cover zu Michael Ende: Der satanarchäolügenialkohöllische Wunschpunsch); 29: Picture-Alliance GmbH, Frankfurt/M.; 32: Fabian, Michael, Hannover; 33: Thienemann-Esslinger Verlag GmbH, Stuttgart (aus: Michael Ende: der satanarchäolügenialkohöllische Wunschpunsch, Seite 12 © Illustration von Regina Kehn); 34: Druwe & Polastri, Cremlingen/Weddel; 36: Fabian, Michael, Hannover; 37 links: Panther Media GmbH (panthermedia.net), München; 37 rechts: F1online digitale Bildagentur GmbH, Frankfurt/M. (No Strings); 38, 40 und 41: Fabian, Michael, Hannover; 61: akg-images GmbH, Berlin (Bildarchiv Monheim); 64 oben: akg-images GmbH, Berlin (De Agostini Picture Library); 64 unten: ullstein bild, Berlin; 69: Aufbau Verlag GmbH & Co. KG, Berlin (aus: Deutsch Tierfabeln vom 12. bis zum 16. Jahrhundert. Berlin: Rütten & Loening o. J.); 73 oben: http://hansjakobkunst9.blogspot.de/(Edgar Stratz); 75: Kaufmann, Adelheid, Neusäß 77: Fabian, Michael, Hannover; 81: Helga Lade Fotoagenturen GmbH, Frankfurt/M.; 82: Wikimedia.org (Creative Commons Attribution-Share Alike 3.0 Unported license.); 83: fotolia.com, New York (oben rechts); 85 oben: Schuster, H., Köln; 85 unten: Shutterstock.com, New York (Mladen Mitrinovic); 86 oben: Wefringhaus, Klaus , Braunschweig; 90: Carlsen Verlag GmbH, München (Cover zu Rick Riordan: Percy Jackson - Diebe im Olymp); 90: Carlsen Verlag GmbH, München (aus Rick Riordan: Percy Jackson. Diebe im Olymp, Hamburg 2005, U4); 92 links: Fabian, Michael, Hannover; 93: Tierwelt, Zofingen; 93: Gruner + Jahr GmbH & Co. KG, Hamburg; 93: Tessloff Verlag, Nürnberg (WAS ist WAS Bd. 104: Wölfe, Nürnberg 2013); 93: Bastei Lübbe AG, Köln (Willi wills wissen: Katzen, Hunde und andere Haustiere); 93: F. A. Brockhaus / wissenmedia, Gütersloh (Würmli, Marcus: Der Kinder Brockhaus - Tiere : mit Tierstimmen auf CD-ROM, Brockhaus, 2007); 93: Loewe Verlag GmbH, Bindlach (Doris Mendlewitsch, Christine Gerber, Manuela Kalupke, Ralph Caspers: Wissen macht Ah! - GENIAhL! – Phänomenale Erfindungen mit Shary und Ralph © 2011 Loewe Verlag GmbH, Bindlach); 94 und 95 oben: Picture Press Bild- und Textagentur GmbH, Hamburg (Ronald Wittek); 95 unten und 96 links: Animals Animals/Earth Scenes, Chatham (Lynn Stone); 96 rechts und 123: Reinhard-Tierfoto, Heiligkreuzsteinach; 97: Picture-Alliance GmbH, Frankfurt/M.; 100: fotolia.com, New York (Thaut Images -); 103 links: JRK-Bildarchiv Berlin, Berlin (Sebastian Rosenberg); 103 rechts: Fabian, Michael, Hannover; 104: fotolia.com, New York (© Deklofenak); 105 oben: fotolia.com, New York; 105 unten: BluePlanet-Picture GmbH, Wathlingen (Nagender Chhikara); 106: iStockphoto.com, Calgary; 108: Römisch-Germanisches Zentralmuseum, Mayen (Benjamin Streubel); 110 oben links und oben rechts: fotolia.com, New York (© bluedesign); 110 unten Mitte: iStockphoto.com, Calgary (GlobalStock); 110 unten links: vario images, Bonn; 110 unten rechts: Studio Schmidt-Lohmann, Gießen; 112 oben: Fabian, Michael, Hannover; 112 unten: ullstein bild, Berlin; 113: ZDF GmbH, Mainz; ARTE, Kehl; ProSiebenSat.1 TV Deutschland GmbH , Unterföhring; ProSiebenSat.1 TV Deutschland GmbH , Unterföhring; ARD, München; N24 Gesellschaft für Nachrichten und Zeitgeschehen, Berlin; Norddeutscher Rundfunk, Hamburg; VOX Television GmbH, Köln; 114 oben: Fabian, Michael, Hannover; 114 unten: Wikimedia.org (Yagraph/GNU Lizenz 1.2); 115 oben: akg-images GmbH, Berlin (Germanisches Nationalmuseum); 115 unten: ullstein bild, Berlin; 116 links: Picture-Alliance GmbH, Frankfurt/M. (dpa); 116 rechts: INTERFOTO, München; 117: ullstein bild, Berlin (CARO / Westermann); 118 und 119: Constantin Film AG, München (aus dem Film: Fünf Freunde, 2012); 120: akg-images GmbH, Berlin; 121 links: Stadtbibliothek Freiburg, Freiburg (Volker Steimel); 121 rechts: H & B Pressebild Pfeifer, Wiesloch; 122: Gruner + Jahr GmbH & Co. KG, Hamburg (Geolino extra (27/2012) Haustiere); 124: Verlag Friedrich Oetinger GmbH, Hamburg (2010, Illustration von Alexander Bux aus Julia Kliebenstein: Der Tag an dem ich cool wurde); 131: Oetinger Taschenbuch GmbH, Hamburg (Cover zu Angie Westhoff: Das Buch der seltsamen Wünsche); 136, 138, 139: S. Fischer Verlag GmbH , Frankfurt/Main (Illustration von Oliver Jeffers, aus John Boyne: Die unglaublichen Abenteuer des Barnaby Brocket, Frankfurt/M. Seite 38); 140: S. Fischer Verlag GmbH , Frankfurt/Main (Cover zu John Boyne: Die unglaublichen Abenteuer des Barnaby Brocket); 142 (Flöte): Stills-Online Bildagentur, Hamburg; (Heuschrecke): mauritius images GmbH, Mittenwald (imagebroker.net); (Kellner): fotolia.com, New York; (Küste): Picture-Alliance GmbH, Frankfurt/M. (KPA/UTKIEK/Franz, Günter); (Luftmatratze): Getty Images, München (Peter Dazeley); (Löffel): fotolia.com, New York; (Mädchen): Corbis, Berlin (© Edith Held); (Papierschiff): fotolia.com, New York (dandra zuerlein); (Rolltreppe): Imago, Berlin (Bernd Friedel); (Schnecke): fotolia.com, New York (Carola Vahldiek); (Äpfel): Picture-Alliance GmbH, Frankfurt/M. (Gutberlet); 147: Deutscher Taschenbuch Verlag GmbH & Co. KG - DTV, München (Cover zu Kate DiCamille: Winn-Dixie); 148 Mitte links: Wildlife Bildagentur GmbH, Hamburg (Layer/Geduldig); 148 oben 2. v. rechts: Juniors Bildarchiv GmbH, Hamburg; 148 oben 2.v. links: Tierbildarchiv Angermayer, Holzkirchen; 148 oben links: Arco Images GmbH, Lünen (O. Diez); 148 oben rechts: mauritius images GmbH, Mittenwald (Alamy); 148 unten Mitte: Wildlife Bildagentur GmbH, Hamburg (IBS); 148 unten rechts: Arco Images GmbH, Lünen (Reinhard); 157: Blickwinkel, Witten (R. Kaufung); 159: Ravensburger Buchverlag Otto Maier GmbH, Ravensburg (Cover zu Frederica de Cesco: Das Lied der Delfine, Ravensburg 1998, Illustration von Michael Bayer); 165 und Seite 5: fotolia.com, New York (© Gina Sanders); 170: Gerstenberg Verlag GmbH & Co. KG, Hildesheim (Cover zu Kate Klise/M. Sarah Klise: Friedhofstraße 43 - Gespenster gibt es doch!, Hildesheim 2011); 170: Bastei Lübbe AG, Köln (Cover zu James Krüss: Briefe an Pauline, Köln 2008); 170: G & G Verlag, Wien (Cover zu Hubert Schirneck: Flaschenpost für Papa, Wien 2004); 170: EGMONT Verlagsgesellschaften mbH, Köln (/Schneiderbuch. Cover zu Thomas Brezina: Ein Fall für dich und das Tiger-Team Sonderband 3: Die geheimen Briefe des Monsterjägers, Illustration Naomi Fearn); 172 oben Mitte: Lücke, M., Hildesheim; 172 oben links: plainpicture, Hamburg (S. Kuttig); 172 oben rechts: fotolia.com, New York (gosphotodesign); 172 rechts Mitte: Picture-Alliance GmbH, Frankfurt/M.; 172 unten Mitte: Picture-Alliance GmbH, Frankfurt/M. (Jens Wolf/Zentralbild); 172 unten links: Picture-Alliance GmbH, Frankfurt/M. (dpa/Patrick Pleul); 172 unten rechts: alamy images, Abingdon/Oxfordshire; 185: Tonn, Dieter, Bovenden-Lenglern; 194 oben Mitte: OKAPIA KG - Michael Grzimek & Co., Frankfurt/M. (Labat - Lanceau); 194 oben links: OKAPIA KG - Michael Grzimek & Co., Frankfurt/M. (Zack Burris Inc.); 194 oben rechts: TopicMedia Service, Putzbrunn (Kerscher); 194 unten Mitte: Shutterstock.com, New York; 194 unten links: Juniors Bildarchiv GmbH, Hamburg; 194 unten rechts: Superbild - Your Photo Today, Ottobrunn ; 195 und Seite 6: Shutterstock.com, New York; 197: Picture-Alliance GmbH, Frankfurt/M. (U. Ansbach); 200: Shutterstock.com, New York; 201 links: StadtLandKind, Weinheim; 201 rechts: mediacolors Bildagentur & -Produktion, Zürich; 202 oben: adpic Bildagentur, Bonn; 202 unten: fotolia.com, New York (OlegDoroshin); 204: Bergisches Museum für Bergbau, Handwerk und Gewerbe, Bergisch Gladbach-Bensberg; 207: Alexander Sell Fotografie, Nieder-Olm; 211: Teddy Tietz, Neuss (© 2015, http://www.teddytietz.de); 240: Colourbox.com, Odense; 243 und 244: Reprodukt, Berlin (aus Lewis Trondheim/Yoann: fennek, Berlin 2016); 245: Gymmick/Tobias Hacker, Nürnberg; 251: iStockphoto.com, Calgary (shalamov); 253 oben rechts: fotolia.com, New York (Jan Engel); 254 oben: mauritius images GmbH, Mittenwald (age fotostock); 254 unten: OKAPIA KG - Michael Grzimek & Co., Frankfurt/M. (Francois Gohier); 262 Mitte: INTERFOTO, München (Sammlung Rauch); 262 unten Mitte: Bulls Pressedienst GmbH, Frankfurt am Main; 262 unten links: Universum Film GmbH, München; 262 unten rechts: ullstein bild, Berlin (Reuters); 263: www.asterix.com © 2014 LES EDITIONS ALBERT RENE, Vanves Cedex; 267: fotolia.com, New York (Juulijs); 271: mauritius images GmbH, Mittenwald (Jochen Tack); 272 und 273: walz2consult GbR, Überlingen (© Lucky Comics); 275 rechts: Detektiv Lux Deutschland GmbH, Frankfurt/M.; 277 Mitte: Picture-Alliance GmbH, Frankfurt/M. (KPA); 277 links: ARD Foto, Köln (WDR/Michael Böhme); 277 rechts: Picture-Alliance GmbH, Frankfurt/M. (Peter Steffen); 278: WWF Deutschland, Berlin (Wayne Wu TRAFFIC); 280: Fabian, Michael, Hannover; 285: fotolia.com, New York; 288: fotolia.com, New York (photlook); 289 oben: fotolia.com, New York (Izaokas Sapiro); 289 unten links: iStockphoto.com, Calgary (perets); 289 unten rechts: fotolia.com, New York (photlook); 290: Picture-Alliance GmbH, Frankfurt/M. (ZB); 292 293, 294: Fabian, Michael, Hannover; 295: JOKER: Fotojournalismus, Bonn (Gudrun Petersen); 297: Picture-Alliance GmbH, Frankfurt/M.; 298 und 299: fotolia.com, New York.

16 Jean Craighead George: *Julie von den Wölfen*; dtv, München 2012, S. 166-170, Sauerländer Verlag, Düsseldorf 2010, Übers.: Friedl Hofbauer

28, 30, 31, 33 Michael Ende: *Der satanarchäolügenialkohöllische Wunschpunsch*; Thienemann-Esslinger Verlag, Stuttgart 2007, S. 8-10; 10-13

29 Rufus Beck: *Gutes Vorlesen ist eben, wenn sich keiner langweilt;* aus: http://www.vorlese-wettbewerb.de/files/vwb_tipps_beck_1.pdf, Zugriff: 04.05.2016

44 Ernst Jandl: *im park*; aus: Ernst Jandl: Gesammelte Werke, Luchterhand Literaturverlag, München, in der Verlagsgruppe Randomhouse GmbH

50 Hanna Hanisch: *An einem Tag*; aus: Hans-Joachim Gelberg (Hrsg.): Geh und spiel mit den Riesen. Erstes Jahrbuch der Kinderliteratur, Beltz & Gelberg, Weinheim/ Basel 1971

53 *Prinzessin Mäusehaut;* aus: http://www.grimmstories.com/de/grimm_maerchen/prinzessin_maeusehaut, Zugriff: 18.12.2015

55 *Der Bauer und der Teufel;* aus: http://gutenberg.spiegel.de/buch/-6248/18, Zugriff: 18.12.2015

57 *Die Aufgabe des Königs;* aus: http://www.internet-maerchen.de/maerchen/aufgabe_koenig.htm, Zugriff: 18.12.2015

59 *Die 12 Monate*; aus: http://www.waldorfwilhelmsburg.de/front_content.php?idart=94, Zugriff: 18.12.2015

61 Äsop: *Der Fuchs und der Storch;* aus: http://gutenberg.spiegel.de/buch/aesop-fabeln-1928/8, Zugriff: 18.12.2015

65 Äsop: *Die beiden Frösche;* aus: Einhundert Fabeln , Hamburger Lesehefte 2007, S. 16, Übers.: Karl Heinz Kühn

66 Äsop: *Die Maus und der Frosch;* aus: http://gutenberg.spiegel.de/buch/aesop-fabeln-1928/15, Zugriff: 18.12.2015

69 Jean de La Fontaine: *Der Rabe und der Fuchs;* aus: Jean de La Fontaine: Fabeln. Reclam, Stuttgart 1987, Übers.: Jürgen Grimm

70 Erwin Moser: *Sommertag;* aus: Gerlind Belke (Hrsg.): Mit Sprache(n) spielen, Schneider Verlag, Hohengehren/ Baltmannsweiler 2009, S.78

70 Christine Busta: *Der Sommer;* aus: Die Sternmühle, Otto Müller Verlag, Salzburg 1959, S. 215

70 Ilse Kleberger: *Sommer*; aus: Die Stadt der Kinder, Bitter Verlag, Recklinghausen 1969

72 Joachim Ringelnatz: *Im Park*; aus: http://gutenberg.spiegel.de/buch/joachim-ringelnatz-gedichte-2724/20, Zugriff: 22.01.2016

72 Christian Morgenstern: *Traumwald;* aus: http://www.christian-morgenstern.de/dcma/index.php?title=Traumwald, Zugriff: 22.01.2016

72 Christian Morgenstern: *Die Trichter;* aus: http://gutenberg.spiegel.de/buch/alle-galgenlieder-5792/3, 12.02.2016

73 *Bildgedicht Baum*; aus: http://hansjakobkunst9.blogspot.de/

73 *Tropischer Regenwald*; aus: http://gedichte.woxikon.de/bildgedichte/286, Zugriff: 12.02.2016

74 Miriam Pressler: *Zauberspruch;* aus: Mirjam Pressler: Sieben und eine Hex, aus: ©Loewe Verlag GmbH, Bindlach 1992

74 Christian Morgenstern: *Das große Lalula*; aus: http://gutenberg.spiegel.de/buch/alle-galgenlieder-5792/3, Zugriff: 12.02.2016

75 Josef Guggenmos: *Der Regenbogen*; aus: Josef Guggenmo0s: Groß ist die Welt, Beltz & Gelberg, Weinheim 2006, S. 31

75 Josef Guggenmos: *Ich male mir den Winter*; aus: Josef Guggenmos: Groß ist die Welt, Beltz & Gelberg, Weinheim 2006, S. 138

78 Josef Guggenmos: *Landauf, landab ...;* aus: Josef Guggenmos: Groß ist die Welt, Beltz & Gelberg, Weinheim 2006, S. 17

83 Josef Guggenmos: *Sonnenuntergang;* aus: Josef Guggenmos: Oh, Verzeihung, sagte die Ameise, Beltz & Gelberg, Weinheim 2008

83 Josef Guggenmos: *Das Fenster;* aus: Josef Guggenmos: Groß ist die Welt, Beltz & Gelberg, Weinheim 2006, S. 30

84 Christian Morgenstern: *Das Huhn;* aus: http://gutenberg.spiegel.de/buch/alle-galgenlieder-5792/3, Zugriff: 12.02.2016

90 Rick Riordan: *Percy Jackson: Diebe im Olymp;* Carlsen Verlag, Hamburg 2012, (Klappentext)

98 Simone Wichert: *Gefährlicher Plastikmüll;* aus: http://www.br-online.de/kinder/fragen-verstehen/klaro/lupe/2013/03937/, Kindernachrichten: *„Plastiktüten - Bald verboten in der EU?"*,08.11.2013, Zugriff: 04.05.2016

100 Esther Gusewski: *Beruf: Rettungsassistent;* aus: http://www.geo.de/GEOlino/mensch/berufe/beruf-rettungsassistent-4703.html, (gekürzt) 22.01.2016, Zugriff: 04.05.2016

104 Katharina Sobottka: *3D-Kino – wie geht das?;* aus: http://www.nachrichtenfuerkinder.de/wissen/technik/article/3d-kino-wie-geht-das, 02.12.2010 (gekürzt), Zugriff: 04.05.2016

105 Jana Scheiding: *Abenteurer Andreas Pröve erreichte als erster Mensch im Rollstuhl die Quelle des Mekong;* aus: http://www.meinanzeiger.de/arnstadt/leute/abenteurer-andreas-proeve-erreichte-als-erster-mensch-im-rollstuhl-die-quelle-des-mekong-d13534.html, (gekürzt) 22.02.2012 (gekürzt), Zugriff: 04.05.2016

106 Malte Conradi: *Zur Not gibt`s Regenwurm;* aus: http://www.sueddeutsche.de/leben/sueddeutsche-zeitung-fuer-kinder-zur-not-gibts-regenwurm-1.1149574, 11.03.2013 (gekürzt) Zugriff: 04.05.2016

108 Charlotte Theile: *Blick in den Krater;* aus: http://www.sueddeutsche.de/verlag/sueddeutsche-zeitung-fuer-kinder-ueber-dem-krater-1.1621208, 11.03.2013, (gekürzt), Zugriff: 04.05.2016

115 Frank Knittermeier: *Herr Drais baute das erste Fahrrad;* aus: http://www.abendblatt.de/region/stormarn/article107490114/Herr-Drais-baute-das-erste-Fahrrad.html, 17.12.2008, Zugriff: 04.05.2016

118 Enid Blyton: *Fünf Freunde auf der Felseninsel;* cbj, München 2015, S. 153, Übers.: Wener Linke

120 *Wie der Leu, als König aller Thiere, einen festen Frieden kund thun und ausrufen ließ;* aus: https://books.google.de/books?id=U-5WAAAAcAAJ&printsec=frontcover&hl=de#v=onepage&q&f=false (Seite 3), Zugriff: 12.02.2016

124 Juma Kliebenstein: *Der Tag, an dem ich cool wurde;* Oetinger Verlag, Hamburg 2010, S. 7-8

125 Angie Westhoff: *Das Buch der seltsamen Wünsche;* Oetinger Verlag, Hamburg 2013, S. 7-8

131 Angie Westhoff: *Das Buch der seltsamen Wünsche;* Oetinger Verlag, Hamburg 2013, S. 9-13

137-140 John Boyne: *Die unglaublichen Abenteuer des Barnaby Brocket;* Fischer fjb, Frankfurt 2015, S. 21-23; 42; 86-93, Übers.. Adelheid Zöfel

144 Josef Guggenmos: *Es gingen drei Kinder durch den Wald;* aus: Josef Guggenmos: Groß ist die Welt, Beltz & Gelberg, Weinheim 2006, S. 30

145 Roald Dahl: *Hexen hexen;* rororo, Reinbek bei Hamburg 1986, S. 110-111, Übers.: Sybil Schönfeldt

146/147 Kate DiCamillo: *Winn-Dixie;* dtv, München 2003, S. 7-10, Übers.: Sabine Ludwig

158-161 Federica de Cesco: *Das Lied der Delfine;* Ravensburger Buchverlag, Ravensburg 1998, S. 9-10; 14; 147-148

164, 165, 169 Hubert Schirneck: *Flaschenpost für Papa;* Residenz Verlag ,Salzburg 2004, S. 23ff; 41-46

168, 170 Kate Klise:/ Sarah Klise: *Gespenster gibt es doch!;* Gerstenberg Verlag, Hildesheim 2011, S. 68-69, Übers.: Nina Schindler

168 Thomas c. Brezina: Ein Fall für dich und das Tiger-Team - die geheimen Briefe des Monsterjägers; Schneiderbuch Egmont, Köln 2014

170 James Krüss: *Briefe an Pauline*; Bastei Lübbe, Köln 2008, S. 16

175 *Grosse Marken zu OUTLET Preisen!*; aus: http://www.toonpool.com/toonagent/showimage?imageid=4496&offset=-1&popup=1, 12.02.2016 (verändert)

187-191 *Drei Männlein im Walde;* aus: http://www.sagen.at/texte/maerchen/maerchen_deutschland/brueder_grimm/diedreimaennlein.html, Zugriff: 12.02.2016

220 Andreas Müller: *Guten Tag! Ich hätte gern ...;* aus: http://echt-andreas-mueller.com/downloads.html

221 Andreas Müller: Zwei Tage später ... ; http://echt-andreas-mueller.com/downloads.html

243 Der Fuchs und der Hase; aus: http://www.maerchen.com/bechstein/der-hase-und-der-fuchs.php

247 Ein blinder Mann ...; nach: Rolf Wilhelm Brednich: Pinguine in Rückenlage. Brandneue sagenhafte Geschichten von heute; C.H. Beck: München 2004, S. 23.

251 Jeansmode, nach GEOlino, März 2005, S. 12-17.

254 Joachim Ringelnatz: Übergewicht; aus: *http://gedichte.xbib.de/Ringelnatz_gedicht_%DCbergewicht.htm*

270-271 *Den Tätern auf der Spur 1-3;* aus: GEOlino extra: Spione & Detektive, Heft 34/2012

275 *Was macht eigentlich ein Detektiv;* aus: http://www.kinder-echo.de/machdichschlau/wasmachteigentlich/dbisf/Detektiv-Beruf-Spuren-Was-macht-eigentlich-ein-Detektiv;art568,11488, Zugriff: 18.12.2015; Medienhaus Südhessen, von Christina Kolb

278 Lea Thies: *Willow und Jarra gehen auf die Holz-Schnüffelschule;* aus: Augsburger Allgemeine, Ausgabe: B-DS, 18.02.2012, S. 6 (ergänzt)

285 *Was tuk-tukt denn da?*; nach Rieser Nachrichten vom 02.03.2015

286-287 Vier *Redewendungen*; aus: http://www.geo.de/GEOlino/mensch/redewendungen/, Zugriff: 04.05.2016

290 Felix Kozubek: *Willkommen im Verein; aus:* „ZEIT-LEO" 4/2015, S. 20-23 (verändert und gekürzt)

297 Stefan Simonsen/dapd: *Können Tiere lachen?*; aus: http://kids.t-online.de/koennen-tiere-lachen-/id_62371994/index, 28.03.2013 (gekürzt), Zugriff: 04.05.2016